新版 **英語音声学・音韻論入門**

フィリップ・カー 著
Philip Carr

竹林 滋／清水あつ子 訳

English Phonetics
and Phonology

An Introduction
Third Edition

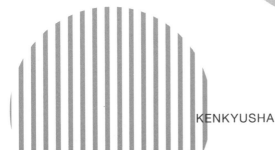

KENKYUSHA

Philip Carr

English Phonetics and Phonology: An Introduction, Third Edition

© 2020 John Wiley & Sons Ltd

First published 2020 by John Wiley & Sons Ltd

Japanese Translation

© 2021 by Shigeru Takebayashi and Atsuko Shimizu

初版まえがき

先生方へのまえがき

　ニューキャッスル大学の英語科において，私は第1学年の最初の学期の音声学および音韻論入門のための講義を担当しているのだが，50分の講義が11回，学生たちはおよそ100名で，英語英文学，言語学，英語学，近代諸語，音楽，歴史など，さまざまな専攻の学部生である．学生たちのなかにはまた，ヨーロッパからの交換留学の学部生や，メディア工学および第二言語としての英語教師のための言語学の分野における応用言語学の学位を取ろうとしている大学院生も含まれている．

　学生の専攻もめざす学位もこのように多岐にわたっているので，これは気が遠くなるような仕事である．英語が第一言語ではない学生が，少数派とはいえかなりの数を占めていることが，一層ことを困難にしている．学生たちのなかにアラビア語，フランス語，スペイン語，ドイツ語，ギリシャ語，日本語，朝鮮語，北京語あるいは広東語，それにタイ語の話者がいるのは毎年あたりまえのことなのである．英語を母語としない者たちのなかには英国の容認発音（RP）を習ってきた者も大勢いるが，一般米語を習ってきた者もいる．英語を母語とする者のなかでは容認発音の話者はきわめて少数であるから，英語を母語とする者よりそうでない者のほうが容認発音を用いる率が高いということになる．

　学生たちのうち大多数は，今後これ以上は英語音声学・英語音韻論の勉強をしないであろうし，またこの多様な学生たちの大部分に共通している点は，音声学や音韻論の予備知識が皆無であるということなのである．したがって，授業は全くの初歩から始めねばならない．

　このような授業を担当する際にはジレンマに直面することになる．すなわち，一方ではより高度な音韻論をさらに学ぼうとしているごく少数の者たち向けの授業をしてやりたいと思うし，他方では，細かい事実を並べ立てたり一見難解な理論をつぎからつぎへ示すことで，学生を圧倒したくないとも考えるのである．このジレンマが解決可能かどうかは議論の余地のあるところだが，本書は解決への1つの試みとして書かれたものである．

　教科書を書くのは研究論文を書くよりむずかしいとか，初歩的な教科書ほど書くのがむずかしいというのには理由がある．というのは，自分の考えにしばしば疑問の余地があるということに気づかずには１行たりとも執筆することはほとんど不可能であるし，本文のなかでその考えを問い直したいという誘惑にもつねに抵抗しなければならないのである．研究仲間が肩越しにのぞきこんで，自分が百も承知のうえであえて活字にしている過度の単純化を，馬鹿げたものとして大笑いしているような感覚がつねにつきまとう．しかし，やらねばならないのである．学生たちは走れるようになる前に歩くことをおぼえねばならないし，歩けるようになる前に這うことをおぼえねばならないのであるから．

　教科書を執筆することと使うことは経験してみてわかる事柄である．すなわち，ある練習問題，ある章，あるいはある本が，ある学生集団には全く役に立っていないと，それはすぐにわかってしまうことが非常に多い．先に述べたニューキャッスル大での１年次の授業にこれまで使ってみたほとんどどの教科書も，なんらかの点でこのような学生集団には不向きであることが判明した．大体において，詳細すぎるのである．それゆえ私は記述的および理論的に複雑な箇所を意図的に無視した，非常に短い，簡単な教科書を作ることに着手したのである．

　私の目的は学生に音韻論の理論を手ほどきすることではない．むしろ，どの理論にもできるかぎり偏らないかたちで，英語の音声学および音韻論の全くの要点だけを教えようと努めている．どの理論にも偏らない記述などというものはありえないのであるから，これには当然，もとより問題が多い．それで私は経験的に学生に最もわかってもらいやすかった方法という，純粋に実用的な基盤に立って，さまざまな理論的および記述的立場を取りいれることとした．たとえば調音上の記述には舌の表面の曲線や基本母音図を利用し，分節音の音韻論には音素論的方法を，英語の脚構造には強弱調の立場からの説明を用いるなどというようにしたのである．

　私の学科には音声学実験室がないという単純な理由から，音響音声学には触れなかったし，＋や－の記号をつけた素性が並んでいるのを見ただけでめまいがする１年次の学生（とりわけ英文学専攻の）が大勢いるようなので，弁別的素性も入れなかった．最小限の概念だけを本書の主題としたいがために，素性階層，モーラ，不完全指定，その他非常に多くの理論的概念および記述的概念も除外した．

　最初の４章は意図的にきわめて短くしてあり，調音音声学への最も初歩的

な導入部分のみを含んでいる．ここでの私の目的は，学生にこの授業へのやさしい手ほどきをしてやることなのである．音素論の原理を導入するのに2章を割いたが，これは私の経験から，学生たちは音素の概念との最初の出会いをめざましい飛躍と感じるものだからである．語強勢，リズム，連続した発話に見られる諸現象，アクセント*¹ の変異についての各章には，それぞれの事項についての余計なものを削ぎ落とした，最小限の説明しか書かれていないが，もっと深くこれらについて学びたい学生にとって，土台となるだけの内容は備えていることと思う．音節構造についての章ではもう少し欲を出して，分析上の複雑さまで示したが，これは初学者にとって音節構造というものは，たとえばリズムやイントネーションなどよりも把握しやすいものだと考えたからである．

　大学教師の最も大切な役目は，学生に批評意識，すなわち立論というものと証拠の果たす役割の把握をうながし，あるいは引き出すことであると私は考える．しかしまた，最も初歩的な段階の学生に対して，いくつもの競合する分析方法を示すことにはこのうえなく慎重であらねばならない．なぜなら学生は，競合する分析方法の長所と短所を評価するよう求められるまでもなく，一方の分析方法を理解することすら困難だからである（初歩的段階を過ぎても，たいていの学部生にとっては異なる分析方法を批評的に比較することには非常な抵抗がある）．このジレンマを克服するために，私は競合する分析方法や前提を導入するのは1,2の点にとどめ，ほかのところでは意識的にふれずにおいた．

　練習問題は毎週のゼミあるいは個人指導の時間に扱えるように作成してある．私の経験では，音声学あるいは音韻論を学ぶ学生がもし練習問題を課されないと，彼らは実際にはわかっていないのにわかったと思い込みやすいのである．学生たちが本書による授業を終えたあと，Giegerich (1992)，Kreidler (1989)，Spencer (1996)など，より上級の教科書で音声学および音韻論について取り組むことができるであろうことを期待している．もちろん，期待どおりになるかどうかはこれまた結果が出るまでわからない事柄なのであるが．

学生諸君へのまえがき

　本書は，これまでに英語音声学および英語音韻論について何らの予備知識も持たない人たちのために書かれた初歩的な入門書である．非常に初歩的な

調音音声学の紹介に始まり，さらに進んで現代英語の音韻構造のおもな側面のいくつかについての，きわめて簡潔な解説も紹介する．

　英語という言語を研究する際に感じる疑問には2つあるということができよう．すなわち，英語が(たとえば，人間以外の伝達システムでなく)1つの言語であるのはどうしてか．そして，英語が(フランス語や朝鮮語でなく)英語であるのはどうしてか．本書では，英語の1つの側面，すなわちその音韻との関わりから，これら2つの疑問に対する解答の糸口を提供しようと試みる．

　そのようなわけで，本書の主題は英語ではあるが，ほかの言語の音韻についても数か所でふれており，多くの場合，英語と他言語との1つあるいはそれ以上のちがいを明らかにするよう意図された，対照のための練習問題の形をとっている．対照のためのこれらの練習問題を取りいれたのは，英語を母語とする者がほかの言語について全く無知か，あるいは細かな知識を持ちあわせないことが多いために，英語の音韻がそのようになっているのは自然の事実であって，当然なことであるのだと思いこむ傾向があるからである．そのような話者たちにとっては，たとえば [v] と対立するものとしての [f] の音の存在が(fan 対 van におけるように)意味の違いを示す働きをするということが，なんとなくあたりまえに思われることだろう．それゆえ英語話者には，[f] と [v] はたやすく区別できるように思われ，そのこと自体がまた自然なことであるかのような気がする．しかしこれらの音が英語においてこうした働きを持つのは慣習によるものであって，必然的な，あるいは自然の事実ではない．つまり，英語は必ずしもそのようである必然性はなかったのだし，つねにそうであるとはかぎらないのである．異文化について知ることによって自分自身の文化に対する新たな見かたができるようになるのと同様に，他言語について少し学んでみると，母語に対する新鮮な見かたができるようになる．また，異文化について知ることで，人間の文化とはどのようなものであるかについての観念があるていど得られる．同様に，人間の言語の音韻がどのようなものであるかについての観念が，諸言語の音韻がどのような点で互いに類似しているかを学ぶことによって，あるていど得られるのである．それらの類似点は，音素論の原理や音節構造の原理といったような，人間の言語の音韻全般に見られる組織的特徴に関係している．

　言語分析についての教科書を読むのは，小説を読むようなわけにはいかない．学生は各章の終わりで，次の章に進む前に，必ず練習問題を終えなければならない．練習問題は，その章で導入された考えかたを実際に応用するよ

うに作られている．本書であれほかのいかなる教科書であれ，音韻論についての教科書は，ひじ掛け椅子に深々と座りこんで本文を読むだけで，そのなかに書かれている考えかたを正しく把握することは，たとえ読者が自分ではできたという気になっているにしても，実際にはできていないであろう．実際に自分ではやってみないまま言語分析をマスターしようとした非常に多くの学生たちが，惨澹たる試験成績に終わっている．実際にやってみないで少しでも言語分析ができるようになった者はいないのだから．

　たいていの言語学の教科書と同様に，本書も積み重ね的な性質を持っている．すなわち，前の章で導入された考えかたは，後の章では前提条件となっているのである．したがって，あとで追いつくつもりで本文を読みもせず，練習問題もやらずに何週間か過ごしてしまうと，もう取り返しがつかない．本書は初歩的教科書であるにもかかわらず，往々にして気がついたときにはもう逃れようのない深みにはまっていることになる．言語分析の教科書は，どんなに基礎的なものであろうとも，決して辞書や百科辞典のように少しずつ拾い読みするわけにはいかない．

　本書は，英語音声学あるいは英語音韻論の勉強をおそらくこれ以上は続けないであろう学生向けに書かれている．しかしながら，より高度なレベルに進む学生たちは Giegerich や Spencer によって書かれているような，より高度な教科書(巻末の参考文献を参照)における記述に取り組むことができなければならない．こうした学生たちは，英語を中心に扱っているわけではない一般音韻論の多くの入門書(これも参考図書を参照)のどれかに取り組むことも，容易にできるようにならなくてはいけない．このような学生たちがより高度な学習に進むことができるように，私は本書のあちらこちらで，本書で前提としていることの問題点を示したり，競合しあう分析方法について手短かに論じたりしておいた．本書は英語音声学および英語音韻論のほんの表面に触れるだけではあるが，学問を続けていこうとする学生たちに音韻論はおもしろいと感じさせるだけの内容を備えているつもりである．

　本書は，外国語としての英語を教える先生たちのために特に書かれたものではないが，そのような先生たちにいくらかでも役に立つものであればと思っている．このような先生たちがしばしば，英語音声学と英語音韻論に関しては，いかに乏しい知識しか持っていないことが多いかを知って，私はいつも驚いているのである．私にはそのような英語教育の経験はないし，本書に紹介された概念が，外国語としての英語教授法(TEFL)のクラスでどのように活用されるだろうかについての意見も述べずにおくが，私には英語音声学と

英語音韻論の基礎的知識が，たとえ単に背景的知識として英語の知識の幅を広げるにすぎないとしても，外国語としての英語教授法の先生たちになんらかの点で役に立たないとは考えにくい．私はさらに，対照のための練習問題のなかに，第二言語としての英語習得の努力を母語の音韻がどのような形で妨げるかをわからせてくれる，ヒントとなるようなものがあることを期待している．

1999 年 2 月，ニューキャッスルにて

訳 者 注

*1　本書では「アクセント」という用語を「訳者まえがき」で断ったような意味で使用している．

第2版まえがき

　本書の初版は私がイギリスの大学で教えているときに書かれた．その後私はフランスのモンペリエ大学の英語学科に移った．ニューキャッスル大学でも私のクラスには常に非英語母語話者がいることはいたが，大半の学生は英語母語話者であった．今度は，私の学生たちのほとんどが非英語母語話者なのである．大半はフランス人だが，スペイン人，ポルトガル人，ギリシャ人，ドイツ人，オランダ人，ポーランド人，ロシア人，ブルガリア人などもいる．その結果として，本書にも変化が生じた．すなわち，外国語としての英語学習者のほうにより重点を置くことになったのだが，英語の母語話者にも役に立つものであることには変わりがないであろう．

　本文への主な変化は後半の章に関するものである．8，9，10章は完全に書き直され，つづり字と発音の関係(grapho-phonemicsと呼ばれる)についての新しい章(11章)が加わった．英語を母語とする学生を教えている教師はこの章をとばしても差し支えないが，将来外国語としての英語を教えようと思っている学生たちには，この章が役に立つかもしれない．付録は内容を広げて(13章と名付けた)，扱う英語の種類を増やした．練習問題，イントネーションを扱った部分，本書に示された英語の変種のうちのいくつかについての記述には音声ファイルを用意した．音声ファイルの存在は，余白のヘッドフォンのマークで示してある．

　音声表記の練習を残しておくことに固執したのには2つの理由がある．第一に表記の練習は耳で聴いた言語音にもとづいた音声表記と音素分析との違いを明確にしてくれる．音素分析においては(本書における意味での)音素は言語音ではなく，耳で聴くことはできないのである．第二に，読者の中には将来，英語の諸変種についての実証的な研究に従事する者がいるかもしれない．そのような研究にはふつう，注意深い聴き取りと音声表記，さまざまなアクセントの話し手の録音，さらにまたそれらのアクセントの分析における理論的な問題にも取り組むことが必要とされる．音声表記の練習は，第2版では録音を使って行うようになっている．

　本書は音韻論の入門書として書かれたものではない．その種の本は参考文献案内に何冊かあげてある．筆者はさまざまな理論的枠組みにおいて提唱さ

れた概念を参考にせざるを得なかった．理論と記述との間に一線を引くこと
は常に困難を伴う．科学哲学者の Karl Popper が指摘しているように，理論
的な前提がなければいかなる記述も成り立たない．しかしながら筆者の考え
では，理論と記述の間の何らかの区別は保たれるべきであろう．本書におけ
る筆者の主たる目的は記述である．

2011 年 12 月，モンペリエにて

第3版まえがき

　本書の第3版には新規の2つの章があり，それぞれ英語が第一言語(L1)の場合と第二言語(L2)の場合の音声と音韻の習得を扱っている.

　L1についての章は，筆者がフランスのモンペリエ第III大学の英語学科で18年間教えてきた児童言語の授業の一部にもとづいている.

　L2についての章は同大学での語学実習室での授業における筆者の経験にもとづいている. この授業では学生の圧倒的多数がフランス人であったが，アラビア語，デンマーク語，ドイツ語，ギリシャ語，イタリア語，スペイン語の話者も含まれていた. 当然の結果としてフランス語母語話者について論じている比重が大きいのではあるが，一般的な問題はすべての英語非母語話者に共通なのである.

　質問または訂正，あるいはその両方は philcarrb@yahoo.com まで.

　　　　2018年12月，スコットランド，ピーブルズにて

謝　辞

初版謝辞

　私はニューキャッスル大学英語英文学科のいくつかのクラスの学生たちに感謝している．学生たちからのフィードバックは貴重であった．また，Patrick Honeybone, Maria Maza, Irene Rowey および Charles Prescott の諸氏が私の学生たちの個別指導教員を務めてくれ，かつ本書の草稿のいくつかに対してきわめて有益な意見を述べてくれたことを大変ありがたく思っている．初期の草稿について意見を述べてくれた，同僚の Karen Corrigan 氏にもお礼を申し上げる．何年も前，白ナイル川の島にある小さな泥造りの小屋で，私は James Dickins 氏に音声表記の手ほどきをした．そのお返しに，同氏は p. 47 掲載のアラビア語の資料を提供してくれたのだが，この厚意を私は大変ありがたく思っている．私は，私の最初の出版案を検討して意見を述べてくれた 7 人の匿名の校閲者に感謝し，それに私を忍耐強く励ましてくれた Blackwell 社の Steve Smith 氏，Mary Riso 氏および Beth Remmes 氏にもお礼を申し上げたい．このような短い本に，これほど長い時間がかかったことに同氏らがあきれておられても無理はないであろう．しかし私は，「こんなに長い本ですみません，もっと短いのを書く時間がなかったものですから」というような，弁解にもならない弁解をしなくてもすむことで自らを慰めることができるのである．最後に，Blackwell 社の原稿閲読者である Andrew Spencer 氏に感謝したい．最終直前の原稿に対する，同氏の理性的で，豊富な知識にもとづく，識見に富んだ意見は，このうえもない助けとなった．もし本書になんらかの不適切な部分が残っていたとしても，それは同氏の責任ではないことは言うまでもない．

第 2 版の謝辞

　私は PAC プロジェクト (La Phonologie de l'anglais comtemporain) の共同監督である Jaques Durand 氏と Anne Przewonzny 氏，および Raphael Dommange に対して，PAC の録音資料の一部の使用を許可してくれたことを感

謝している.

　修士課程の院生であった Cecile Montforte 氏は, 学位論文 'Accent change and language attitudes in Scotland: a socio-linguistic investigation of Glasgow middle-class speakers' (モンペリエ第二大学, 2011 年)の中の, 彼女の PAC のデータを私に使用させてくれた. 私はこのことにお礼を申し上げる.

　ケンブリッジ大学の音声学の教授であり, IViE (Intonational Variation in English) プロジェクトの主任研究員でもある Francis Nolan 氏は, ESRC プロジェクト R000237145 'English Intonation in the British Isles' の一部として蒐集された IViE コーパスから音声ファイルを 2 点, 教育目的のために使用させてくれた. 私はこのことを大変ありがたく思っている.

　私のために練習問題の録音をするという労を取ってくれた, 友人であり仕事仲間でもある, モンペリエのポール・ヴァレリー大学の Nick Myers 氏と, Ines Brulard 氏, さらに私の修士課程の学生である Alison Gilbreath さん, 本当にありがとうございました.

　原稿を読んで詳細なコメントをしてくれた, 匿名の校閲者の方々に感謝し, さらに私を忍耐強く励ましてくれた Blackwell 社の Danielle Descoteaux 氏と Julia Kirk 氏にもお礼を申し上げたい. 私はまた, テキサス英語の録音のために彼女が用意した原稿を使用させてくれた Colleen Fitzgerald 氏, 原稿作成を助けてくれたコピーエディターの Fiona Sewell 氏と校正を助けてくれた Leah Morin 氏にも感謝している.

第 3 版の謝辞

　私を手助けし, かつ励ましてくれた Blackwell 社の Tanya McMullin 氏, Navami Rajunath 氏と Mohan Jayachandran 氏に感謝する. フランス語母語話者の学生の発音の録音をするための手はずを整えてくれた, エジンバラ大学の Patrick Honeybone 氏にお礼を言いたい. さらにまた, やはりエジンバラ大学の Mike Boyd 氏が技術面での手助けをしてくれたことにも感謝する (Boyd 君, バーテンダーに頼んでおいたから, The Bridge Inn で一杯飲んでくれたまえ !).

訳者まえがき

　本書は Philip Carr, *English Phonetics and Phonology: An Introduction*, 3rd edition（Wiley Blackwell, 2020）を全訳したものである.

　原著者の Philip Carr 博士は 1953 年にスコットランドで生まれ, エジンバラ大学で言語学を学び, 1981 年に卒業, 1987 年には同大学から言語哲学の博士号を授与されている. 1983 年から 1999 年まではニューキャッスル大学で教鞭を取っておられ, 博士自身も「先生方へのまえがき」で述べているように, 原著の初版はこの時の経験にもとづいて書かれたものであった. 1999 年からはフランスのモンペリエにあるポール・ヴァレリー大学の英語科教授として言語学を教え, 同時にトゥールーズ第 2 大学の言語学研究チームのメンバーとしても活躍された. これまでの著作としては, 言語哲学を扱った *Linguistic Realities*（CUP, 1990）, 生成音韻論の入門書として書かれた *Phonology*, 2nd edition（Macmillan, 2013）があり, また *Phonological Knowledge*（CUP, 2000）でも博士は編著者の 1 人となっておられる. そのほかにも世界各地における現代のフランス語の音韻研究プロジェクト, およびその姉妹編としての英語の音韻研究プロジェクトで指導的な役割を果たされ, 2017 年に名誉教授としてポール・ヴァレリー大学を退職してスコットランドに戻られるまで, フランス語母語話者を中心とする多くの学生たちを指導され, また家庭では 2 人のお子さんたちが英仏バイリンガルとして成長する過程を 10 年にわたって観察されており, 本書の 14・15 章にはその経験が存分に生かされている. 大変残念なことに博士は原著の刊行後間もない 2020 年 3 月 30 日にご病気により急逝された. 今後も優れた著作を世に送り出してくださることが期待されていただけに, 痛恨の極みである. 謹んでご冥福をお祈りする次第である.

　本書の構成は, 1 章から 4 章までが音韻論に進むためのステップとしての英語音声学, 5 章が音韻論の原理, 6 章が英語の音素, 7 章から 10 章までは音節構造・語強勢・リズム・イントネーションなどにあてられ, 11 章ではつづり字と発音の関係, 12・13 章で各地のさまざまな英語発音の記述があり, 14 章と 15 章は第一・第二言語習得にあてられている. 特に 5 章から 9 章までの音韻論の入門的解説が明解で, 読者を音韻論のおもしろさに惹きこんで

くれる力を持っており，また 15 章の第二言語習得学習者が直面する困難についての音韻論にもとづく分析は，教職をめざす学生には大いに参考となるはずである．

　博士のこれまでの関心領域からも推察されるように，本書もどちらかといえば音韻論のほうに重点がおかれており，音声学は音韻論に進むための最小限の内容にとどめられている．なんらの音声学的知識も持たない学生が限られた授業時間内で音韻論のおもしろさに出会う手助けをするためには，絶好の教科書と言えよう．博士の著作には随所に「ことば」というものに対する自身の生き生きとした興味が行間からあふれるように感じられ，それが本書に無味乾燥な言語学書にはない独特の魅力を与えているのであろう．

　翻訳の作業は，故・竹林滋氏と共訳した原著初版の日本語版『英語音声学・音韻論入門』（研究社，2002）にもとづいて清水が行なった．随所に加筆や変更が見られるものの，前半の各章はほぼ同じ内容で，大きく変わっているのは後半からである．語強勢，リズム，イントネーションについては記述が一新され，諸地域のアクセントについては豊富な実例が加わった．つづり字と発音，言語習得に関する章は新たに執筆された部分である．用語の日本語訳については，主に竹林滋『英語音声学』（研究社），『新英語学辞典』（研究社），『言語学大辞典』（三省堂），『英語学用語辞典』（三省堂），『英語学・言語学用語辞典』（開拓社）を参考にしている．なお，accent という用語は「アクセント」とカタカナで表して，「ある地域や階層の発音のしかたの体系」という意味で用いることとした．

　訳者注は最小限にとどめ，原著の不明な箇所については博士と連絡をとって調整するという，初版翻訳の際の方法を今回もとる予定であったが，博士の急逝によってそれが不可能になってしまった．全体の記号の統一や，旧版の記述との整合性など，博士がご存命であれば確認ができたはずなのであるが，やむなく清水が判断せざるを得ない事柄も生じた．日本語版と原著の記述が異なっている部分は，そのような事情によるものであることをご理解いただきたい．博士が紙面を通じて読者に伝えようとしておられた音韻論のおもしろさを，あまり損なうことなく日本語版で再現できたのであれば望外の幸せである．

　翻訳にあたっては多くの方々のご協力をいただいた．初版の翻訳の際に朝鮮語，アラビア語，タイ語についてそれぞれご教示くださった野間秀樹，Robert Ratcliffe，宇戸清治の各氏に，改めて御礼申し上げたい．博士と連絡がとれないために生じたさまざまな問題の解決に，御多忙な中から力をお貸

xvi

しくくださった斎藤弘子氏と遠山顕氏に心より感謝申し上げる．また編集部の鈴木美和氏には，実に入念なチェックをしていただき，ことばに尽くせないほどお世話になった．厚く御礼申し上げたい．

　本書が我が国の読者にとって，音韻論のおもしろさにふれるきっかけとなり，また英語の発音に関心を持つ方々が，音韻論の理解を踏まえて音声の問題をとらえ直して下さる一助となることを願いつつ，本書を Philip Carr 博士，ならびに私を音声学・音韻論に導いて下さった恩師の竹林滋先生に捧げたい．

　2021 年 2 月

訳　　者

目　　次

音声資料

　これらの音声ファイルは本書の練習問題，イントネーションの記述，およびいくつかの英語の変種についての記述に付随するものである．音声ファイルの用意されている箇所は，🎧 Track 1.1 のようなマークをつけてあり，音声ファイルは研究社ウェブサイトからダウンロードすることができる（手順の詳細は本項の末尾を参照）．

Track 1.1：練習問題 4
Track 1.2：練習問題 5
Track 1.3：練習問題 6

Track 2.1：練習問題 1
Track 2.2：練習問題 2
Track 2.3：練習問題 3

Track 3.1：練習問題 3

Track 4.1：練習問題 3

Track 5.1：練習問題 4

Track 6.1：Marry Merry Mary（一般米語における母音中和）
Track 6.2：練習問題 3

Track 7.1：練習問題 4

Track 8.1：練習問題 1
Track 8.2：練習問題 2
Track 8.3：練習問題 3
Track 8.4：練習問題 4

音声ダウンロードの手順

①研究社ホームページ（http://www.kenkyusha.co.jp/）を開き，「音声・各種資料ダウンロード」をクリックする．
②一覧から『新版　英語音声学・音韻論入門』を探し，「ダウンロード」ボタンをクリックする．
③ユーザー名とパスワードを以下のように入力する．
　　ユーザー名： guest
　　パスワード： carrphonetics
④ユーザー名とパスワードが正しく入力されると，ダウンロードが始まります．ダウンロード完了後，解凍してご利用ください．

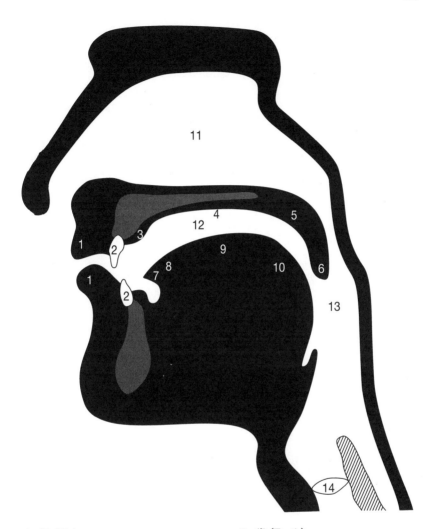

1	唇（Lip）	2	歯（Teeth）
3	歯茎（Alveolar ridge）	4	硬口蓋（Hard palate）
5	軟口蓋（Soft palate *or* velum）	6	口蓋垂（Uvula）
7	舌尖（Tip of the tongue）	8	舌端（Blade of the tongue）
9	前舌面（Front of the tongue）	10	後舌面（Back of the tongue）
11	鼻腔（Nasal cavity）	12	口腔（Oral cavity）
13	咽頭（Pharynx）	14	喉頭（Larynx）

図 1　音声器官（The organs of speech）

子音(肺気流)
CONSONANTS (PLUMONIC)

	両唇音 Bilabial	唇歯音 Labiodental	歯音 Dental	歯茎音 Alveolar	後部歯茎音 Postalveolar	そり舌音 Retroflex	硬口蓋音 Palatal	軟口蓋音 Velar	口蓋垂音 Uvular	咽頭音 Pharyngeal	声門音 Glottal
破裂音 Plosive	p　b			t　d		ʈ　ɖ	c　ɟ	k　ɡ	q　ɢ		ʔ
鼻音 Nasal	m	ɱ		n		ɳ	ɲ	ŋ	ɴ		
顫動音 Trill	ʙ			r					ʀ		
単顫動音 Tap もしくは 弾音 Flap		ⱱ		ɾ		ɽ					
摩擦音 Fricative	ɸ　β	f　v	θ　ð	s　z	ʃ　ʒ	ʂ　ʐ	ç　ʝ	x　ɣ	χ　ʁ	ħ　ʕ	h　ɦ
側面摩擦音 Lateral fricative				ɬ　ɮ							
接近音 Approximant		ʋ		ɹ		ɻ	j	ɰ			
側面接近音 Lateral approximant				l		ɭ	ʎ	ʟ			

記号が対になっている場合，右が有声子音を表す．不可能な調音と判断される枠は網かけになっている．

子音(非肺気流)
CONSONANTS (NON-PLUMONIC)

吸着音 Clicks	有声入破音 Voiced implosives	放出音 Ejectives
⊙ 両唇音 Bilabial	ɓ 両唇音 Bilabial	’ 例:
| 歯音 Dental	ɗ 歯(茎)音 Dental/ alveolar	p’ 両唇音 Bilabial
! (後部)歯茎音 (Post)alveolar	ʄ 硬口蓋音 Palatal	t’ 歯(茎)音 Dental/ alveolar
ǂ 硬口蓋歯茎音 Palatoalveolar	ɠ 軟口蓋音 Velar	k’ 軟口蓋音 Velar
‖ 歯茎側面音 Alveolar lateral	ʛ 口蓋垂音 Uvular	s’ 歯茎摩擦音 Alveolar fricative

母音
VOWELS

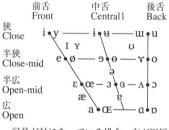

記号が対になっている場合，右が円唇母音を表す．

図2　国際音声字母 (The International Phonetic Alphabet) (IPA Chart, http://www.interna
tionalphoneticassociation.org/content/ipa-chart, available under a Creative Commons Attribution-
Sharealike 3.0 Unported License. Copyright © 2018 International Phonetic Association.)

その他の記号

ʍ	無声両唇軟口蓋摩擦音 Voiceless labial-velar fricative	ɕ ʑ	歯茎硬口蓋摩擦音（有声・無声） Alveolo-palatal fricatives
w	有声両唇軟口蓋接近音 Voiced labial-velar approximant	ɺ	歯茎側面弾音 Alveolar lateral flap
ɥ	有声両唇硬口蓋接近音 Voiced labial-palatal approximant	ɧ	ʃ と x の二重調音 Simultaneous ʃ and x
ʜ	無声喉頭蓋摩擦音 Voiceless epiglottal fricative		
ʢ	有声喉頭蓋摩擦音 Voiced epiglottal fricative		
ʡ	喉頭蓋破裂音 Epiglottal plosive		

破擦音と二重調音は必要なら 2 つの記号を
連結符号でまとめて示すことができる。

k͡p t͡s

補助記号　補助記号は基線の下に出る場合は上につけてもよい. 例: ŋ̊

̥	無声（化） Voiceless	n̥ d̥	̤	息もれ声 Breathy voiced	b̤ a̤	̪	歯音 Dental	t̪ d̪
̬	有声（化） Voiced	s̬ t̬	̰	きしみ声 Creaky voiced	b̰ a̰	̺	舌尖音 Apical	t̺ d̺
ʰ	帯気音 Aspirated	tʰ dʰ	̼	舌唇音 Linguolabial	t̼ d̼	̻	舌端音 Laminal	t̻ d̻
̹	強めの円唇 ɔ̹ More rounded		ʷ	唇音化 Labialized	tʷdʷ	̃	鼻音化 Nasalized	ẽ
̜	弱めの円唇 ɔ̜ Less rounded		ʲ	硬口蓋音化 tʲ dʲ Palatalized		ⁿ	側面開放 Lateral release	dⁿ
̟	前寄り u̟ Advanced		ˠ	軟口蓋音化 tˠ dˠ Velarized		ˡ	側面開放 Lateral release	dˡ
̠	後寄り e̠ Retracted		̴	咽頭音化 tˤ dˤ Pharyngealized		̚	無開放 No audible release	d̚
̈	中舌寄り ë Centralized		̴	軟口蓋音化もしくは咽頭音化 ɫ Velarized or pharyngealized				
̽	中中舌寄り e̽ Mid-centralized		̝	上寄り（狭い）e̝　(ɹ̩=有声歯茎摩擦音) Raised　voiced alveolar fricative				
̩	音節主音的 n̩ Syllabic		̞	下寄り（広い）e̞　(β̞=有声両唇接近音) Lowered　voiced bilabial approximant				
̯	非音節主音的 e̯ Non-syllabic		̘	舌根前進 e̘ Advanced tongue root				
˞	R音性 ɚ a˞ Rhoticity		̙	舌根後退 e̙ Retracted tongue root				

超分節音
SUPRASEGMENTALS

ˈ	主強勢 Primary stress	
ˌ	副強勢 Secondary stress	ˌfoʊnəˈtɪʃən
ː	長 Long	eː
ˑ	半長 Half-long	eˑ
̆	超短 Extra-short	ĕ
ǀ	小さい韻律境界（脚など） Minor (foot) group	
‖	大きい韻律境界（イントネーションなど） Major (intonation) group	
.	音節の切れ目 Syllable break	ɹi.ækt
‿	連結（切れ目なし） Linking (absence of a break)	

声調および語アクセント
TONES AND WORD ACCENT

平板 LEVEL			曲線 CONTOUR		
e̋ または ˥	超高（Extra high）		ě または ˩˥	上昇（Rising）	
é ˦	高（High）		ê ˥˩	下降（Falling）	
ē ˧	中（Mid）		e᷄ ˧˥	高昇（High rising）	
è ˨	低（Low）		e᷅ ˩˧	低昇（Low rising）	
ȅ ˩	超低（Extra low）		e᷈ ˧˦˧	昇降（Rising-falling）	
ꜜ ダウンステップ（Downstep）			↗ 全体的上昇（Global rise）		
ꜛ アップステップ（Upstep）			↘ 全体的下降（Global fall）		

1
英語音声学：子音(i)

1.1　気流と調音

　言語音は気流に変更を加えることによって作られる．本書でいう気流とは，肺から口腔(oral cavity)および鼻腔(nasal cavity)を通って出ていく呼気の流れを意味している（図1，p. xxv を参照）．気流が変更を受ける可能性のある箇所は数多くあり，また変更方式（すなわち，なんらかの狭めを受ける）にも何通りかがあり得る．呼気が肺から出てきて，流れが変更され得る最初の箇所は喉頭(larynx)であり（喉頭の前部，つまりのどぼとけは，喉の前の方にやや突き出しているのを触れることができる：図1を参照），喉頭には**声帯**(vocal folds または vocal cords) が位置している．声帯は開いていることがあり，そのような場合，気流は妨害を受けずにここを通過する．声帯が開いているのを上から見ると，図のようになっている．

開いた声帯

　両方の声帯が合わさって閉じることがあり，そのようなときには，肺からの呼気の流れはその間を通過することができない．

　流出しようとする呼気の流れに変更が加えられる1つのやり方は，声帯を縦に閉じるのにかろうじて十分なだけの，ある一定のレベルの筋肉の圧力を加え続けることによるものである．この閉鎖の下方に蓄積される呼気の圧力が高まると，筋肉の圧力の度合いに対して，閉鎖を押し開けることができるのに十分なほど強

閉じた声帯

[1]

くなる．次に，閉鎖が開かれたあとは呼気の圧力が急に落ちて，声帯は筋肉の圧力によって再び閉じられる．これが非常な速さで繰り返されると声帯振動が生じるのである．指を喉頭に当てて hazy の〈z〉の文字で表されている音を出してみればこの振動を感じることができるはずである（おそらく頭の中のどこでもこの振動を感じることだろうが）．この声帯振動を伴って発音される音を**有声音**（voiced sound）と呼び，このような振動なしで発音される音を**無声音**（voiceless sound）と呼ぶ．

　言語音を表記するために，音声学者たちは国際音声字母（IPA 記号：図 2，p. xxvi を参照）を用いており，hazy の〈z〉の文字で表されている音を示す IPA 記号は [z] である．喉頭に指を当てて [z]，次に [s]（miss のような語の），さらにもう一度 [z] を発音してみれば，振動の存在を感じることができるだろう．すなわち [z] は有声であり，[s] は無声なのである．この区別は言語音の子音を記述する際の 3 つの要素（パラメーター）の最初の 1 つである．したがって，どのような子音に対しても，本書ではそれが有声であるか無声であるかを述べていくこととする．

1.2　調音位置

　気流に変更を加えることのできる箇所を調音位置（place of articulation）と呼ぶことにする．今，本書では声帯を 1 つの調音位置として確認した．声帯と声帯の間の空間は声門（glottis）と呼ばれるので，この位置で調音される音を**声門音**（glottal sound）と呼ぶことにする．ほかにも多くの調音位置が存在するが，ここではさらに 7 つの調音位置を明らかにしよう．

　まず最初に，下唇と上唇の間に狭めを生じさせることによって気流が変更を受けるような音は**両唇音**（bi-labial sound）と呼ばれる．pit の最初の音がその例である．

　第二に，下唇と上の歯の間で狭めの生じるような音は**唇歯音**（la-bio-dental sound）と呼ばれる．fit の最初の音がその例である．

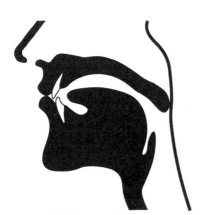

両唇音：pit の最初の音

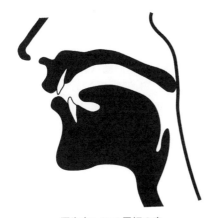

唇歯音: fit の最初の音

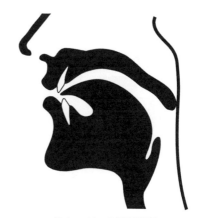

歯音: thin の最初の音

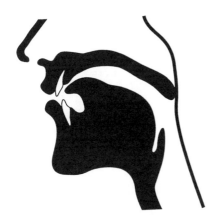

歯茎音: sin の最初の音

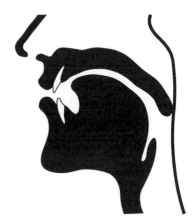

硬口蓋歯茎音: ship の最初の音

　第三に，舌尖と上の歯の間で狭めが生じるような音は**歯音**(dental sound)と呼ばれる．thin の最初の音がその例である．

　上記以外の調音位置については，まず図 1 にあるような舌尖，舌端，前舌面および後舌面の区別を明らかにしよう．さらに，口の中の上側の面に沿ったさまざまな場所を区別することにしよう．4 つの異なった領域，すなわち**歯茎**(alveolar ridge)(歯の後ろの固くて骨ばった隆起；図 1 を参照)，**硬口蓋**(hard palate)(口の天井の固くて中に骨のある部分；図 1 を参照)，**硬口**

4

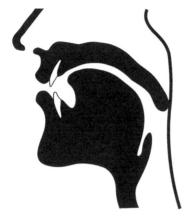

硬口蓋音: yes の最初の音

軟口蓋音: cool の最初の音

蓋歯茎域[1]（palato-alveolar region）（歯茎と硬口蓋の間の部分で，post-alveolar region（後部歯茎域）ともいう），さらに軟口蓋（velum）（口の天井の奥のほうの軟らかい部分で，soft palate ともいう：図1を参照）である．

舌端あるいは舌尖と歯茎の間で狭めが生じるような音は歯茎音（alveolar sound）と呼ばれる．sin の最初の音がその例である．

舌端と硬口蓋歯茎域（後部歯茎域ともいう）の間で狭めが生じるような音は硬口蓋歯茎音（palato-alveolar sound）と呼ばれる．ship の最初の音がその例である．

前舌面と硬口蓋の間で狭めが生じるような音は硬口蓋音（palatal sound）と呼ばれる．yes の最初の音がその例である（もっとも，この音は読者にとってはあまりはっきりしないかもしれない．この音についてはまたあとで述べる）．

後舌面と軟口蓋の間で狭めが生じるような音は軟口蓋音（velar sound）と呼ばれる．cool の最初の音がその例である．

1.3 調音様式：閉鎖音，摩擦音および接近音

これまでに声門，両唇，唇歯，歯，歯茎，硬口蓋歯茎，硬口蓋，および軟口蓋の8つの調音位置を確認した．これからはどのような音についても，それが有声か無声か，調音位置はどこであるかを述べていくこととする．しかし，あらゆる言語音の全領域を区別するためには，第三の記述上の要素が必

要となる：すなわち，**調音様式**（manner of articulation）である．ある音がどのように調音されるかを確認するために，3つの異なった狭めの度合い（degree of constriction）（完全な閉鎖，狭い接近および広い接近），そしてそこから生じる子音の3つの範疇，すなわち閉鎖音，摩擦音および接近音を確認しよう．

1.3.1　閉　鎖　音

　問題の調音器官同士が**完全な閉鎖**（complete closure）という狭めを形成することがあり得るが，これは pit の最初の音を発音するようなときに起こる．この場合，上唇と下唇が肺からの気流を完全に遮断する．この閉鎖は，そのあとで pit の最初の音のように開放されて，急激な呼気の流出が起こることもある．完全な閉鎖を伴って産出される音は**閉鎖音**（stop）あるいは**破裂音**（plosive）と呼ばれる．

　pit の最初の音は無声両唇閉鎖音（[p] と表記される）と記述することができるが，今後はすべての子音に対して，このように3つの要素からなる名称を用いて明らかにしていく．abbey における子音もまた両唇閉鎖音であるが，pit の両唇閉鎖音と違って有声である．この子音は有声両唇閉鎖音（[b] と表記される）である．

　tin の最初の音は無声歯茎閉鎖音で，[t] と表記される．これに対応する有声音は ado における子音であり，この有声歯茎閉鎖音は [d] と表記される．

　cool の最初の音は無声軟口蓋閉鎖音で，[k] と表記される．これに対応する有声音の有声軟口蓋閉鎖音は [g] と表記され，ago における子音がその一例である．

　以上で，両唇閉鎖音，歯茎閉鎖音および軟口蓋閉鎖音を確認した．閉鎖音はほかの調音位置でも生じるが，英語の研究には無関係であるので無視することとする．しかし，たいていの英語話者の発話において非常によく用いられるために，言及しておかなくてはならない閉鎖音がもう1つだけある．それは**声門閉鎖音**（glottal stop）で，[ʔ] と表記される．この音は声帯と声帯で完全な閉鎖を形成することによって生じる．多くのスコットランドやコクニー（Cockney）の発音では，たとえば butter のような語の [t] の代わりにこの音が用いられる．どのようなアクセントであるかにはかかわりなく，このような音はほとんどあらゆる英語話者に見られるのであるが，これについてはあとで触れる．声門閉鎖音は声門それ自体において調音されるので，有声か無声かを記述するという問題はない．

6

1.3.2 摩擦音

完全な閉鎖と，もう1つのそれほど強くない狭めの度合い，すなわち**狭い接近**(close approximation)とをここで区別しておこう．この種の狭めを伴って産出される音では，2つの調音器官が，気流が完全には遮断されない程度まで接近する．つまり，呼気が流出するに十分なだけの隙間はあるのだが，調音器官同士が非常に接近しているので，呼気が流出する際に摩擦が生じるわけである．このような音を**摩擦音**(fricative)と呼ぶ．

fin の最初の音は下唇を上の歯に近づけて，狭い接近の状態にして産出される．この音は無声唇歯摩擦音([f] と表記される)である．これに対応する有声音は Eva における子音であり，この有声唇歯摩擦音は [v] と表記される．

thin の最初の音は舌尖を上の歯に近づけて狭い接近の状態にして産出される．この音は無声歯摩擦音で，[θ] と表記される．これに対応する有声音は [ð] と表記される有声歯摩擦音であるが，that の最初の音がこの音であるような話者もいる．[2]

sin の最初の音は舌尖か舌端を歯茎に近づけて狭い接近の状態にして産出される．この音は無声歯茎摩擦音で，[s] と表記される．これに対応する有声音は [z] と表記される有声歯茎摩擦音で，zoo の子音である．

ship の最初の音は舌端を硬口蓋歯茎域に近づけて狭い接近の状態にして産出される．この音は無声硬口蓋歯茎摩擦音で，[ʃ] と表記される．これに対応する有声音は [ʒ] と表記される有声硬口蓋歯茎摩擦音で，seizure の2番目の子音である．

摩擦音はほかのどの調音位置でも生じるが，その多くは英語の研究には無関係である．しかし，そのうちの3つの音についてだけ述べておこう．

1つは無声軟口蓋摩擦音の [x] で，loch のような語において多数のスコットランド人の音声に見られる．もう1つは無声摩擦音の [ʍ] で，やはり多数のスコットランド人の音声で whale(wail と対立をなす)や which(witch と対立をなす)において見られる．なお，この音の調音位置は唇軟口蓋である(1.3.3 で説明する)．

3つ目は hit の最初の音に見られるような声門摩擦音の [h] である．この音は声帯と声帯を互いに近づけて狭い接近の状態にし，その結果摩擦が生じて産出される．声帯が振動していないので，この音は無声音と考えることにする．

1.3.3　接近音

　最もゆるやかな度合いの狭めは，調音器官同士が互いにかなり接近はするが摩擦を生じさせるほどには近寄らないような場合に起こる．このような狭めは**広い接近**(open approximation)と呼ばれ，こうして産出される子音は**接近音**(approximant)と呼ばれる.

　yes の最初の音は接近音である．この音は前舌面を硬口蓋に接近させて産出される．舌の両縁は上の歯茎に対して完全な閉鎖をなしているが，呼気は中央の溝を通って流出する．この位置では前舌面は摩擦を生じさせるほどには硬口蓋に接近していないのである．この音は有声硬口蓋接近音で，[j] と表記される．接近音は通常，有声であるので，これらの音に対応する無声音については本書では論じない.

　多数の英語話者の発音における rip, rope, rat などの語の最初の音は接近音である．この音は舌端を歯茎に近づけて広い接近の状態にして発音される．この接近音は [ɹ] と表記され，歯茎接近音と呼ばれる．[j] の場合と同様に，口腔の左右の端においては，舌の両縁が上の歯茎に対して完全な閉鎖をなしているが，呼気は中央の溝を通って，摩擦を起こさずに流出する．たいていの話者では，[ɹ] が発音される際には（アクセントにより，その度合いはさまざまであるが）舌全体がやや後ろに引かれている．そのためにしばしば後部歯茎接近音と呼ばれることがあるが，本書の目的のためには「歯茎接近音」でも十分であろう.[3]

　英語の接近音については第2章でさらに述べる予定であるが，今のところはもう1つだけ，wet の最初の音を確認しておこう．この音を産出する際に，両唇は広い接近をなし，摩擦は生じない．しかしこの音の調音は硬口蓋接近音の [j] の場合よりも複雑で，後舌面と軟口蓋の間での調音（すなわち軟口蓋調音）をも伴っているのである．そのようなわけで本書ではこの音を有声唇軟口蓋接近音と呼び，[w] と表記する.

注

1　音韻論学者や音声学者で「硬口蓋歯茎音」(palato-alveolar)という用語を使う者が多いが，国際音声学協会によって用いられている記号表では「後部歯茎」(post-alveolar)の用語が使われている．学生がこれら2つの用語を交換可能なものと考えても，本書の目的のためには差しつかえない．歯茎と硬口蓋の間には，生理学的には厳密な区分はない．すなわち両者の間の変わり目は連続的なのである．両者の中間でなされる調音の幅は，かなり多岐にわたっており，そのた

めに歯茎硬口蓋（alveo-palatal）と硬口蓋歯茎を区別する音声学者もいるが，本書では，話を簡単にするためにそのような細かい点は無視しておく．

2 有声歯摩擦音を持たない英語話者も多い．そのような話者ではむしろ，この音は摩擦を欠いていて，有声歯接近音となっている．

3 米国*¹ およびイングランド西部地方のいくつかのアクセントにおける [ɹ] のような調音はそり舌（retroflex）接近音だという者もある．この「そり舌」という用語は舌端と舌尖がある程度後ろに巻き上がって，舌の一部分の裏側が実際の調音を行なうことを意味する．やや不正確ではあるが，こうした音に対しても本書では [ɹ] を用いる．

練習問題

1 以下の各音について，3 つの要素からなる適切な記述を示しなさい．
（例 [k]：無声軟口蓋閉鎖音）
[θ]　　[b]　　[f]　　[ʃ]　　[j]　　[t]

2 以下の各音について適切な音声記号を示しなさい．
(a) 有声硬口蓋歯茎摩擦音
(b) 有声歯茎閉鎖音
(c) 有声軟口蓋閉鎖音
(d) 有声歯摩擦音
(e) 有声唇歯摩擦音

3 以下の各音の対を互いに区別しているのはどのような音声的な属性ですか．
（例　[p] と [b]：有声か無声か　　[s] と [ʃ]：調音位置
　　[t] と [s]：調音様式）
(a) [k] と [g]　　(b) [b] と [d]　　(c) [d] と [z]
(d) [z] と [ʒ]　　(e) [ʃ] と [ʒ]　　(f) [d] と [g]

4 Track 1.1 を聴いて，摩擦音で始まるものは以下のどの語であるか答えなさい． 🎧 Track 1.1

ship　　psychology　　veer　　round　　plot　　philosophy
think　　late　　xylophone

5　Track 1.2 を聴いて，摩擦音で終わるものは以下のどの語であるか答えなさい．🎧 Track 1.2

stack　　whale　　swim　　epitaph　　half　　halve　　hash
haze　　phase　　use　　path　　cuts　　pleads

6　Track 1.3 を聴いて，閉鎖音で始まるものは以下のどの語であるか答えなさい．🎧 Track 1.3

philanderer　　plasterer　　parsimonious　　ptarmigan　　psyche
charismatic　　cereal　　carping　　kinky　　ghoulish　　gruelling
guardian　　thick　　tickle　　bin　　dreary

7　以下の音が産出される間の，調音器官の構えと動きを述べなさい．
（例 [d]：舌端が歯茎と完全な閉鎖をなし，声帯は振動している）
[v]　　[θ]　　[k]　　[b]

訳 者 注
*1　米国人の多くは全く別種のもり上がり舌の r (bunched r) を使うことが多い（竹林『英語音声学』p. 212 参照）．

2
英語音声学：子音(ii)

2.1　中線音と側面音

　歯茎接近音の [ɹ] について論じた際に，呼気は中央の溝（この場合は舌で
あるが，同様の溝は両唇によっても形成され得る）を通って流出すると述べた．
このことは第 1 章に記述されているすべての摩擦音と接近音にあてはまる．
すなわち，それらの音はすべて中線摩擦音ないし中線接近音なのである．し
かしながら，これがあてはまらないような摩擦音や接近音を発音することも
可能である．たとえば lift の最初の音の場合，舌端の中央部は歯茎の一部と
完全な閉鎖を形成しているが，調音として重要なのは舌の両側面と歯茎との
間の狭めである．舌の両側面は歯茎との間に広い接近を形成しており，摩擦
が全く生じないことから，本書ではこの，[l] と表記される音を有声歯茎側
面接近音と呼ぶ．英語の摩擦音と接近音は普通は中線音であるので，側面音
に対しては「側面」という用語を用いるが，英語の音声における中線摩擦音
や中線接近音を記述する際には「中線」という用語は省略する．[l] と [ɹ]
の音は，明らかに，大変よく似ている．すなわち，双方とも接近音であり，
有声音であり，歯茎音である．主要な相違点は，前者が側面音，後者が中線
音ということなのである．[1]

2.2　単顫動音と顫動音

　先に述べたように，非常に多くの英語話者にとって，rat, rope, reap など
の語頭の音は後部歯茎接近音，すなわち [ɹ] である．prude, true, creep など
のような語において閉鎖音のあとに現れている子音についても同様である．
しかし，接近音ではなくて，持続時間の非常に短い有声歯茎閉鎖音にきわめ
て近い音を発音する話者もいる．スコットランド人の中には，上に示したよ
うな語において，閉鎖音のあとに [ɹ] よりはむしろこの音を発音する人々が

たくさんいる．この音が調音される際に，舌端は一瞬だけ歯茎と完全な閉鎖をなす．この音は [ɾ] と表記され，有声歯茎**単顫動音**（voiced alveolar tap）もしくは有声歯茎弾音（voiced alveolar flap）と呼ばれる．これはまた，Betty, witty, rider, heady などのような語で多数の米国人が [t] [d] の代わりに発音する音でもある．

　英語のある種のアクセントにおいては，rat, rope, reap のような語および prude, true, creep のような語で，[ɾ] でも [ɹ] でもなく，有声歯茎**顫動音**（voiced alveolar trill）と呼ばれる音が発音されることもある．顫動音が発音される際には，一方の調音器官（たとえば舌端）が他方（たとえば歯茎）と完全な閉鎖を形成するが，閉鎖音における場合ほどの筋肉の圧力は伴わない．その結果，呼気の圧力が閉鎖の手前で高まり，閉鎖を押し開ける．すると呼気の圧力は弱まり，筋肉の圧力によって再び完全な閉鎖が形成される．この過程がすばやく繰り返されて，歯茎顫動音の場合であれば舌と歯茎の間での単顫動音の連続が生じ得る．歯茎顫動音は [r] と表記されるが，比較的まれな音である．スコットランド人はこの音を発音するとよくいわれるが，実際にはスコットランド英語の話者の大部分は，ふつう，歯茎顫動音ではなくて歯茎単顫動音を発音している．

2.3　副次調音

　側面接近音 [l] が歯茎音であることはすでに述べたが，側面音は付加的な調音，たとえば後舌面と軟口蓋で形成される軟口蓋調音を伴って発音されることもある．この場合，歯茎調音を**主調音**（primary articulation），軟口蓋調音を**副次調音**（secondary articulation）として区別することもできる．副次調音が軟口蓋で生じる場合にはこれを**軟口蓋音化**（velarization）と呼び，その側面音は軟口蓋音化されたという．軟口蓋音化された歯茎側面音は，軟口蓋音化を示す補助記号を用いて [ɫ] のように表記する．この音はしばしば「暗い l」（dark l）と呼ばれる．[2] 副次調音が硬口蓋で生じる（前舌面と硬口蓋で形成される）場合には，これを**硬口蓋音化**（palatalization）と呼び，その側面音は硬口蓋音化されたという．硬口蓋音化した側面音は硬口蓋音化を示す補助記号を用いて [lʲ] のように表記する．[lʲ]，あるいは硬口蓋音化もなく「暗く」もない [l] に対して，「**明るい l**」（clear l）という用語が用いられることが多い．以下の各章で，英語のさまざまなアクセントにおける「暗い l」と「明るい l」の状態を考察する．

2.4 破擦音

　これまで本書では，狭めの度合いによって子音を 3 つの部類に区別してきた．すなわち，閉鎖音，摩擦音，接近音である．chip における最初の音を考察してみなさい．この音は舌端と硬口蓋歯茎域の間に完全な閉鎖が存在するという点では閉鎖音に似ている．しかし，明らかに摩擦を伴うという点では摩擦音に似ている．この摩擦は 1.3.1 で述べたような閉鎖の開放段階で生じる．完全な閉鎖のあとの開放段階で摩擦の生じるような音は**破擦音**（affricate）と呼ばれる．tip の最初の音と chip の最初の音の相違は（調音位置を別として），tip の [t] の開放段階では chip の最初の音の開放段階に見られるような摩擦がないことだともいえる．したがって，破擦音とは開放段階がゆるやかで摩擦を伴っているような閉鎖音だと考えてもよいだろう．chip における破擦音は無声硬口蓋歯茎破擦音で，[tʃ] と表記される．これに対応する有声音は [dʒ] で，jury, joy のような語[3] の最初に現れる．

　これら 2 つの破擦音はたいていの英語話者の音声に見られる．あとの各章において，英語のある種のアクセントに見られるほかのいくつかの破擦音について詳しく検討する．

2.5 気　　音

　pit における最初の閉鎖音は，先に述べたように無声両唇閉鎖音であり，spit における最初の閉鎖音も同様である．しかし pit の両唇閉鎖音は spit の両唇閉鎖音と音声的に異なっている．pit を発音するときに，手のひらを口の近くにあてがってみると，両唇閉鎖音の開放の際に，spit を発音するときよりも勢いよく出てくる空気を感じるであろう．この「勢いよく出てくる空気」の現象は**気音**（aspiration）と呼ばれる．pit の両唇閉鎖音は帯気音の無声閉鎖音であるのに対し，spit の閉鎖音は非帯気音であるというように言うのである．帯気無声閉鎖音は気音を示す補助記号 [ʰ] を用いて表すため，pit の両唇閉鎖音は [pʰ] のように表記される．非帯気音の閉鎖音にはこのような補助記号を用いず，したがって spit の両唇閉鎖音は [p] と表記される．

2.6 鼻閉鎖音

　これまでの議論において，本書ではすでに記述した言語音の産出の際の軟

口蓋の位置に関して，ある前提にもとづいてきた．すなわち，これらすべて
の音において，肺からの呼気は口(口腔)を通って流出することを前提にして
いたのである．軟口蓋が上がった位置にあって，呼気が鼻腔を通って外に流
出するのを妨げている場合(図 1 を参照)には，このとおりである．これまで
に扱ってきたすべての音では，軟口蓋は実際，上がっており，こうした音の
ことを本書では口音(oral sound)として記述する．しかし軟口蓋は下がるこ
ともあり，そうすると呼気は鼻腔を通って流出する(図 1 を参照)．軟口蓋が
下がっていて，呼気が鼻腔だけを通って流出するような状態で発音される音
を鼻閉鎖音(nasal stop)[4] と呼ぶ．

　鼻閉鎖音は有声の場合も無声の場合もあるが，人類の言語の大多数におい
ては一般に有声である．したがって本書では無声の鼻閉鎖音を無視すること
とし，「鼻閉鎖音」という用語を「有声鼻閉鎖音」の意味で使用する．

　両唇鼻閉鎖音([m] と表記)は，当然ながら両唇の完全な閉鎖，声，鼻腔か
らの呼気の流出を伴う．map の最初の子音がその例である．

　唇歯鼻閉鎖音([ɱ] と表記)は，下唇と上の前歯の完全な閉鎖，[*1] 声，鼻腔
からの呼気の流出を伴う．pamphlet の 2 番目の子音がその例である．この
場合に見られるように，英語ではこの音は唇歯音の前に現れる．こうした場
合における鼻閉鎖調音は同化(assimilation)の過程を反映している．同化の
過程とは，ある音が隣接の音に類似する過程である．この場合は，鼻音が摩
擦音の調音位置を「帯びる」という意味において，鼻音が後続の摩擦音に同
化している．このような過程には調音の容易さ(ease of articulation)の原則
が関与している．この場合，pamphlet における鼻音が後続の摩擦音と同じ
位置で調音されれば，両唇音の位置から唇歯音の位置に移動するという話し
手の調音上の労力を省くことができるのである．このような過程については，
第 6 章であらためて扱うこととする．

　歯鼻閉鎖音([n̪] と表記)は，舌尖と上の前歯の完全な閉鎖，声，鼻腔から
の呼気の流出を伴う．tenth の 2 番目の子音がその例である．この場合に見
られるように，この音は別の歯音の前に現れるが，これもまた調音位置の同
化である．

　歯茎鼻閉鎖音([n] と表記)は，舌端と歯茎の完全な閉鎖，声，鼻腔からの
呼気の流出を伴う．not の最初の子音がその例である．

　軟口蓋鼻閉鎖音([ŋ] と表記)は，後舌面と軟口蓋の完全な閉鎖，声，鼻腔
からの呼気の流出を伴う．sing の語末の子音がその例であるが，incredible
における鼻子音も(早口の，あるいはくだけた言い方では特に)しばしばこの

音となる．後者の場合はここでもまた，同化を含んでいる．

注

1　中線接近音 [ɹ] は，舌全体が後ろに引かれている点と，円唇という点においても [l] と異なっている．歯茎側面音もまた舌を後ろに引いた状態で発音され得ることについては，このすぐあとに述べる．

2　「暗い l」という用語は，舌全体ないし後舌面が後ろに引かれているか下がっている，あるいはその両方であるような側面接近音をさして用いられることもある．「暗い l」の調音のしかたは，厳密にはアクセントによって異なっており，軟口蓋音化している場合もあれば，軟口蓋調音を伴わないかわりに，後舌面ないし舌全体が後ろに引かれているか下がっている，あるいはその両方であるような場合もある．このように舌が後ろに引かれることにより，軟口蓋における接触が失われて，[l] が母音のように調音され，[l] の母音化が生じることもある．

3　[tʃ] を [č]，[dʒ] を [ǰ] のように表記する人々もいる．もし国際音声学協会の表記体系に厳密に従うのであれば，これらの破擦音を表記するには 2 つの記号の上に「合字記号」をつけなくてはならないであろう．本書はこの点では IPA の図表の表記体系とは異なっていて，IPA の図表には「破擦音」の範疇はない．

4　「鼻音化」という用語は「鼻音」とは違って，口腔と鼻腔の両方から呼気が流出するような音に対して用いられる．後者は，呼気が鼻腔だけを通って流出する音に対して用いられるのである．

練習問題

1　Track 2.1 を聴き，以下の各語について，(a)口閉鎖音　(b)摩擦音　(c)接近音　(d)破擦音　(e)鼻音をすべて確認しなさい．確認した各音について，それが有声か無声か，調音位置はどこか述べなさい（例 stop：無声歯茎閉鎖音 [t] と無声両唇閉鎖音 [p]；無声歯茎摩擦音 [s]；接近音，破擦音，鼻音は無し）．🎧 Track 2.1

bring　　licking　　fever　　thinking　　assure　　measure

heated　　years　　worm　　jungle

2　Track 2.2 を聴き，どの語が破擦音で始まるか，どの語が（もしあれば）閉鎖音で始まるか答えなさい．🎧 Track 2.2

tune　　chip　　dune　　June

tune や dune のような単語の語頭を一般に破擦音で発音する英語話者は

多いが，これは dune と June はふつう，区別がつかないということである．それにもかかわらず，このような話者たちは音声学のクラスで dune を破擦音で発音するかと聞かれればそれを否定することがよくある．こうした話者たちにはふつう，tune や dune に対して，より注意深い発音のしかたがあって，その場合には [j] が存在しているわけである．

　しかしながら，chip と June にはそのような，より注意深い発音はないことに注目しなさい．つまり，これらの語が [tj] や [dj] で発音されることはないのである．dune と June の違いを説明するためには，話者はdune において [dj] を発音しようとしているのだが，歯茎閉鎖から前舌面と硬口蓋の間の広い接近への移行が起こるかわりに，調音の容易さのために，歯茎閉鎖の硬口蓋歯茎における破擦音的な開放が生じるのだと言わねばならない．June と chip の場合には，話者は最初から硬口蓋歯茎破擦音を意図しているのである．

　あなたが一般米語の話者であるなら，tune や dune のような語において [j] を発音することが全くないとしても不思議ではなく，その場合には閉鎖音のあとに母音が後続するだろう．しかしまた，これまで学校でこうした語の「正しい」発音では閉鎖音のあとに [j] がくると習ったことがあるかもしれない．あなたの音声では [j] の有無に関して揺れがあることも考えられる．もしそうであるなら，あなたは noon をどのように発音しますか．

3　Track 2.3 を聴き，以下の語について音声表記をしなさい．母音は V で表すこと．🎧 Track 2.3

lull　　pear　　reap　　throws　　think　　misjudges　churches
incorrect　　input

　あなたはすでに，think における鼻閉鎖音は歯茎音ではなくて軟口蓋音であることに気づいているはずである．この鼻閉鎖音を歯茎音で発音するにはかなりの意識的な努力を必要とするし，そのように発音した場合には非常に不自然に聞こえる．これは先取り同化の結果と考えられる．つまり，鼻音の調音中に舌はすでに軟口蓋閉鎖音 [k] の調音位置をとっているのである．

　しかし incorrect におけるような鼻閉鎖音プラス軟口蓋閉鎖音の連続の場合はどうだろうか．英語話者の中には，incorrect のような場合にも鼻閉鎖音に軟口蓋閉鎖音が後続する音連続が含まれているという事実にもかかわらず，この位置で軟口蓋鼻音よりは歯茎鼻音のほうが発音しやすいと

16

感じる人たちが多数存在する．なぜこれら 2 つの場合が違っているのか思い当たることがありますか．

訳 者 注

*1　上の前歯から多少は呼気が漏れるので，[p]，[b] のような完全な閉鎖は起こり得ない．

3
英語音声学：母音(i)

3.1　第一次基本母音

　まず，すべての母音は有声であり，広い接近を伴って調音されるということを前提として始めよう．さらにまた，今のところは，すべての母音は口音である（つまり，母音の産出の際に軟口蓋は上がっている）ことも前提としておく．広い接近を保ちつつ，舌が口腔内でとり得る位置の範囲はきわめて広い．このような調音のために使用することのできる領域全体を**母音空間**（vowel space）と呼ぶこととしよう．母音空間において，ある母音が調音される位置を明確に記入するための手段が必要となるであろう．このためには以下のような，母音空間を概念化した図を用いることにする（この図は図2におけるIPAの図表にも出ている）．

　(1)　母音空間と第一次基本母音

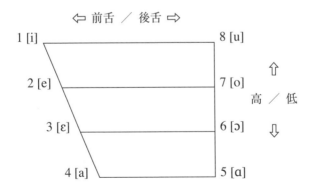

　この図形では，われわれは母音空間を2つの次元で表している．第一は**高/低**（high/low）の次元であり（**閉/開**（close/open）の次元とも呼ばれる），母音の調音の際の舌の本体の高さを示すものである（つまり，<u>母音の高さを示</u>

す）．これはこの図形の縦軸で表される．第二は**前舌/後舌**（front/back）の次元で，母音空間の中で舌の本体がどの程度前方まで来ているかを示す．これはこの図形の横軸で表される．この次元に沿って，3つの任意な点，すなわち**前舌**（front）・**中舌**（central）・**後舌**（back）の地点を確定することができよう．この2つの次元を用いて，いかなる母音に対しても，母音空間におけるどのような高さでそれが調音されるか，そして前舌，中舌，後舌母音のいずれであるのかを述べることができる．これら2つの記述のためのパラメーターに，唇の形を示す第三のパラメーターを加える．すなわち，ある母音について，その調音の間，唇が丸められているかいないかを述べるのである．唇が丸められているような母音を**円唇母音**（rounded vowel），丸められていないものを**非円唇母音**（unrounded vowel）と呼ぶ．

　母音空間の周縁上に，いくつかの点を確定しておくと好都合である．こうしておけば，いかなる母音の位置もこれらの点との関係において図上に記入することができる．これらの点の位置で調音される母音を**基本母音**（the cardinal vowels）という．これから8つの基本母音について明らかにしていこう．

　まず，唇が丸められておらず，舌が母音空間において，摩擦を生じないで可能であるかぎり最も高く前寄りの位置にある母音から始めよう．これが**基本母音第1番**（cardinal vowel no. 1）で，上の(1)の図の左上の隅に示される．この母音は [i] と表記される．われわれの記述上の3つのパラメーターを使用して，これを**高前舌非円唇母音**（high front unrounded vowel）と呼ぶ．本書では，英語あるいはほかのどんな言語の単語も，基本母音の例を示すために用いることはしない．なぜなら，基本母音ほど母音空間の周縁部に位置するような母音を，話者はふつう，発音しないものだからである．それよりむしろ，この母音図を母音空間の地図のように使って，基本母音との関係における英語の母音の調音位置を図上に示していくことにしよう．多くの英語話者の発音で，たとえば peep の母音は基本母音第1番に非常に近い．この音もまた高前舌非円唇母音であるのだが，基本母音第1番ほど周縁的ではなく，ふつう，やや低めでやや後ろ寄りの位置で調音される．

　次に，母音空間の「反対側の端」に位置している基本母音を確認しよう．すなわち，唇が丸められておらず，舌の本体が可能なかぎり低く後ろ寄りの位置で，摩擦を生じさせることなく産出される母音である．これが**基本母音第5番**である．この母音の位置は，上の(1)の図の右下の隅に示される．この母音は [ɑ] と表記される**低後舌非円唇母音**（low back unrounded vowel）である．

　ここまでで母音空間における2つの「基準点」というべき位置を確認した. 次には, これら2つの点との関連においてほかの基本母音を確認していこう. 唇が非円唇のままで, 舌が母音空間における最も低い位置(基本母音第5番のように)にとどまりながら, 母音空間中で摩擦を起こさないかぎりにおいて最も前寄りの位置まで移動すれば, **基本母音第4番**が産出される. この音は [a] と表記される.

　これまでに本書では2つの母音の高さ, すなわち高と低を明らかにした. 基本母音第1番に続いて第4番を発音してみれば, 読者はこの舌の高さにおける違いを感じることができるはずである. すなわち, 第1番から第4番に移る際に顎はかなり開き, 舌全体がかなり下がるのである. この2つの母音の高さの間には切れ目のない連続があるのだが, この間で2つの点, すなわち**中高**(high-mid)と**中低**(low-mid)を任意に決め, これらを確認しておこう. 唇が非円唇のままで, 舌が可能なかぎり前寄りの位置にとどまりながら, 舌の高さが第1番の位置よりやや下がると, **基本母音第2番**と呼ばれる**中高前舌非円唇母音**(high-mid front unrounded vowel)となる. この音は [e] と表記される.

　唇の形と前寄りの度合いをそのままにして, 舌の本体をさらに中低の位置まで下げることができる. これが**基本母音第3番**と呼ばれる**中低前舌非円唇母音**(low-mid front unrounded vowel)で, [ɛ] と表記される.

　基本母音第1番を発音して, 次に2, 3, 4番を発音していけば, 舌の本体が次第に下がっていくのを感じることができるはずである. これらはみな, 前舌非円唇母音であって, 舌の高さが互いの相違点なのである.

　次に後舌の基本母音について考察しよう. 舌の本体が, 摩擦を生じさせないかぎりにおいて最も高く後ろ寄りの位置にあって, 唇が今度は円唇であるならば, **基本母音第8番**が産出される. これは**高後舌円唇母音**(high back rounded vowel)で, [u] と表記される.

　唇が円唇のままで, 舌が最も後ろ寄りの位置を保ちながら, 高さが中高の位置まで下がると**基本母音第7番**が産出される. これは**中高後舌円唇母音**(high-mid back rounded vowel)で, [o] と表記される.

　後ろ寄りの度合いと唇の形をそのままにして, 舌の本体をさらに中低の位置まで下げることができる. これが**基本母音第6番**と呼ばれる**中低後舌円唇母音**(low-mid back rounded vowel)で, [ɔ] と表記される.

　基本第8番を発音して, 次に7, 6番に移行していけば, 舌の本体が次第に下がっていくのを感じることができるはずである. 舌の高さは, 基本母音

第1番から2番，3番へ移行する場合と全く同じように下がっていくのである。

　これで，8つの第一次基本母音について確認したわけである．*¹ 基準点が確立されたので，個々の英語の母音の調音方法を基本母音との関連において述べていくことができる．まず，英語の短母音と呼ばれるものから見ていくこととしよう．

3.2　RPとGAの短母音

　英語話者の発音する母音には，さまざまなアクセントによって，かなりの変異が見られるのだが，この変異についてはのちほど考察する．当面は2つの特定のアクセントについて話を進め，ほかのアクセントについてはあとで述べることとする．やや恣意的ではあるが，**容認発音**(RP)（Received Pronunciation）と**一般米語**（GA）（General American）から始めよう．RPは英国社会においてしばしば「地位の高い」(prestige)アクセントとみなされ，パブリックスクールの卒業生の話しことばに見られるアクセントとされている．したがって，おもに話し手の社会階層との関連で定義される．しかしわれわれは，そうした理由でこの発音を出発点とするわけではなく，イギリス英語を学ぶ外国人はこのアクセントを教えられることが多く，したがって広く記述されているからである．GAは話し手の社会階層よりも地理的な位置によって定義されることが多い．GAという用語は，アメリカ合衆国の中で広大な割合を占める地域に在住する話し手たちの一群のアクセントを概念化したものである．この中にはニューヨーク市のような東部アクセントや，テキサスで話されるような南部アクセントは含まれない．

　「RP」や「GA」のような用語は，同じような特徴を有しているにせよ，ある程度異なったさまざまなアクセントを包括しているという点で非常に観念的な用語であると，これまでにたびたび指摘されてきた．われわれはこの指摘を，避けられないものとして甘受する．すなわち，このことはアクセント（たとえば「ニューヨーク市のアクセント」「コクニーのアクセント」「リバプールのアクセント(Scouse)」「イングランド北東部のタインサイドのアクセント(Geordie)」「南アフリカのアクセント」など）を記述するために使用するいかなる用語にもあてはまるのであり，「アクセント」という用語自体にも確かにいえることなのである．しかしながらわれわれには，さまざまな言語集団に属する人々が発する言語音についての，妥当な一般論を表現す

るための手段が必要なのである．たとえば，RP の話者では put と putt の発音が異なるが，イングランド北部に見られるアクセントでは，これらの発音が同じである話者が数多く存在するということは，おおむね真実である．異なるアクセントについて言及することを放棄してしまっては元も子もない．ある程度の異議が出てくることは避けられないにしても，有益な記述をするという機会をみずから否定することになってしまう．

　これまで，母音の音長については全く触れないできた．RP と GA の話者にとって peep と pip の母音はいくつかの点で異なっているが，そのうちの1 つは母音の音長である．あなたが RP あるいは GA の話者だとして，この2 つの語を発音してみれば，前者の母音のほうが後者の母音よりも長いということに多分同意することだろう．それゆえに本書では前者を長母音，後者を短母音と呼ぶ．母音の音長は相対的なものである．すなわち，本書で pipの母音は短母音であるというとき，百分の一秒単位での持続時間のことを言っているわけではなくて，peep の母音のようなほかの母音との関連において短いと言っているのである．普通，pip の母音はかなり前寄りでかなり高めの舌の位置で，非円唇で発音される．本書ではこの母音を [ɪ] と表記することにする．この母音は高前舌非円唇母音ではあるが，peep の母音よりは低めで，前寄りの度合いも小さい．この母音の位置は下の(2)の図に示されている．

　今度は RP と GA の話者における put の母音の発音を考察してみよう．この音は，数多くの話者において高後舌円唇母音であって，基本母音第 8 番に近い領域で調音される．この音は school の母音に似ているが，それより低めで後ろ寄りの度合いが小さい．この音はまた，school の母音よりも短い．この短母音を本書では [ʊ] と表記することにする．この母音の位置は以下の(2)の図に示されている．

　RP および GA の話者には put と putt の母音は別々の音である．両方とも短母音であるが，いくつかの点で異なっている．まず第一に，後者は非円唇母音である．第二に，putt の母音はかなり低めの舌の位置で調音され，通常，中低の位置のすぐ下くらいである．*2 第三に，putt の母音は前舌/後舌の軸の真中あたりの位置である．この領域に位置する母音を**中舌母音**（central vowel）と呼ぶことにする．この母音を本書では [ʌ] と表記する．この母音の位置は以下の(2)の図に示されている．

　RP においても GA においても，aunt と ant の母音は異なっている．両方とも非円唇であるが，ant の母音は aunt の母音よりも短く，ant の母音が低

前舌母音であるのに対して aunt の母音は低後舌母音である．*3 ant の低前舌母音は基本母音第4番よりも高めで，さほど前寄りでなく調音される．この音を本書では [æ] と表記する．この母音の位置は下の(2)の図に示されている（ただし GA においては RP よりも高めで，英国の話者には [ɛ] に近く聞こえる）．

RP および GA の話者の発音で，pet の母音は前舌の非円唇母音で，高さは基本母音の2番と3番の中間である．RPおよびGAの話者の大半において，高さは2番よりは3番のほうに近い．また，3番よりもやや中舌寄りである．便宜上，本書ではこの母音を [ɛ] と表記することにする．この母音の位置は以下の(2)の図に示されている．

RP 話者の発音における pot の短母音は後舌の円唇母音で，低と中低の中間の高さ（つまり基本母音の5番と6番の間）で調音される．この母音は [ɒ] と表記され，位置は以下の(2)の図に示されている．この母音は GA の母音体系には存在しない．GA の話者は pot のような語では [ɑ] を発音するのである．[ɑ] は短母音で，*4 低後舌非円唇母音である．

(2)　RP と GA の短母音

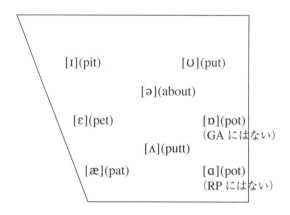

これらの母音の例を示すのに本書では pit, pet, pat, pot, putt, put を使ってきたが，それはこれらの語群が母音だけの点で違っているためである．以後の母音の記述において，本書では Wells(1982；参考文献案内を参照)に採用された語群も使用することがあるだろう．これらは RP と GA の類似点と相違点を示すために Wells によって選定されたキーワードである．*5 したがって本書でも時に，pit の母音を KIT の母音，pet の母音を DRESS の母音と

呼んだり，pat のような語は TRAP の母音，pot のような語は LOT の母音，put のような語は FOOT の母音，putt のような語は STRUT の母音を含んでいるといった表現をすることもあるだろう．

　上の図にはもう 1 つの母音が示されているが，この音については現段階で考察しておかねばならない．これは，たいていの話者の発音で about の語頭の母音として現れる．この母音は**シュワー**(schwa)と呼ばれ，唇の丸めを伴わず，母音空間の中で最も中央寄り，すなわち中高と中低の中間，かつ後舌と前舌の中間に舌が位置している状態で産出される．シュワーは [ə] と表記される．この母音は通常，本章で記述してきた短母音よりもさらに短く発音され，決して強勢のある音節に現れないという点でほかの短母音とは異なる（about においてはこの音は語頭の強勢のない音節に現れ，elephant では強勢のない第 2 音節に，Belinda では強勢のない語頭と語末の音節に現れる）．この母音はほとんどあらゆる英語話者の発話に出現する．この母音と強勢のある英語の母音との関係については，あとの章でより詳しく考察する．

練習問題

1　以下の母音を産出する際の舌の位置と唇の形を述べなさい．
[i]　（基本母音第 1 番）
[u]　（基本母音第 8 番）
[ɑ]　（基本母音第 5 番）

2　以下の各語をあなたが発音する場合に現れるような母音に対する，適切な記号を示しなさい．(a)その母音が円唇か非円唇か，(b)前寄りあるいは後ろ寄りの度合い，(c)舌の高さ，について述べなさい（基本母音との関係において述べること）．

　　pit　apt　stock　bet　put　putt
(注)もしあなたがこの練習問題を授業の個別指導のグループでやっているのなら，グループの仲間の音声がアクセントによって違うことに，すでに気づき始めているかもしれない．たとえば西ヨークシャーやニューヨーク市のアクセントを持つ人の場合，これらの語の表記を，あたかも自分が RP や GA の話者であるかのように行なってもほとんど意味はない．行なうべきなのは，（先生の助力を得るのが望ましいが）個々の母音の音質がどのようなものであるかを理解し，その母音に適切な音声記号を採用することで，それを自分の表記において一貫して使っていけばよい．アクセント間の変異については，いずれさらにもっと詳

24

しく検討する.

3　Track 3.1 を聴き，各語についてできるだけ詳細に音声表記をしなさい.

🎧 Track 3.1

elephant　　throb　　suspicious　　unbalanced　　encourage

訳者注

*1　基本母音の習得はこのような紙上の説明だけでは不十分で，実際の基本母音を聞いて耳で確かめる必要がある. 以下のウェブサイトで，基本母音を設定した英国の音声学者 Daniel Jones 自身の発音を聴くことができる：
http://www.phonetics.ucla.edu/course/chapter9/cardinal/cardinal.html

*2　これは RP の /ʌ/ で，GA の /ʌ/ はこれより少し高めで後ろ寄りである.

*3　[æ] の母音についてはその現れ方に下のようなずれがある.

RP	GA	例
[æ]	[æ]	gas, bank, sand
[ɑ:]		aunt, after, command

つまり GA ではすべて [æ] と発音される語が，RP では [æ] が現れる語と，次章で扱う [ɑ:] が現れる語とに分かれるわけである. 個々の語について RP で [æ] が現れるか，[ɑ:] が現れるかは辞書で調べていただきたい.

*4　GA の [ɑ] はかなり長く発音され，長母音と解する学者もいる.

*5　これらのキーワードは Wells によって英語のアクセント全般の記述のために考案されたものである.

4
英語音声学：母音(ii)

4.1　RP と GA の長母音

　本書では，RP と GA の put の母音 [ʊ] が school の母音よりも短いと述べた．また，この母音は school の母音ほど後ろ寄りではなく，また高くはないことにも言及した．school の母音を [uː] と表記するが，ここでは [ː] の補助記号が音長を示している．これは高後舌円唇母音で，[ʊ] よりも基本母音の 8 番に近い．

　fit におけるような RP と GA の短母音 [ɪ] については第 3 章で述べたが，これはかなり高めで前寄りの非円唇母音である．この母音は RP および GA の feet の母音とは異なっており，feet の母音のほうがより長く，前寄りで高い．われわれは feet の母音を [iː] と表記する．これは高前舌非円唇母音で，[ɪ] よりも基本母音の 1 番に近い．

　RP および GA において，to や (s)he のような語が単独で発音される場合には，それぞれ [uː] [iː] の母音を含んでいて，to は two や too と同じに発音されるということには，注目する価値があるだろう．しかし to や (s)he のような「機能語」（名詞・形容詞・動詞ではない語）はしばしば強勢を伴わずに発音され，そのような場合にはシュワー（[ə]）を伴うか，あるいは短縮した形で発音されることがあり，たとえば to eat ([təiːt] とも [tuiːt] とも発音される）や she wore（[ʃəwɔː] とも [ʃiwɔː] とも発音される）がその例である．[iː] の短縮された形はまた，witty [wɪti] の接尾辞や quickly [kʰwɪkli] の接尾辞のように，さまざまな接尾辞に見られる．この音はまた，pretty [pʰɹɪti] のような語の強勢のない音節にも現れる．[1]

　RP の port や caught の母音は pot や cot の母音よりも長い．これは中低後舌円唇母音で，[*1] RP の pot や cot の母音 [ɒ] よりも基本母音の 6 番に近く調音される．この母音を [ɔː] と表記する．この音はまた，GA の話者が caught のような語で発音する母音でもある（GA のこの母音は RP の母音よ

26

りもやや短めではあるが）.*2 このように，GA と RP の話者はどちらも cot と caught のような対を区別するのではあるが，*3 cot において GA では [ɑ] を用いるのに対して，RP では [ɒ] を用いる．GA では horse や port のような語では母音のあとに [ɹ] が続き，ふつう [rɔɹs] や [pʰɔɹt] のように発音される*4（以下の，RP と GA における /oʊ/ についての項を参照）.

　RP と GA の，ant におけるような短母音 [æ] は，すでに見てきたように，かなり低めでやや前寄りの非円唇母音である．これは aunt の母音とは異なっており，こちらは低後舌非円唇母音で，基本母音の 5 番の領域で調音される．この RP および GA の aunt の母音はまた，RP および GA の ant の母音よりも長い．われわれはこの母音を [ɑː] と表記する．*5 このようなわけで，RP では [ɒ]，[ɑː]，[ɔː] の 3 通りの区別があるのに対して，GA では [ɑ] と [ɔː] の 2 通りの区別しかない．この，アクセント間の違いに関してはあとであらためて述べる．

　RP と GA の話者は bird, heard, dearth のような語において長母音を発音するが，GA の話者はこうした語で [ɹ] を発音するのに対して RP ではそうではない．RP のこの母音に対する調音は大体においてシュワーの調音と同じである．すなわち，高/低，前舌/後舌のいずれの次元においても中央に位置している，非円唇母音である．シュワーとは違って，この母音は強勢のある音節に現れる．われわれはこれを [ɜː] と表記する．

　（1）RP と GA の長母音

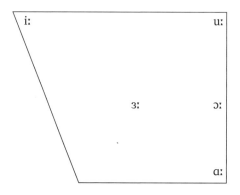

　本書では Wells（1982；参考文献案内を参照）にしたがって [iː] を FLEECE の母音，[uː] を GOOSE の母音，[ɜː] を NURSE の母音と呼ぶこととする．Wells は [ɔː] の母音に THOUGHT, FORCE, NORTH の 3 語をキーワードに

しているが，この理由はこれ以後の記述で明らかになるだろう．Wells はま
た START, BATH, PALM の3語を [ɑ:] のキーワードにしていて，その理由
の1つは BATH のような語群の母音は GA で [æ] なのに対して RP で [ɑ:]
だが，START, PALM のような語群では GA でも RP でも [ɑ:] だからである．

4.2 RP と GA の二重母音

これまで考察してきた RP と GA のどの母音においても，調音器官はその
母音の調音の間じゅう，だいたいにおいて同じ位置にとどまっている．この
ことは，母音の音質(その母音の調音の際に生じる聴覚的効果)はほぼ一定で
あるということを意味する．このような母音は**単母音**(monophthong)である．
しかしながら，これとは異なる母音も存在する．そうした母音は**二重母音**
(diphthong)と呼ばれるもので，その産出の間に調音器官の位置になんらか
の変化が生じる結果として，母音の音質が変化するのである．二重母音とは，
その音質が同一音節内において変化するような母音のことである．二重母音
は，単なる2つの母音の連続ではない．たとえば，RP でも GA でも，see-
ing ([si:ɪŋ])の発音では母音 [i:] に母音 [ɪ] が後続するが，その結果生じる音
連続は二重母音ではない．なぜなら，これらの [i:] と [ɪ] は同一音節内には
ない．つまり，seeing は2音節語であって，最初の音節が [i:] で終わり，2
番目の音節が [ɪ] で始まるのである．

[ɪ] のような音質で終わる二重母音から話を始めよう．sigh, rye, bide など
のような語の RP および GA における発音では，母音は [a] のような音質(基
本母音4番の領域)で始まり，[ɪ] のような音質で終わる．この音を [aɪ] と
表記することとしよう．

say, ray, bayed などのような語の RP および GA における発音では，母音
は [e] のような音質(基本母音2番の領域)で始まり，[ɪ] のような音質で終
わる．この音を [eɪ] と表記することとしよう．hair のような語では，GA の
発音は単母音の [e] に [ɹ] が後続したものである．*6

soy, Roy, buoyed などのような語の RP および GA における発音では，母
音は [ɔ] のような音質(基本母音6番の領域)で始まり，[ɪ] のような音質で
終わる．この音を [ɔɪ] と表記することとしよう．

これらの二重母音は，以下のように母音空間図上に示すことができる．

28

（2）　RP と GA の [ɪ] で終わる二重母音

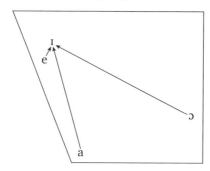

　これらの二重母音のキーワードとして，Wells は [eɪ] には FACE, [ɔɪ] には CHOICE, [aɪ] には PRICE を用いており，本書でも場合に応じてこのやり方に従うこととする．

　RP と GA において，[ʊ] のような音で終わる二重母音は 2 つ存在する．1 つは低い，やや後ろ寄りの，非円唇の音質で始まる．これは how, now, loud のような語の RP および GA における発音で見られる．この二重母音を [aʊ] と表記することとしよう．

　もう 1 つの二重母音は GA の話者と，より保守的な RP の話者では [o] のような音質で始まる．これは sew, roe, toad のような語に現れる．これを [oʊ] と表記しよう．最近の RP の話者では，このような語は [əʊ] のような音質で発音される．² sport のような語は RP では長母音の [ɔ:] で [ɹ] を伴わずに発音されるが，GA では [o] に [ɹ] が後続する．*⁷

　これら 2 つの二重母音は母音空間内に以下のように示すことができる．

（3）　RP と GA の [ʊ] で終わる二重母音

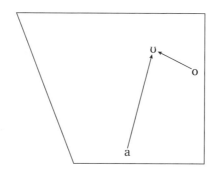

　これらの二重母音のキーワードとして Wells は [aʊ] には MOUTH, [oʊ] には GOAT を用いている.

　RP の話者の中には [ə], すなわちシュワーのような音質で終わる一連の二重母音を発音する人が大勢いる. シュワーは母音空間の中央で発音されるので, これらはしばしば**中向き二重母音** (centring diphthong) と呼ばれる. これらの二重母音の 1 つめのものは [ɪ] のような音質で始まる. これは here や pier のような語に現れる. この音を [ɪə] と表記しよう.

　この種の二重母音のもう 1 つは, [ɛ] のような音質(基本母音 3 番の領域)で始まる. これは hair や pear のような語の RP の発音に現れる. これを [ɛə] と表記する. RP の話者の中には, この種の語を [ɛː] で発音する人もいるが, この音は二重母音ではなくて長母音であり, 基本母音 3 番の領域の母音を長く発音したものに近い.

　この種の二重母音の 3 つめは [ʊ] のような音質で始まり, tour や pure のような語に出現する. これを [ʊə] と表記する. RP の話者には, これらの語のうちのあるもの(例: moor)を基本母音 6 番の領域の長い単母音で発音する人もいる. このような発音に出会ったら, それは [ɔː] で表記してよいだろう.

　これら 3 つの二重母音は以下のように表すことができる.

(4)　RP の [ə] で終わる二重母音(中向き二重母音)

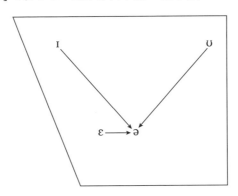

　シュワーは母音空間の中央で発音されるので, これらは中向き二重母音と呼ばれる. Wells は [ɪə] の母音には NEAR, [ʊə] の母音には CURE, [ɛə] の母音には SQUARE のキーワードを用いている. これらの二重母音はどれも GA には存在しない. これらが RP に存在するのは, RP の歴史的進展の

過程において，母音のあとの [ɹ] が消失したことから来ている．このシュワー
は，RP のもととなったいくつかのアクセントにおいて，かつては here,
hair, pure のような語の発音に存在していた [ɹ] の，いわば唯一の痕跡なの
である．　なお，　これらの語は GA では [hiːɹ] [heɹ] [pʰuːɹ] と発音され
る．*8 RP では単母音としての発音もよく聴かれる．　現代の RP では
SQUARE に長い単母音 [ɛː] が用いられるのが一般的であり，CURE の語群
では，sure [ʃɔː] のように，RP の話者が現在では長い単母音 [ɔː] を用いるよ
うな語が少なくない．

注

1 quickly, witty, pretty のような語の語末の母音は，アクセントにより異なる．[i]
型の母音が現れるアクセントもあり，[ɪ] 型の母音の現れるアクセントもある．
前者の母音は後者の母音より「緊張した」母音といわれることがあり，これら
の語で [i] が現れるようなアクセントには「happY の緊張化」（happY Tensing）
があると記述されることもある．後者の用語は Wells (1982) によるものである．

2 若い世代の RP の話者は，これらの二重母音をしばしば前寄りで非円唇の第 2
要素を伴って発音することがある．このような発音は，比較的高めの中舌非円
唇母音を表す記号を 2 番目の要素に用いて [əi] および [ai] と表記し，coke [kʰəik],
down [dain] のように示すことができよう．こうした発音では，coke は cake に
かなり近く，down は dine にかなり近く聞こえる．このような対はほかにもた
くさんあるが，重要なのはこうした対には，以前ほどはっきりとしてはいないが，
現在でも区別が存在するということである．

練習問題

1　以下の各語において，あなたが発音する母音を音声表記しなさい．
caught　court　cot　blew　put　dearth　death
feel　fill　Sam　psalm
（第 3 章の練習問題 2 の注を参照）

2　英語母語話者へ：以下の語の母音は，RP では通常，二重母音である．
それぞれの語についてあなたがふつう発音するような母音を，適切な記号
を用いて音声表記しなさい．もしそれが二重母音であるなら，始めと終わ
りの唇の形と舌の位置を述べなさい．もし二重母音でない場合は，舌の前
後の位置と，舌の高さ，円唇か非円唇かを述べなさい．

fear   fair   tour   late   sighed   side   join   toad
towed   pound
（ここでもまた，第 3 章の練習問題 2 の注を参照）

3   Track 4.1 を聴き，以下の各語について，できるかぎり詳細に音声表記
　　しなさい． 🎧 Track 4.1
　　carted   concluded   divine   divinity   serene   serenity

訳 者 注

*1   現在の RP ではこの母音は基本母音 6 番と 7 番の中間の高さが一般的なので，
　　中低とは言いがたい．
*2   GA のこの母音は RP よりかなり低く，基本母音 5 番と 6 番の中間かほとんど
　　5 番と同じである．
*3   最近の GA の傾向として，cot と caught の母音の区別が失われてどちらも [ɑː]
　　のように発音される，cot-caught の合流（cot-caught merger）と呼ばれる現象が
　　広まってきている．
*4   GA では以前は morning [mɔɹnɪŋ] と mourning [moɹnɪŋ] のように [ɔɹ] と [oɹ]
　　の区別があったが，現在では両者は同一の二重母音 [ɔɹ] となる傾向が強い．
*5   前章の訳者注 *3 に示したとおり，GA では aunt の母音は [æ] がふつうである
　　ので，例としては aunt ではなく father を使用するのがよい．
*6   GA の hair などの母音はむしろ [ɛɹ] ないし [æɹ] のほうが一般的である．
*7   上記訳者注 *4 を参照．
*8   GA ではむしろ [hʊɹ] [hɛɹ] [pʰʊɹ] と発音される．

5
音素論の原理

5.1　序論：言語的知識

　ここまでのところ，本書では音声学を扱ってきた．ということは(すでに定義したように)，人間の言語音についての研究を扱ってきたということになる(これまで論じてきたような言語音の音響的特性についての重要な諸事実は無視して，もっぱら英語だけの音声学，とりわけ調音音声学のみを扱ってきたのではあるが)．ここから本書では，音声学に加えて音韻論も扱っていく．音韻論は，人間の言語音の特性それ自体より以上のものを扱うのだというのがわれわれの考えである．音韻論はある種の心的な体系の研究，特にある種の心的範疇，心的に蓄えられた表示，そしてこれらの範疇や表示に関する一般法則の研究である．音声学と音韻論は密接にからみあっているのではあるが，このような見方からすると，音韻論とは決して人間の言語音それ自体の研究ではない．この章の要点は，両者の違いは何であるかを示し，読者に対して英語の音韻についての手ほどきを始めることである．手はじめに，ある言語を知っているとはどういうことなのかという一般的な疑問から考えることにしよう．

　われわれが，その人にとってその言語が母語であるという意味において，誰かがある言語を知っていると言うとき，その人はある心的状況にある，すなわちある種の言語的知識を所有しているのだと仮定してみよう．母語についての言語的知識は，主として無意識の知識であろうと思われる．それは意味的知識(語・句・文の意味に関する)と統語的知識(語の統語的範疇，句や文の構造および語・句・節の統語的関係に関する)を含んでいると考えられる．話者がこの知識にもとづいて統語的判断および意味的判断を行なうことができることから，そうだとわかるのである．たとえば，英語を母語とする話者は Who did you see Graham with? は英語の文であるが，Who did you see Graham and? はそうでないことを直観的に判断できる．話者は，この2

つの文の違いは，単に and という語があるか with という語があるかの問題
ではないということも，また直観的にわかるのである．話者は He told the
man who he knew がどのような点であいまいか，そしてこの語連続に対す
る 2 通りの解釈が，He told the man how he knew とはどのように構造と意
味において異なるのかということが，一方には who が，もう一方には how
が使われているという表面的事実にとどまらず，直観的に（必ずしも全面的
に意識せずに）わかる．この知識は明らかに無意識的な知識である．という
のも，われわれは何も教えてもらわずにこうした判断を下すことができ，英
語の統語論や意味論についてのいかなる意識的な知識をも必要としないから
である（たとえ，動詞や名詞とは何であるか，あるいは with, and, who, how
の統語範疇は何であるかが全くわからなくても，このような判断ができるは
ずである）．

　本書では，母語に対する話者の（主として）無意識的な言語知識の中には音
韻的知識も含まれているに違いないという見方をとる．多数の言語学者が
このような見方をとる理由の 1 つは，統語的な問題に関して下される判断とあ
る意味で平行しているといわれるような判断を，話者は下すことができるか
らである．たとえば，英語を母語とする話者は，音節とは何であるかを意識
レベルでは全く理解していなくても，ある語が何音節であるかがわかる．こ
のことは，母語話者が，たとえ音節の認識が意識よりも下のレベルで行なわ
れるにしても，音節を認識する能力を持っていることを示している．同様に，
英語を母語とする話者は，[blʌg] という分節音の連続を単語の発音として考
えた場合，それが英語の音連続であり，[tʰlʌg] はそうでないということが，
これまでにどちらの音連続も聞いたことがなくて当然だという事実にもかか
わらず，わかってしまうのである．このような判断を下す際に，英語を母語
とする話者は一種の無意識的な知識を利用しているのであり，この知識が「英
語の音韻」であるのだと仮定してみよう．

　本書においてわれわれのなすべきことは，この知識がどのような形をとっ
ているかについて，基本的なところから考察を始めることであろう．音韻論
の分野は，われわれの見方においては，音声学の分野とは異なる．音韻論は
言語音そのものの研究ではなくて，心的能力と，主として無意識的な心的状
態の研究だからである．むろん，音韻論学者は言語音とその特性に対して綿
密な注意を払わねばならない．というのは，言語音とその特性が，話者の無
意識的な音韻的知識についての仮説のための論拠の多くをなすからである．
しかし，言語音とその特性は音韻論学者のこのような研究の目的とはならな

い.

5.2 対立 対 予測可能性: 音素

まず英語と朝鮮語の非帯気無声閉鎖音と帯気無声閉鎖音を比較してみよう.
英語の大半のアクセントでは, 話者はつねに帯気無声閉鎖音と非帯気無声閉
鎖音の両方を発音している. 下に示すような英語の資料にも, 両方が現れて
いる.[1]

(1) 英語における帯気無声閉鎖音と非帯気無声閉鎖音

(a) [ˈpʰuːɫ] pool   (b) [əˈpʰɪə] appear
(c) [ˈspɜːt] spurt   (d) [dəˈspaɪt] despite
(e) [ˈtʰɒp] top   (f) [əˈtʰæk] attack
(g) [ˈstɒp] stop   (h) [dəˈstɹɔɪ] destroy
(i) [ˈkʰɪlɪŋ] killing   (j) [əˈkʰɹuː] accrue
(k) [ˈskəʊɫd] scold   (l) [dɪˈskʌvə] discover*[1]

資料の中の, 記号の前につく補助記号([ˈpʰuːɫ] で p の記号の前にあるもの)
は強勢のある音節の始まりを示している.

この資料から, pool と appear におけるように, 強勢のある音節の最初に
あるときには無声閉鎖音は気音を伴うが, spurt におけるように無声歯茎摩
擦音がその前にあると気音を伴わないように思われる. つまり, この資料に
おいては, 非帯気無声閉鎖音が出現するような位置には帯気無声閉鎖音は出
現しないし, その逆もまた同じである. この英語の資料を, 次の朝鮮語の資
料と比較してみよう.

(2) 朝鮮語における帯気無声閉鎖音と非帯気無声閉鎖音

(a) [pʰul] '草'   (b) [pul] '火'
(c) [tʰal] '仮面'   (d) [tal] '月'
(e) [kʰɛːda] '掘り出す'   (f) [kɛːda] 'たたむ'

この朝鮮語の資料では, 帯気無声閉鎖音と非帯気無声閉鎖音は同じ位置(語
頭)に出現し得る. ある音が出現し得る語中の位置の範囲を**分布**(distribution)
という. 先に見た英語の資料では, 帯気無声閉鎖音と非帯気無声閉鎖音の分
布は相互排除的(mutually exclusive)である. すなわち, 一方の種類の閉鎖
音が現れる位置には, 他方は決して現れない. これを**相補分布**(complemen-

tary distribution）という．

　さらにまた，英語の資料から [t] と [tʰ] の閉鎖音を例にとってみれば，これらが**音声的に類似**（phonetically similar）していることは明らかである．両者とも閉鎖音で，無声音で，かつ歯茎音である．そしてさらに，大半の英語話者にとっては，たとえば still と till におけるような歯茎閉鎖音は，前者が非帯気音で後者が帯気音であるという事実にもかかわらず，同じに聞こえる．これらの音声的に異なった 2 つの音は，英語話者にとっては「同じにみなされる」のである．これらの音が「同じ音」であると同時に「同じ音ではない」というのでは矛盾を免れない．われわれは，これらは音声的に異なる（phonetically distinct）けれども音素的に等価である（phonemically equivalent）という．つまり，これら 2 つのタイプの閉鎖音は，同一の心的範疇に対応しており，この同じ範疇に属していると解釈されるのである．われわれはこのような範疇を**音素**（phoneme）と呼ぶ．英語話者は [p]，[pʰ]，[t]，[tʰ]，[k] および [kʰ] の 6 つの分節音をたった 3 つの音素，すなわち /p/，/t/，/k/ にしたがって解釈するのである．このことは以下のように示すことができよう．

　(3)　英語の無声閉鎖音音素

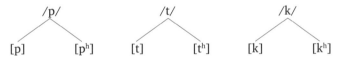

　上の列には 3 つの無声閉鎖音音素（心的範疇）が示されており，6 つの分節音はこれらにしたがって知覚される．音素と，これに結びつく分節音との関係は**実現**（realization）であり，たとえば音素 /p/ は無声歯茎摩擦音のあとでは [p]，それ以外の位置では [pʰ] として実現されるのである．最も重要な点は，これまで見てきた資料から，気音の有無は英語においては完全に予測可能だということである．つまり，無声閉鎖音が気音を伴う前後関係と伴わない前後関係についての一般法則が存在し，これは一般的規則として表現することが可能である．英語の大半のアクセントにおいて，この一般法則は，子供が母語として英語を覚える際に習得されるものである．母語話者が母語の言語的知識として有するものが，たとえ主として無意識の知識であるにせよ，この一般法則はその一部をなしている．音素の実現で，前後関係から完全に予測可能であるようなものを**異音**（allophone）という．それでわれわれは，[p] と [pʰ] は英語のほとんどのアクセントにおいて /p/ の音素の異音であるという．英語の母語話者は（心的範疇としての）音素と音韻的一般法則を，母語

についての（主として無意識的な）言語的知識の一部として有しており，母語話者は自分たちが耳にする異音をそれらの範疇と一般法則との関連において知覚するのだとわれわれは主張しているわけである．

　英語のこのような状況を，朝鮮語の場合と比較してみよう．朝鮮語における帯気無声閉鎖音と非帯気無声閉鎖音の分布は明らかに<u>重複している</u>．すなわち，どちらのタイプの音も出現し得るような位置が，少なくとも一か所（語頭）は存在している．このような分布は**平行分布**（parallel distribution）と呼ばれ，この「平行」とは，ここでは「ある程度重複する」という意味で用いられている．

　さらにまた，帯気無声閉鎖音と非帯気無声閉鎖音の区別は朝鮮語では重要な違いとなり得る．すなわち，朝鮮語話者が [pʰul] と言う場合，それは [pul] と同じものを意味しない．この 2 つの音の違いは意味的に**対立をなす**（contrastive）という．1 つの音だけが異なっているような語の対を**最小対**（minimal pair）と呼ぶ．最小対は，問題の 2 つの音が平行分布をなし，かつ意味的に対立をなすことを示すものであるから，その存在は重要である．

　したがってわれわれは，英語話者とは違って，朝鮮語話者は [p], [pʰ], [t], [tʰ], [k] および [kʰ] の 6 つの帯気無声閉鎖音と非帯気無声閉鎖音を 6 つの異なった心的範疇にしたがって知覚すると考える．つまり，たとえば [p] は音素 /p/ の実現であり，[pʰ] はこれとは別の音素 /pʰ/ の実現なのである．朝鮮語の体系（の一部）[2] をこのように示すことができよう：

（4）　朝鮮語の無声閉鎖音音素

帯気無声閉鎖音と非帯気無声閉鎖音の区別は，朝鮮語では<u>音素的</u>（phonemic）であるが，英語では異音的（allophonic）である．英語話者も朝鮮語話者も日常的に帯気無声閉鎖音と非帯気無声閉鎖音の両方を発音している．したがって，音声的レベルでは，両言語は両唇・歯茎・軟口蓋無声閉鎖音に関するかぎり同等である．しかし音素的レベル（心的レベル）においては，両言語は全く異なっている．朝鮮語話者は 6 つの心的範疇を持つのに対し，英語話者は 3 つしか持っていないのである．無声閉鎖音に関するかぎり，朝鮮語話者は英語話者の 2 倍の音素的対立を有している．英語話者が朝鮮語の<u>無声閉鎖音</u>の発音と聴き取りを習得しようとする際の困難は，したがって<u>心的な困</u>

難である．つまりこれは純粋に調音上の困難なのではなく，音韻的な困難なのである．

　だからといって，ほかの言語を話すことを習得する際に，純粋に調音上の困難（自分が調音する習慣にないような新しいタイプの音を調音する際の困難）があり得ることを否定するものではない．たとえば，英語を話すことを習得しようとしている日本語話者の大部分は [l] の発音を覚えなければならないだろう．彼らにはこの [l] の音を発音する習慣がないのである．外国語学習者がこのような課題に直面すると，目標とする音に似た音を母語から流用して発音してしまうことがよくある．この場合には単顫動音の [ɾ] で，これは [l] と同様に有声音であり，かつ歯茎音である．同様に，英語の [ð] の発音ができるようになろうとしているフランス語話者は，有声歯茎摩擦音である [z]，あるいは有声歯閉鎖音である [d̪] を発音してしまうことがよくあるだろう．これらの音は母語で発音し慣れた音なのである．前者は有声の摩擦音であるところが目標とする音と似ているし，後者は有声の歯音である点で似ている．このような，外国語の発音についての問題はどこにも見られる．しかしそれらは，今われわれが論じたような問題とは性質が異なるのである．

　また，外国語の発音における困難の中には，純粋に調音上の困難と音韻的な困難の両方を含むものもあるということも否定する必要はない．たとえば朝鮮語を学習している英語話者は，有声閉鎖音とも，帯気および非帯気の無声閉鎖音とも異なる，閉鎖音の 3 番目の種類を調音できるようにならなければいけない．これらは「声門の緊張」（glottal tension）を伴って調音される朝鮮語の無声閉鎖音である．これらの音を調音している間，声帯は振動しておらず，また帯気無声閉鎖音の場合のように声帯が開いているわけでもなくて，声帯は狭まっているのである．*2

　そのような英語話者はまた，朝鮮語の 3 種類すべての閉鎖音の間の区別を（ある意味において）知覚できるようにならなければならない．というのは，声門の狭めを伴う無声閉鎖音は新しい範疇の音であるので，英語話者には，より聞き慣れた閉鎖音（たとえば有声閉鎖音）に似て聞こえるように思われるかもしれない．そしてこの音韻的な困難が，英語話者のすでに抱えている純粋に調音上の困難に，さらに加わるのである．しかしながら，ここまで見てきた資料から，完全に音韻的であるような困難も存在することが明らかであり，このような種類の困難が存在するという事実が，これまでの各章で論じてきたような，言語音それ自体の調音の研究である調音音声学と，われわれが言語音を解釈する基準となっている心的範疇の体系の研究である音韻論と

の間に一線を画する正当な理由となるのである.

　朝鮮語と英語の無声閉鎖音の音韻的相違点を検討するなかで，われわれは**音素論の原理**（the phonemic principle）と呼ばれるものを用いてきたが，これは以下のように，それぞれ 2 つの判断基準からなる 2 組の組合わせである.

　(5)　音素論の原理
　　2 つあるいはそれ以上の音は，もし
　　　(a)　相補分布をなす　　　　　　　と同時に
　　　(b)　音声的に類似しているのであれば，同一音素の実現である.
　　2 つあるいはそれ以上の音は，もし
　　　(a)　平行（重複）分布をなす　　　　　と同時に
　　　(b)　意味的対立を示す働きを持つのであれば，別の音素の実現である.

　気音に関する音声的相違が英語では異音的であるが朝鮮語では音素的であるというとき，われわれはこの音素論の原理にもとづいているのである.

　朝鮮語話者が英語話者よりも多くの音素的対立を有している場合を考察したところで，今度は事情がその逆であるような資料を検討することとしよう.スコットランド英語のいくつかの変種の母語話者は，本書で [ɾ] および [l] と表記してきたような言語音，すなわち（rip と lip におけるような）有声歯茎単顫動音および有声歯茎側面接近音を日常的に発音しており，これは朝鮮語話者も同じである.以下に，これらの音を含むスコットランド英語と朝鮮語の単語の例をいくつか示す.

　(6)　スコットランド英語と朝鮮語における [ɾ] および [l]
　　　　スコットランド英語　　　　　　　　朝鮮語
　　(a)　[læm]　lamb　　　　　　　(b)　[mul]　　'水'
　　(c)　[ɾæm]　ram　　　　　　　 (d)　[muldo]　'水も'
　　(e)　[lɪp]　 lip　　　　　　　　(f)　[muɾe]　 '水に'
　　(g)　[ɾɪp]　 rip　　　　　　　　(h)　[mal]　　'馬'
　　(i)　[bɛli]　belly　　　　　　　(j)　[maldo]　'馬も'
　　(k)　[bɛɾi]　berry　　　　　　　(l)　[maɾe]　 '馬に'

　スコットランド英語話者と朝鮮語話者が日常的にこれら 2 つの音を発音しているとはいえ，スコットランド英語のこの変種を話すことを習得中の朝鮮語の母語話者の中には，スコットランド英語を話す際に，[l] と [ɾ] の区別のこつをつかむのがむずかしい者がたくさんいるであろうことは予測できる.

一見これは不思議なことである．なぜならば，今述べたように，朝鮮語話者はこれらの音を発音するのに何の困難もなく，英語を習い始めるよりずっと以前から当然何千回もこれらの音を発音したであろうから．では，どこに問題があるのだろうか．1つの可能性は，朝鮮語話者が身体的・調音的な困難を抱いているというものであるが，この考えはただちに排除できる．これまで見てきたように，どちらの音も彼らにとって新しい音ではないので，これは明らかにあてはまらない．

　この困難は心的な性質のものであり，もし(6)の表をよく見れば，英語においてこの2つの音は，たとえば語頭や母音間のように，語中の同じ位置に現れることができるのは明らかである．さらにまた，[ɾ] と [l] の分節音だけが異なるような2つの単語があり得る．すなわち，これら2つの音を含む最小対（たとえば [ɾæm] 対 [læm]）が存在する．スコットランド英語のこの変種においては，[ɾ] と [l] は平行分布をなし，意味的対立を示す働きを持つ．本書で音声的相違が対立的であるというときには，意味的対立のことを指しているのであって，それらの音の間の音声的相違のことを指しているのではないということを，心に留めておくことが大切である．

　朝鮮語では [ɾ] と [l] は決して同じ位置に出現しないので，[ɾ] と [l] の音声的相違は決して対立的であることはない．これらの音は相補分布をなす．すなわち，一方が出現する位置には決して他方は出現せず，その逆もまた同じである．具体的には朝鮮語の [ɾ] は母音間に出現するが，ほかの位置には決して出現せず，これに対して [l] は決して母音間には出現しないがほかのどの位置でも出現する．このため，朝鮮語においてこれら2つの音の最小対を見出すことは不可能である．これら2つの音はまた，音声的に類似している．すなわち両方とも有声音で，両方とも舌端の中央と歯茎との間の閉鎖を伴っている．ゆえにこれら2つの音は朝鮮語の同一音素の実現なのである．

　スコットランド英語のこの変種においては，/ɾ/ 対 /l/ の音素的対立が存在する．これに対して朝鮮語では，そのような音素的対立はない．すなわち，スコットランド英語のこの変種には /ɾ/ 対 /l/ があるのに対し，朝鮮語には /l/ の音素1つしかなく，[ɾ] と [l] はこの /l/ の異音である．別の言い方をすれば，[ɾ] と [l] の音声的相違は英語においては音素的であり，朝鮮語においては異音的なのである．英語のこの変種の話者は [ɾ] と [l] を2つの別個の心的範疇の項として知覚するのに対して，朝鮮語話者はこれらの音を単一の心的範疇の項として知覚するのである．朝鮮語においては，音素 /l/ は母音間では [ɾ] として実現され，それ以外の位置では [l] として実現される．

スコットランド英語のこの変種と朝鮮語との間のこの音韻的相違を，以下のように示すことができよう．

(7)　スコットランド英語と朝鮮語における [ɾ] と [l] の音素的位置づけ

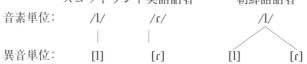

ここでわれわれは，朝鮮語話者にとっての困難がどこに存在するのかを示した．すなわち，母語に対する彼らの(主として)無意識的な言語的知識のレベルに困難が存在するのである．これらの分節音に関するかぎり，朝鮮語とスコットランド英語のこの変種とは異音レベルでは違いがない．つまり，両者ともに [ɾ] と [l] がある．しかし両者は音素レベルでは異なっている．スコットランド英語話者は朝鮮語話者の持たない心的区別を持っている．したがって，朝鮮語話者にとっての問題点は心的な(とりわけ，知覚的な)性質のものであって，調音的なものではない．

朝鮮語の /l/ の音素のどの異音が与えられた前後関係で出現するかは完全に予測可能であると述べた．これをわれわれは，異音の出現を支配する**音韻的一般法則**(phonological generalization)が存在すると言ってもよいであろう．この一般法則を朝鮮語の母語話者は無意識のうちに把握しており，これが彼らの言語的知識の一部を形成しているのである．この一般法則を以下のような**音韻規則**(phonological rule)の形で表すことができよう．

(8)　朝鮮語における /l/ の実現
　　/l/ は母音間で [ɾ] として実現される．

のちに見るように，母語話者の言語的知識には多くのこのような一般法則が含まれている．[ɾ] と [l] に関するかぎり，朝鮮語話者とスコットランド英語話者の音韻的知識は 2 つの点で異なる．(a)スコットランド英語話者は朝鮮語話者の持たない音韻的区別を有し，(b)朝鮮語話者はスコットランド英語話者の持たない音韻的一般法則を有する．つまり，音韻的知識は主として音韻的範疇と音韻的一般法則から成り立っているのである．

英語のいくつかの変種においては，/l/ の音素も異音を持つ．すなわち，「明るい l ([l])」と「暗い l ([ɫ]))[3] である．以下の資料は，そのような変種における，これら 2 つの音の典型的な分布を示している．

(9) 英語の「明るい l」と「暗い l」

(a)	[kʰlɛvə]	clever	(b)	[bɛɫz]	bells
(c)	[pʰleɪn]	plain	(d)	[tɹeɪɫ]	trail
(e)	[lʊk]	look	(f)	[pʰʊɫ]	pull
(g)	[lɔː]	law	(h)	[bɔːɫz]	balls
(i)	[laɪ]	lie	(j)	[pʰaɪɫ]	pile

　これらの異音の分布のしかたを言い表す 1 つの方法は，「明るい l」は母音の直前に出現するのに対して「暗い l」は母音の直後に出現するというものである．/l/ の音素とその明暗両方の異音の関係を以下の規則の形で述べることができよう（これについては音節構造との関連でのちに示す）．

(10) 英語における /l/ の実現

　/l/ は母音の直後で [ɫ] として実現される．

　朝鮮語の /l/ と，英語の一定の変種における /l/ の実現を以下のように示すことができよう．

(11) 朝鮮語と英語における /l/ の実現

5.3　音素・異音・前後関係

　われわれは，ある音素の異音はその音素の予測可能な実現であると述べた．特定の前後関係を示せば，どの異音が出現するかを予測することができる．これまでに示してきたような前後関係は，いくつかの場合においては，かなり一般的なものであった．たとえば，上で検討した朝鮮語の資料から，帯気無声閉鎖音と非帯気無声閉鎖音は両方とも語頭に出現し得ることがわかった．また，別の朝鮮語の資料から，朝鮮語の /l/ は母音間では [ɾ] として実現されることもわかった．「語頭」や「母音間」というのはごく一般的な前後関係であり，「語末」や「子音の前」あるいは「母音の後」も同様である．

　ほかの場合には，われわれが言及しなくてはならない前後関係はかなり特

42

定されたものである．たとえば，上で検討した英語の資料で，われわれは非帯気無声閉鎖音が無声歯茎摩擦音のあとに出現することを確認した．多くの場合，ある異音の出現する前後関係とその異音の性質との間にはなんらかの音声的関連があるように思われる．1つの例を考えてみよう．

　英語の多くのアクセントにおいて，/ɹ/ の音素には2つの実現形，すなわち [ɹ] と [ɹ̥]（下についている補助記号は無声であることを示す）がある．

　以下の資料はその例である．⁴

（12）　英語における /ɹ/ の有声と無声の異音

(a)	[tʰɹ̥aɪ]	try	(b)	[əɹeɪ]	array
(c)	[pʰɹ̥uːv]	prove	(d)	[gɹəʊ]	grow
(e)	[kʰɹ̥eɪv]	crave	(f)	[bɹeɪk]	break
(g)	[fɹ̥iː]	free	(h)	[dɹɪŋk]	drink
(i)	[θɹ̥iː]	three	(j)	[bæɹəʊ]	barrow

　有声歯茎接近音と無声歯茎接近音が相補分布をなすことは明らかである．無声のほうは無声子音のあとに現れ，有声のほうはそれ以外のどの位置にも現れる．問題は，無声子音のあとでは無声の異音として実現される有声歯茎接近音音素があるというべきか，あるいは有声子音のあとでは有声の異音として実現される無声歯茎接近音音素があるというべきかである．前者のほうが音声的に自然であるので，われわれは前者を選ぶ．つまり，接近音は通常は有声なのである．加えて，ある有声の音素が無声の子音に後続するときに無声として実現されるという言い分は音声的に理屈が通る．この実現形は先行の分節音に同化を起こしている（隣接の分節音に似かよった音になっている）のである．

　もう1つ，この種の事例を考察してみよう．英語の多くのアクセントにおいて，軟口蓋の調音位置の前部の，硬口蓋に近い位置で調音される閉鎖音がある．以下の資料はその例である（[c] と [ɟ] はそれぞれ，無声硬口蓋閉鎖音と有声硬口蓋閉鎖音を表す）．

（13）　英語の軟口蓋閉鎖音と硬口蓋閉鎖音

(a)	[kʰuːɫ]	cool	(b)	[cʰiːp]	keep
(c)	[kʰəʊɫ]	coal	(d)	[cʰiːn]	keen
(e)	[kʰɒp]	cop	(f)	[cʰɪt]	kit
(g)	[kʰɑːt]	cart	(h)	[scɪp]	skip

(i)	[guːɫ]	ghoul		(j)	[ɟɪə]	gear
(k)	[gəʊɫ]	goal		(l)	[ɟɪɫ]	gill

ここでもまた，2つのタイプの分節音が相補分布をなしている．すなわち，前寄りである硬口蓋音は高前舌母音の前で起こり，軟口蓋音はそれ以外のすべての位置で起こる．われわれは，/k/ は調音位置が「基本的に」軟口蓋であるが，高前舌母音の前では前舌，あるいは前寄りの実現となると仮定する．これは音声的に理屈が通る．高前舌母音は硬口蓋音で（調音器官は前舌面と硬口蓋である），したがってわれわれは，後続の母音が高前舌母音である場合には，軟口蓋音音素が後続母音に同化を起こしているのだということができる．

われわれは，音素はしばしば一種の「デフォルトの」つまり「基本的な」音声的実現を有していて，デフォルトの実現を変化させてしまうような特定の前後関係が存在しないときにはこれが実現するのだという見方をとることにする．

5.4 ま と め

この章は，言語音それ自体の研究として定義される音声学と，言語音に関連した心的表示，心的範疇および一般法則の体系の研究である音韻論とを区別することから始まった．ある言語の母語話者は，その言語の音韻体系をあたりまえのものと思いがちである．たとえば英語話者は，[ɹ] と [l] が音声的にはきわめて近いという事実にもかかわらず，この2つの音が全く異なることはこのうえなく明白だと考える．同様にまた，英語話者は [p] と [pʰ] は異なっているにもかかわらず，それが容易にはわからない．この章では，このような知覚の背後にあるのは母語の音韻体系であり，この体系は，その言語の母語話者によって発音される言語音の集合とは，密接な関係があるにせよ，別のものなのであるということを示そうと努めてきた．どのような音を「同じ」ととらえ，あるいはどのような音を「異なる」ととらえるかは，主に母語の音韻を形づくっている心的範疇の体系によっているのである．しかし，音声学と音韻論とは密接な結びつきがあることは明白である．

心的に蓄えられた，言語に個別的な音韻範疇の体系が，言語音の連続に対するわれわれの知覚をいかに支配しているかを，20世紀初頭に北米インディアンの諸言語を研究した言語学者のエドワード・サピアは見事に表現してい

る.

　もしも，良い耳と言語に対する真の直観とをもちあわせてさえいるな
らば，訓練をうけていない言語記録者のほうが，緻密な音声学者と比べ
てはるかに有利であることが多い．音声学者は，自分の膨大な観察資料
に圧倒されがちだからだ．わたしはすでに，インディアンたちにかれら
の言語の書記法を教えた際の経験を，別な点に関してテストする価値が
あるので利用したことがある．そのことが，ここでも同じように貴重な
証拠となる．わたしは，インディアンに「かれの言語のパタンの項」に
対応しない音的区別をつけることを教えるのは——この差異が，われわ
れの客観的な耳にはどれほどはっきりしていても——困難または不可能
であるが，微妙な，やっと聞き分けられるほどの音的区別も，「パタン
の項」[*3] に当たってさえいれば，容易にかつ自発的に表記される，とい
うことを発見した．わたしは，ヌートカ族のわたしの通訳が母語を書い
ているのを観察していて，かれは，純粋に客観的な観点からは不十分に
しか聞きとれないが，現実のことばのざわざわという音の意図するもの
として，かれが聞いた音声要素の理念的な流れを転写しているのだ，と
いう奇妙な感じを何度もいだいたことだった．[5]

　母語の音素範疇がいかに知覚に影響を及ぼすかは，正常な6か月の子供で
あれば誰でも，どのような母語をその子が習得し始めているかにかかわらず，
帯気無声閉鎖音と非帯気無声閉鎖音を区別することができるということを考
えれば，わかってくるであろう．このことから，帯気/非帯気の差異は原則
的には音素的区別の基盤として作用し得るような差異であることは明白であ
り，人類の数多くの言語において，実際そのように作用している．しかし（英
語の大半の変種のように）帯気/非帯気の区別が音素的ではなくて異音的であ
るような言語を習得する子供は，意識の一定のレベルにおいてはその区別を
無視するようになるであろう．したがって，母語の音韻を習得する結果，知
覚的区別がある意味では失われることがあり得るわけだが，これは意識のあ
るレベルにおいてのみ起こるにすぎない．すなわち，たとえば南アフリカ英
語の話者が帯気閉鎖音の代わりに非帯気閉鎖音を発音すれば，RPの話者は，
たとえその南アフリカ英語の話者の発話はどこか違うと感じるにすぎないと
しても，そのことに気づく場合が多いであろう．確かに，語頭で強勢のある
母音の前では非帯気無声閉鎖音が決して出現しないような言語の話者にとっ
ては，このような違いは非常に顕著である．このような話者は，たとえばギ

リシャ語なまりの英語にいきなり出会えば(ギリシャの空港に到着したとき
など), Gatwick(ロンドンの空港名)のような語は [gadwig] と発音されてい
ると思うのがふつうだろう. このような場合, 英語話者は問題の閉鎖音が気
音を伴わないという事実を知覚するだけでなく, そうした閉鎖音を英語の有
声閉鎖音の範疇に入れてしまうのである. なぜなら, 英語の有声閉鎖音は,
気音を伴わず, また語頭および語末の有声閉鎖音はほとんど無声だからであ
る.

　音声的には同一(あるいはほぼ同一)であっても音韻的には互いに異なるよ
うな言語を, ある種の音の組について比較対照することによって, 英語の母
語話者も, 成人の英語学習者も, 自分の音韻体系, およびそれが言語音の知
覚に及ぼしている多大な影響に対する意識を発達させることが可能である.
この章で示してきた例も, 以下の練習問題も, こうした意識をうながすため
のものである.

注

1　これらの資料は, 英語の大半のアクセントにおいて帯気無声閉鎖音と非帯気無
　声閉鎖音の出現する位置をすべて網羅しているわけではない. したがって, こ
　れらの音の音韻論的地位についての本書の記述は, きわめて単純化されたもの
　にならざるをえない. しかし, 要点を示すためにはこれで十分であろう.

2　朝鮮語の閉鎖音には第3の種類があり, これについてはのちに論じる.

3　/l/ には無声化した異音も存在するが, ここでは無視しておく.

4　ここではこうした無声化音を示すが, 以下では, 無声化の現象が論点に関わり
　のない場合には「無声」の補助記号を用いてこれらを表記することはしない.

5　Edward Sapir (1921). *Language*. New York: Harcourt Brace, p. 56.
　(エドワード・サピア著『言語』安藤貞雄訳)

練習問題

1　英語とスペイン語における [d] と [ð]

　(a)　英語

1.	[dɛn]	den	2.	[ðɛn]	then
3.	[dəʊz]	doze	4.	[ðəʊz]	those
5.	[dɛə]	dare	6.	[ðɛə]	their
7.	[ʌdə]	udder	8.	[ʌðə]	other
9.	[aɪdə]	Eider	10.	[aɪðə]	either

46

　上の資料でわかるように，英語の多くの(全部ではない)アクセントにおいて，[d] と [ð] は別々の音素の実現である．これらの音は平行分布をなしている(ともに語頭および母音間に出現する)．また，これらの音は対立的に機能する．すなわち，これら2つの音を含む最小対が存在する)．ゆえにわれわれは，英語の大多数のアクセントについて /d/ 対 /ð/ の音素対立を設定してもよいであろう．

（b）　スペイン語

　今度は，次のスペイン語の資料を検討してみよう．(問題の有声閉鎖音は，実際にはスペイン語では歯音であるが，この事実はここでは無視する.) [d] と [ð] の違いは，スペイン語では音素的だろうか，それとも異音的だろうか．あなたの答えが正しいことを裏づけるような証拠を示し，論証しなさい．

1. [dɐɾ]	'与える'	2. [nɐðɐ]	'何も ... ない'
3. [deβɛɾ]	'... しなければならない'	4. [boðeɣɐ]	'ワイン貯蔵庫'
5. [diɐs]	'日(複数形)'	6. [ɐblɐðo]	'話した(過去分詞)'
7. [bɐndɐ]	'リボン'	8. [pɾɐðo]	'草地'
9. [ɐndɐɾ]	'歩く'	10. [poðɐɾ]	'... できる'

2　英語と朝鮮語の有声閉鎖音

　朝鮮語では，/p/, /t/, /k/ には(次の資料でわかるように)語末あるいはほかの子音の前では，開放されない異音が存在する．この /p/, /t/, /k/ の音素にはまた，有声閉鎖音の異音，すなわち [b], [d], [g] も存在する．英語とは違って，朝鮮語には有声閉鎖音音素はない．したがって朝鮮語では [b], [d], [g] はつねに /p/, /t/, /k/ の異音なのである．以下の資料を検討して，どのような前後関係に有声閉鎖音の異音が出現するか述べなさい．

(a) (i)	[pul]	'火'	(a) (ii)	[ibul]	'この火'
(b) (i)	[tal]	'月'	(b) (ii)	[idal]	'この月'
(c) (i)	[kan]	'肝臓'	(c) (ii)	[igan]	'この肝臓'
(d) (i)	[papˀ]	'ごはん'	(d) (ii)	[pabi]	'ごはんが'
(e) (i)	[tatˀta]	'閉じる'	(e) (ii)	[tadaɾa]	'閉じなさい'
(f) (i)	[tʃʰɛkˀ]	'本'	(f) (ii)	[tʃʰɛgi]	'本が'

3 英語と標準アラビア語の声門閉鎖音
　音声的分節音 [ʔ] (声門閉鎖音)はたいていの英語話者の発話に現れるが，[ʔ] はほかのどの分節音とも対立をなさないので，英語に声門閉鎖音音素 (/ʔ/)はない．たとえば，[kʰɛʔət] と [kʰɛtət] (kettle)は別々の語の発音ではなくて，同一の語の違った発音なのである．下に示したのは標準アラビア語の資料であるが，この言語に声門閉鎖音音素はあるだろうか．あなたがどのような理由によって答えを出したのかを説明しなさい．

(a)　[faʔl]　'幸運'　　　　　(b)　[fatl]　'ひねり/ねじり'
(c)　[faʔɾ]　'ネズミ'　　　　(d)　[faːɾ]　'それは沸騰した'
(e)　[baʔs]　'力'　　　　　　(f)　[baːs]　'彼はキスした'
(g)　[buʔs]　'悲惨さ'　　　　(h)　[buːs]　'バス'

4 表記練習
　Track 5.1 を聴き，各語について，気音の有無，明るい l 対暗い l，/l/ と /r/ の無声化した異音，そして /k/ と /g/ の硬口蓋音の異音などの細かい点に注意して，可能なかぎり詳細に音声表記しなさい． 🎧 Track 5.1

started　　playing　　price　　could　　kill　　clear　　creep

訳者注

*1　この語のように，形態素の境界と音声的な音節の境界とは必ずしも一致しない．dis.courage /dɪˈskʌɹɪdʒ/，mis.take /mɪˈsteɪk/ などもその例．また /ˈmaɪnə/ には min.er と mi.nor の 2 つの語が対応する．

*2　これは放出音(ejective)と呼ばれる閉鎖音の一種で，いったん声門を閉鎖したあと急に持ち上げると咽頭内の空気が圧縮され，その圧力で閉鎖が開放される閉鎖音である．国際音声字母(IPA)では [pʼ]，[tʼ]，[kʼ] のように表される．

*3　「音韻体系の項」のこと．

6
英語の音素

6.1　英語の子音音素

　われわれは音素と音声的分節音とを区別し，母語話者の音韻的知識の一部としてどのような音素が存在するかについての仮説を定式化することを始めた．具体的には，本書では，中でも特に /l/, /ɹ/, /p/, /t/, /k/ などの子音音素を多数の英語話者が有していると述べた．いずれ英語話者の持っている子音音素の完全な体系を立ててみるつもりである．しかし，まずは，どのような意味で「英語話者」というのかについて，もう少し明確にしておかねばならない．明らかに，英語にはさまざまな変種があり，これについてはのちにもっと詳細に論じる予定であるが，それぞれの変種を区別するためのなんらかの方法が必要である．まず，言語学者たちがしばしば用いる区別，すなわち**アクセント**(accent)と**方言**(dialect)の区別を考えてみよう．アクセントにおける違いは音声的および音韻的差異のみに関したものであるのに対して，方言の違いにはもっと多くのもの，すなわち，語彙や統語の違いも含まれるのだと言われることが多い．これはかなり短絡的な区別のしかたで，この区別には無理な点もあるが，さしあたりの議論のためには十分であろう．

　アクセントと方言との違いは，次のような例で示すことができるだろう．最も広く話されて(かつ書かれて)いる英語の方言は標準英語と呼ばれる「地位の高い方言」ともいえるが，この方言は南東イングランドに起源を持ち，英国においては全国的なラジオ・テレビ放送，報道機関，さらには大部分の出版物で使用されている．標準英語を，ニュージーランドやタインサイドや，ニューヨークのアクセントで話すことは可能だし，それどころか，英語のいかなるアクセントでも話すことが可能である．このような場合には，その話者は自分のアクセントの音声や音韻をそのまま保ちながら，標準英語の語彙と統語法を用いているのだと(やや単純化した言い方ではあるが)いうことができよう．

　方言とアクセントの違いについて，以下にもう少し詳しい例をあげて説明しよう．標準英語の You will not be able to put the children on the floor. を例にとってみる．標準スコットランド英語 (Standard Scottish English: SSE) アクセントではこのような結果になるであろう．

（1）　[jəɫnɒʔbieɓɫtəpʰɐʔðətʃɪɫdɹənənðəfloːɹ]

　今度はこれを，RP の話者が同じ標準英語の文を発音した場合と比較しなさい．RP の話者なら，たぶんこう発音するであろう．

（2）　[jəɫnɒʔbieɪbɫtəpʰʊʔðətʃɪɫdɹənənðəflɔː]

　どちらの話者も標準英語を話しているのだが (統語法は同じであり，その中の形態素の音韻形式を別にすれば語彙も同じである)，しかしアクセントは異なっている．すなわち，SSE の話者の母音は RP の話者の母音と全部は同じではなく，SSE の話者は floor の [ɹ] を発音するが，RP の話者は発音しない．

　次に同じ SSE の話者が同じ内容を，今度は標準英語でなくスコットランド低地方言で言おうとしたと想像してみよう．結果は次のようになるだろう．

（3）　[jʌɫnoːkɪmpʰɪʔðəbeːɹɪnzonðəfɫeːɹʌɹ]
　　　（これは You'll no can put the bairns on the floor. と書くことができる）

　(3) では，統語法と語彙が標準英語と異なっている．これらは方言的な相違点であって，(1)(2) について述べたような，アクセントによる相違点とは異なる．

　アクセントの差異については，あとの章であらためて扱うが，さしあたりは英語のほとんどの変種に共通の子音音素体系を検討することとしよう．一般に，以下のようになっている．

（4）　英語の子音音素
　/p/　例　pie, pit, rip
　/b/　例　buy, bit, rib
　/t/　例　tie, tip, writ
　/d/　例　die, dip, rid
　/k/　例　cool, kit, rick
　/g/　例　ghoul, git, rig

/tʃ/	例	chew, chit, rich
/dʒ/	例	Jew, gin, ridge
/θ/	例	thigh, thin, with
/ð/	例	then, that, scythe
/f/	例	fie, fit, riff
/v/	例	Venn, vat, leave
/s/	例	sigh, sit, lease
/z/	例	zoo, zip, please
/h/	例	high, hip
/ʃ/	例	shy, ship, leash, mesher
/ʒ/	例	measure
/w/	例	wet, win
/l/	例	lie, lip, real
/ɹ/	例	rye, rip
/j/	例	year
/m/	例	my, meat, rim
/n/	例	nigh, neat, sin
/ŋ/	例	sing, ring

(4)に示した measure/mesher（[mɛʒə]/[mɛʃə]），sigh/shy（[saɪ]/[ʃaɪ]）のようなさまざまな最小対が，この音素体系を立てる根拠の一部となっているのだが，ここではすべての根拠をあげたわけではない．ここで3つの鼻閉鎖音音素を立てる根拠となった例を簡単に検討することとしよう．

(5) 英語の鼻閉鎖音音素の証拠

(a)	[miːt]	meat	(b)	[niːt]	neat
(c)	[məʊɫ]	mole	(d)	[nəʊɫ]	knoll
(e)	[sɪn]	sin	(f)	[sɪŋ]	sing
(g)	[dɪm]	dim	(h)	[dɪn]	din
(i)	[wɪn]	win	(j)	[wɪŋ]	wing

　明らかに [m] と [n] は平行分布をなしている．すなわち，どちらも語頭および語末に出現し得る．またこの2音の区別は，meat/neat のような最小対がこれにもとづいていることから，対立的な区別でもある．また，[n] と [ŋ]が平行分布をなすのも明らかである．[ŋ] が語頭に現れることはないが，語

末にはどちらも現れる．win/wing のような最小対の存在でわかるとおり，
これらの音の区別も対立的である．[m] と [ŋ] の区別もまた，whim/wing の
ような対が示すように，対立的である．ゆえに /m/, /n/, /ŋ/ の 3 つの音素
を区別するための明らかな証拠が存在する．この分析については以下でより
詳細に考察する．ここで明らかにしておくべき点は，われわれが音素の存在
を仮定する際には，証拠と論証によってこれを行なうということである．音
素が知覚的範疇であるならば，これを直接観察することはできないのだから．

6.2　形態素の音韻形式

　先に述べたように，ある言語を知っているという場合，話者は主として無
意識的な言語的知識を有しているのであって，この中には意味的知識，統語
的知識および音韻的知識が含まれる．そしてまた，われわれが音素と呼んで
きた音韻的単位あるいは音韻的範疇は，この音韻的知識の一部をなしている．
本書ではこれから論を進めていくにしたがって，音素についてだけではなく，
話者の持っているこのほかの音韻的知識とはどのようなものであるかという
問題も究明していく．まず，語の内部構造を考察することからこの究明を始
めよう．英語の cats という語は 2 つの構成部分に分解できるということに
あなたは同意するだろう．この構成部分を形態素(morpheme)と呼ぶことに
しよう．そのうえで，この語は語根(root)形態素と複数形形態素(この場合
は接尾辞(suffix))からなっているということができる．2 つ以上の形態素か
らなるこのような語は，形態的に複合(morphologically complex)であると
いう．1 つの形態素は三重の形式，つまり統語，意味，音韻の形式をとって
いると仮定しよう．cat という語を例にとってみると，この中には統語(名詞
である)，意味(「猫」を意味する)，そして音韻が含まれており，音韻の形式
が /kæt/ なのであるが，これを形態素の音韻形式(phonological form)と呼
ぶことにする．形態素の音韻形式は，明らかに，2 つ以上の音素からなるこ
とがある．音素が心的なものであるのと全く同様に，形態素の音韻形式もま
た心的なものである．すなわち，/kæt/ は話者の頭の中にある心的表示
(mental representation)であって，[kʰæt] は音声連続(phonetic sequence)で
ある．
　今度は impossible, imbalanced, infelicitous, intangible, indirect, insane, in-
correct, inglorious という形容詞を考えてみよう．どれも，少なくとも 1 つ
の接頭辞(prefix)形態素と 1 つの語根形態素を含んでいる(中には，接頭辞,

語根に加えて接尾辞のついた語もある). 多数の話者が, これらの語を以下
のように発音する.

(6) (a) [ɪmpʰɒsɪbɫ]   impossible
     (b) [ɪmbælənst]   imbalanced
     (c) [ɪɱfəlɪsɪtəs]   infelicitous
     (d) [ɪntʰændʒɪbɫ]   intangible
     (e) [ɪndɹɛkt]   indirect
     (f) [ɪnseɪn]   insane
     (g) [ɪŋkəɹɛkt]   incorrect
     (h) [ɪŋglɔːɹɪəs]   inglorious

これらの語がどれも同じ接頭辞を持つというのは, 母語話者の持つ無意識の
英語に対する言語的知識の一部である. この接頭辞は英語の形態素の1つで,
英語のほかの形態素と同様に, 統語(接頭辞である), 意味(特定の意味を持っ
ている), および音韻を合わせ持っている. しかし, この形態素の音韻形式
はいったい何だろうか. 上の資料から, この接頭辞は [ɪm], [ɪɱ], [ɪn] お
よび [ɪŋ] のように実現されることがわかる. とすれば, この接頭辞の最初
の音素は /ɪ/ で, 2番目の音素は鼻音であるのは明らかだが, どの鼻音音素
なのだろうか. 上に述べたように, 英語には /m/, /n/, /ŋ/ の3つの鼻音
音素がある. したがってこの接頭辞の音韻形式は /ɪm/, /ɪn/, あるいは
/ɪŋ/ のいずれかということになるだろう. /ɪŋ/ について考えてみよう. /ŋ/
の音素が [t], [d], [s] の前では [n] に, [p], [b] の前では [m] として実現
されるのだと言えないことはない. これは理にかなっているように思われる.
この接頭辞が語根につくと, 鼻音の調音位置が語根の最初の子音と同じにな
るのだということができる. そうすると, /t/, /d/, /s/ のような歯茎子音
が後続するときには歯茎音, /f/ のような唇歯音が後続するときには唇歯音,
そして /p/, /b/ のような両唇音が後続するときには両唇音になるわけである.
これは第2章で述べた同化の過程で, 2つの分節音が隣接する場合に一方の
分節音がなんらかの点で他方の分節音に似る過程である. ここでは, 調音位
置の同化が起こっている. 英語の鼻音が調音位置の同化を起こす証拠は, ほ
かにもよく見受けられる. 以下の資料を検討しておきなさい. これは多数の
英語話者の発話に見られる発音である.

(7)　英語における鼻音の同化

(a)	[ʌŋkʰlɪə]	unclear	(b)	[ʌŋgɒdli]	ungodly
(c)	[ʌɱfɛə]	unfair	(d)	[ʌɱvæljuːd]	unvalued
(e)	[ʌntʰɹuː]	untrue	(f)	[ʌndʌn]	undone
(g)	[ʌmbɛəɹəbɫ]	unbearable	(h)	[ʌmbaɪəst]	unbiased

(a)　[ʌŋkʰlɪə]　unclear　(b)　[ʌŋgɒdli]　ungodly
(c)　[ʌɱfɛə]　unfair　(d)　[ʌɱvæljuːd]　unvalued
(e)　[ʌntʰɹuː]　untrue　(f)　[ʌndʌn]　undone
(g)　[ʌmbɛəɹəbɫ]　unbearable　(h)　[ʌmbaɪəst]　unbiased

/ɪŋ/ という解答はもっともらしくはあるが，ここで問題が生じる．つまり，この形態素の音韻形式は /ɪn/ あるいは /ɪm/ であって，いずれの場合においても，鼻音は後続の子音に同化するのだと，全く同じようにいうこともできるのである．ここまでに示された証拠によるかぎりでは，3つの選択肢のうちの1つを選ぶような選択は恣意的な選択でしかあり得ない．どれも同じようにもっともらしいのである．しかし，以下の資料によってわれわれは恣意的でない選択を行なうことができる．

(8)　(a)　[ɪnæktɪv]　inactive
　　　(b)　[ɪnɒpɹətɪv]　inoperative
　　　(c)　[ɪnɛfəbɫ]　ineffable
　　　(d)　[ɪnədvaɪzəbɫ]　inadvisable
　　　(e)　[ɪnɔːdɪbɫ]　inaudible
　　　(f)　[ɪneɪliənəbɫ]　inalienable

語根の始めに子音がもしあれば，接頭辞の鼻音がそれに同化を起こすことが可能であろうが，どの場合にもそのような子音は存在しない．どの語根も母音で始まっている．母音で始まる語根が [ɪn] の形式を伴って実現される事実から，この接頭辞の音韻は /ɪn/ の形式を持っていて，語根の最初の分節音が母音か歯茎子音である場合にはこの鼻音は変化しないのだと結論を出すことができる．(7)で見た接頭辞に関する次の資料からわかるように，このことは，英語の歯茎鼻音に一般的にあてはまるということに注目しなさい．

(9)　(a)　[ʌneɪdəd]　unaided
　　　(b)　[ʌnətʰɹæktɪv]　unattractive
　　　(c)　[ʌnɪvɛntfəɫ]　uneventful
　　　(d)　[ʌnɔːθədɒks]　unorthodox

問題となっている形態素が /ɪm/, /ɪɱ/, /ɪn/, /ɪŋ/ の<u>4通りの音韻形式</u>を持っていて，impossible, infelicitous, indirect, incorrect のような語はそれ

ぞれ，適切な接頭辞を伴って頭の中に蓄えられているのだということも，われわれはもちろんできただろうが，この方式には2つの問題点がある．第1に，英語に /ŋ/ という音素が存在するという，独立した証拠がない（[ɱ] はほかのどの鼻音とも対立的に機能することがない）．第2に，もし [ɱ] の形式がなかったとしても，この「別個の音韻形式」方式をとるのであれば，われわれは，/ɪm/ の形式は両唇子音で始まる語根のみについて，/ɪŋ/ の形式は軟口蓋子音で始まる語根のみに，/ɪn/ の形式は歯茎子音あるいは母音で始まる語根のみにつくのは全くの偶然であると主張せざるを得なくなってしまうであろう．しかしこれはいかにも説得力のない主張である．したがって，少なくともこのような場合には，1つの形態素に対して複数の音韻形式を立てるというのは全くつまらぬ考えであるし，また説得力もない．これまで見てきた資料からは，どの形態素も1つの音韻形式を持つというほうがもっともに思われる．そして，もしこれが正しいならば，音韻論学者はその音韻形式がどのようなものであるかについての仮説を立てねばならない．その際には証拠と推論がよりどころとなるだろう．すなわち，この問題に関する事実は，心的な性質であるゆえに直接観察することが不可能で，五感を用いて直接検分するということができないのである．

この「1形態素に1音韻形式」方式を採用する際に，われわれは，どの形態素もたった1つの音韻形式をしか持たないのではあるが，その音韻形式はさまざまの異なった音声形式にある意味では「対応している」可能性があることを認めているわけである．今検討したケースでは，接頭辞は /ɪn/ の音韻形式を持っているが，これが今度は4つの異なった音声形式，[ɪm]，[ɪɱ]，[ɪn]，[ɪŋ] に対応する．音韻論学者たちはこのような音声形式を**交替形**（alternant）と呼ぶ．つまり，これら4つの形式には**交替**（alternation）が生じるというのである．ある語において，ある形態素のどの交替形が出現するかは完全に予測可能である．この予測可能性を実現する一般法則が存在しており，われわれはそれを，朝鮮語の [ɾ] と [l] について行なったように，音韻規則の形で言い表すことができる．英語の場合には，問題の規則は鼻音一般に関わるものであり，いちおう次のように表せるだろう．

（10）英語における鼻音の同化規則
　　接頭辞の音韻形式が鼻音で終われば，その鼻音は後続子音の調音位置と同化を起こす．

この一般法則を形式の整った規則，あるいは英語の形態素の音韻形式の一種

の制約として公式化することもできようが，われわれはこのような一般法則を表すために必要とされる形式論のタイプに深入りしたり，規則として表したほうがよいか制約として表したほうがよいかを検討するつもりはない．最も重要な点は，母語話者がこの種の一般法則を把握していて，それが彼らの主として無意識的な音韻的知識の一部となっているらしいということである．

　ここで考察した資料はまた，ある重要な現象，すなわち，**音素的重複**（phonemic overlapping）のよい例となっている．(5) の資料にもとづいて，われわれは以下のような鼻音音素を立てて，実現を示した．

（11）

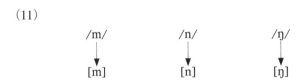

しかしながら，/n/ の音素はまた両唇子音に先行する場合には [m] として，軟口蓋子音に先行する場合には [ŋ] として実現されるということをわれわれはすでに認めている．これは，ある [m] の出現は，たとえば map におけるように /m/ の実現かも知れないし，improbable におけるように /n/ の実現かもしれないということを意味する．すなわち，/m/ と /n/ の音素はその実現において重複する．これは次のように示すことができよう．

（12）

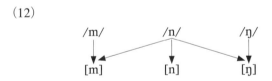

　次のような疑問も生じる．英語話者はどのようにして，[m] が /m/ と /n/ どちらの実現かがわかるのか？　話者は音韻的な前後関係からわかるのだというのがその答えである．つまり，両唇子音に先行していない [m] は /m/ の実現であろう．/m/ と /n/ の音素対立は両唇子音の前で中和される．**中和**（neutralization）とは，1つまたは複数の特定可能な前後関係において音素間の対立が消失することをいう．

6.3　英語の母音音素

　英語のアクセントによって，母音音素体系と，各音素の異音の範囲にはか

なりの差異が認められる．まず，RP と GA について立てられた母音音素を
示すことから始めよう．第3章と第4章で示して論じたような RP と GA の
母音は，その音質がこれらのアクセントを持つほとんどの話者において対立
的であるので，RP と GA について以下のような（強勢を持つ）母音音素を立
てることができるだろう．

（13a）	RP の母音音素			Wells（1982；参考文献案内参照）の語群
/ʌ/	例	putt		STRUT
/ʊ/	例	put		FOOT
/uː/	例	pool, shoe		GOOSE
/ɪ/	例	pit		KIT
/iː/	例	peat, lea		FLEECE
/ɛ/	例	pet		DRESS
/eɪ/	例	pate, lay		FACE
/ɒ/	例	pot		LOT
/oʊ/	例	pole, low		GOAT
/ɔː/	例	port, law		NORTH, FORCE, THOUGHT
/æ/	例	pat		TRAP
/ɑː/	例	part, Shah		START, BATH, PALM
/ɜː/	例	pert, furry		NURSE
/ɔɪ/	例	coin, boy		CHOICE
/aɪ/	例	pile, buy		PRICE
/aʊ/	例	pout, cow		MOUTH
/ɪə/	例	fierce, leer		NEAR
/ɛə/	例	scarce, lair		SQUARE
/ʊə/	例	gourd, lure		CURE

（13b）	GA の母音音素			Wells（1982）の語群
/ʌ/	例	putt		STRUT
/ʊ/	例	put		FOOT, CURE
/u/	例	pool, shoe		GOOSE
/ɪ/	例	pit		KIT, NEAR
/i/	例	peat, lea		FLEECE
/ɛ/	例	pet		DRESS, SQUARE
/eɪ/	例	pate, lay		FACE

/oʊ/	例	pole, low	GOAT
/ɔ/	例	law, short	NORTH, FORCE, THOUGHT
/æ/	例	pat	TRAP, BATH
/ɑ/	例	part, Shah, pot	START, PALM, LOT
/ɜ/	例	pert, furry	NURSE
/ɔɪ/	例	coin, boy	CHOICE
/aɪ/	例	pile, buy	PRICE
/aʊ/	例	pout, cow	MOUTH

RP と GA の母音音素の体系がどのようなものであるかということにもまた，証拠と広い意味での理論的な考察にもとづく推論が必要である．たとえば，pew のような語の 2 番目の音は二重母音（[iu:]）であり，pew は pie, pea などの語と最小対をなすのだから，われわれは /iu:/ が RP の母音音素だといってもよかったわけである．この種の問題はそのうち，あらためて扱うこととする．ここにあげられていないもう 1 つの母音音素，すなわち /ə/（シュワー）があることにも触れておかねばならない．この音は（第 3 章に述べたとおり）強勢のある位置には出現しないので，上にあげられたほかのどの音素とも異なっている．音素 /ə/ と分節音 [ə] との関係については，これもまたのちにあらためて扱う．

　子音音素と同様に，母音音素も異音を持つことがある．たとえば，話者が音素 /i:/ に対する 2 つの実現，すなわち [i:] と [i:ə] を持っているような英語のアクセントは数多く，その場合，後者は次の資料でわかるとおり軟口蓋音化された側面音（暗い l）の前に出現するのがふつうである．

（14）　/i:/ の異音
　(a)　[fi:t]　feet　　　(b)　[fi:əɫ]　feel
　(c)　[di:p]　deep　　　(d)　[di:əɫ]　deal
　(e)　[pʰi:k]　peak　　　(f)　[pʰi:əɫ]　peel
　(g)　[si:m]　seem　　　(h)　[si:əɫ]　seal

　われわれはこの音素の形式として，/i:ə/ ではなく /i:/ を立てる．この音素が暗い l に先行するときには，実現がその暗い l に影響を受けると考えるからである．このシュワーの調音は，高前舌の [i:] の位置から後ろ寄りになったものであるが，これは暗い l における舌全体が後ろ寄りになった状態に同化した母音調音である．このような判断を行なう際に，われわれは**音声的誘**

58

因(phonetic motivation)の概念を用いる．われわれの分析は，/i:/ → [i:ə] となる過程に調音上の理由を示すことができるという点において音声的誘因があるといえるが，これに対して語末および [ɫ] 以外のどの子音の前でも /i:ə/ → [i:] となる過程を想定したとしても，これには，なんらそのような音声的誘因があるとはいえないであろう．

本書ではまた，第5章で行なったのと同じように，/l/ は2つの異音，[l] と [ɫ] があると想定している．すでに述べたように，/l/ の実現の規則があり，/l/ は母音の<u>直前</u>では [l]，母音の<u>直後</u>では [ɫ] として実現される．

われわれは [ɫ] は /l/ の規則の適用された結果としてしか決して出現しないし，[i:ə] は [ɫ] が後続するときにしか決して出現しないと主張しているのであるが，このことから今度は，[ɫ] の出現を支配している規則は，ある意味では /i:/ を支配している規則に先行すると考えざるを得ない．2つの規則の相互関係についてのわれわれの主張は以下のように示すことができるだろう．

(15)　　　　　　　　/fi:l/
　/l/ の規則　　　　fi:ɫ
　/i:/ の規則　　　　fi:əɫ

このような表示は派生(derivation)と呼ばれる．すなわち，音韻形式 /fi:l/ の音声的実現形は，規則を<u>順序づけて</u>適用することによって派生されるのである．音韻形式とその音声的実現の関係についてのこのような見方から，必然的にわれわれは規則の順序づけ(rule ordering)という考え方，さらに音韻組織に対する，規則を基盤とし，派生を重視する見方を持たざるを得ない．この音韻組織という概念を深くは追究しないが，同時にこのような概念をわれわれは暗黙のうちに想定しているのだということは認めておく．

英語における母音の異音についてのもう1つの例は，母音の音長に関わるものである．母音の音長が音素的であるような言語は数多い．たとえば，リンブー語(ネパールで話される)では [sampa] は「書く」という意味だが [sa:mpa] は「お世辞をいう」という意味である．同様に，マラヤーラム語(南インドで話される)では [ciri] は「微笑」という意味だが [ci:ri] は「金切り声をあげた」という意味である．しかしまた，母音の音長が異音的であるような言語もある．たとえば標準スコットランド英語では，(全部ではないが)たくさんの母音音素に長短両方の異音がある．

（16）　標準スコットランド英語における長母音と短母音

[hiːv]	heave	[bɹiːð]	breathe	[bɹiːz]	breeze
[biːɹ]	beer	[biː]	bee		
[bif]	beef	[hiθ]	heath	[fɫis]	fleece
[diɫ]	deal	[bit]	beat		
[mʉːv]	move	[smʉːð]	smooth	[ɫʉːz]	lose
[bʉːɹ]	boor	[bɫʉː]	blue		
[hʉf]	hoof	[tʰʉθ]	tooth	[ɫʉs]	loose

/i/, /u/ の長い異音は次のような前後関係，つまり語末，あるいは有声子音 /v/, /ð/, /z/, /ɹ/ の前で出現する．したがって標準スコットランド英語では，音長は音素的ではなくて異音的である．

　両唇子音の前における /m/ と /n/ の対立の中和についてはすでに考察したが，対立の中和は母音音素間においても起こり得る．GA における /æ/, /ɛ/, /eɪ/ の対立がその一例で，/ɹ/ の音素の前ではこれら3つの音素はGAではすべて [ɛ] として実現されるのである．*1 🎧 Track 6.1 の Marry Merry Mary を聴きなさい．GA話者はどの語でも [ɛ] を発音していて，GAではこれら3語は同音異義語なのである．ほかの吹込み者の発音は SSE と RP であるが，彼らはこの3つの母音音素を区別して発音しており，この Marry Merry Mary の中和現象は SSE でも RP でも見られないことがわかる．

【練習問題】

1　GA, SSE, RP における音素対立

　　以下の資料の組は，一般米語（GA），標準スコットランド英語（SSE），および RP からとったものである．1つの変種において最小対が存在するのに対してもう1つの変種には存在しないということをもとにして，GAにはあるが SSE にはない，あるいはその逆の音素対立があればそれを明らかにしなさい．次に，RP にはあるが GA にはない，あるいはその逆の音素対立があればそれを明らかにしなさい．最後に，SSE にはあるが RP にはない，あるいはその逆の音素対立があればそれを明らかにしなさい．ここに示された資料はそれぞれの変種の発音を十分に代表していると考えなさい．

| | GA | SSE | RP | |
| (a) | [weɪɫz] | [ʌɛɫz] | [weɪɫz] | whales |

(b)	[weɪɫz]	[weɫz]	[weɪɫz]	Wales
(c)	[lɑk]	[ɫɔx]	[lɒk]	loch
(d)	[lɑk]	[ɫɔk]	[lɒk]	lock
(e)	[wɪn]	[ʍɪn]	[wɪn]	whin
(f)	[wɪn]	[wɪn]	[wɪn]	win
(g)	[pʰuːɫ]	[pʰʉɫ]	[pʰuːɫ]	pool
(h)	[pʰʊɫ]	[pʰʉɫ]	[pʰʊɫ]	pull
(i)	[sæm]	[sɛm]	[sæm]	Sam
(j)	[sɑːm]	[sɛm]	[sɑːm]	psalm
(k)	[hɔɹs]	[hɔɹs]	[hɔːs]	horse
(l)	[hoɹs]	[hoɹs]	[hɔːs]	hoarse
(m)	[kʰɔːt]	[kʰɔt]	[kʰɔːt]	caught
(n)	[kʰɑt]	[kʰɔt]	[kʰɒt]	cot

2　英語とスペイン語の鼻閉鎖音

以下のような資料から本書では英語に 3 つの鼻閉鎖音音素，/m/，/n/，/ŋ/ を立てたのだということを思い出しなさい．

英語

(a)	[miːt]	meat	(b)	[niːt]	neat
(c)	[məʊɫ]	mole	(d)	[nəʊɫ]	knoll
(e)	[sɪn]	sin	(f)	[sɪŋ]	sing
(g)	[dɪm]	dim	(h)	[dɪn]	din
(i)	[wɪn]	win	(j)	[wɪŋ]	wing

今度は，以下のスペイン語の資料から，同じ鼻閉鎖音 [m]，[n]，[ŋ] をよく検討しなさい．（スペイン語では歯茎鼻閉鎖音ではなくて歯鼻閉鎖音だという事実をここでは無視する．この資料はスペインの地位の高いアクセントであるカスティーヤ地方のスペイン語に典型的な発音を示している．スペイン語では /θ/ と /ð/ の音素を欠いている変種が多数存在するが，この事実はこの練習問題の要点には影響しない）．この資料は典型的な発音を十分に表しているものと考えなさい．

スペイン語

(a)	[muðo]	'沈黙した'	(b)	[nuðo]	'結び目'
(c)	[metɛ]	'ゴール'	(d)	[netɛ]	'純粋な（女性形）'

　(e)　[ɔmbɾe]　'男'　　　　(f)　[sɛmbleɹ]　'蒔く'

　(g)　[endeɹ]　'行く'　　　(h)　[ɐnte]　'...の前で'

　(i)　[eŋgulo]　'角度'　　　(j)　[leŋgwe]　'言語'

　（注）[ŋ] は語頭，語末，母音間のいずれにも出現しない.

（i）　/m/ /n/ という，別個のスペイン語の音素を設定するための，どの
ような証拠がありますか.

（ii）　スペイン語で /ŋ/ の音素を設定するためのなんらかの根拠が認めら
れますか. また，あなたの答えの証拠となるものは何ですか.

今度は，次のスペイン語の資料を検討しなさい.

　(k)　[feliθ]　　　　　　　'幸福な'

　(l)　[imfeliθ]　　　　　　'不幸な'

　(m)　[posible]　　　　　 '可能な'

　(n)　[imposible]　　　　 '不可能な'

　(o)　[dispɛnsɐble]　　　 'なくても済む'

　(p)　[indispɛnsɐble]　　'不可欠な'

　(q)　[kɔnθebible]　　　　'想像できる'

　(r)　[iŋkɔnθebible]　　　'想像も及ばない'

　(s)　[ɐkɔstɔmbɾeðo]　　'慣れた'

　(t)　[inɐkɔstɔmbɾeðo]　'不慣れな'

（iii）　スペイン語の鼻閉鎖音音素になんらかの音素的重複はありますか.
説明しなさい.

3　表記練習

Track 6.2 を聴き，各語についてできるだけ詳細に音声表記しなさい.

🎧 Track 6.2

unkind　　unbroken　　unfettered　　unaided　　reed　　reel

訳者注

*1　この現象は強勢のある /æ/, /ɛ/, /eɪ/ に /ɹ/＋弱母音が後続するときにのみ
起こる. Mary ['mɛ(ə)ɹi] におけるような [ɛ(ə)ɹ] は音素的には /eɪɹ/ と解釈さ
れるので，marry /'mæɹi/, merry /'mɛɹi/, Mary /'meɪɹi/ が ['mɛɹi] と同音に
なるのは /æ/, /ɛ/, /eɪ/ の対立の中和ということになる.

7
英語の音節構造

7.1 序　　論

　先に述べたように，形態素とは3つの属性，すなわち統語範疇，意味，および音韻形式を持った，一種の心的表示である．ここまでにわれわれは，形態素の音韻形式は話者の心的に構成された文法の中に存在していて，単一の分節音で構成されることも，分節音の連続で構成されることもあると認めてきた．しかしこれは話のほんの一部である．形態素の音韻形式にはまだ話の続きがあるのである．語が組織化されて（句や文のような）統語的構成要素となるのに似て，これらの分節音は組織化されて**音韻的構成要素**（phonological constituent）となることを示す証拠がある．こうした構成要素の1つが**音節**（syllable）である．音節というものが存在するという証拠は，主として，「音節」という存在の概念を用いなければ十分に言い表すことができないような音韻的一般法則の方式である．本章の目的は，英語の音節構造の性質を検討し，そのような構造を用いることで最もうまく表現することができるような音韻的一般法則の例を示すことである．

7.2　音節構造の構成

　音節における2つの主要な構成要素は，**頭部**（onset）と**韻部**（rhyme）である．たとえば bile という語では，最初の分節音の /b/ はこの音節の頭部であり，あとの2つの分節音，/aɪ/ と /l/ は一緒に韻部を構成している．頭部とは，母音に先行する子音すべてであると定義される．頭部と韻部という区分をするための証拠は何だろうか．頭韻の手法は，little と light，poor と packed などにおけるように，韻部の内容とは全く無関係に，頭部が同一であることによっている．このことは頭部と韻部の区分の証拠となり，したがってまた韻部が確固とした音節構成要素であることの証拠にもなっている．それゆえに

今度は，頭部も構成要素として同じように確固としたものだということになる（両者は互いの対比において定義されるのであるから）．言い間違いもまた，頭部が発話における実際の単位であることを示している．言い間違いの1つのタイプはスプーナリズム（spoonerism）であり，これはスプーナー（Spooner）という学者の名前から来ているのだが，彼は You have missed my history lecture のような文で，missed と history の頭部を入れ替えて You have hissed my mystery lecture と言ったとされている．

　韻部はさらに，**核部**（nucleus）と**尾部**（coda）という構成要素に分けられる．こうして，bile においては，二重母音 /aɪ/ は核部を構成し，子音 /l/ は尾部を構成する．この単音節の形態素 bile の構成を，次のように表すことができるだろう．ここではギリシャ文字のσ（シグマ）は「音節」を表し，Oは「頭部」，Rは「韻部」，Nは「核部」，そしてCは「尾部」を表す．

(1)　bile

尾部の位置に1つ以上の子音を含むこのような音節は**閉音節**（closed syllable）と呼ばれるのに対し，buy におけるように尾部の位置に子音を全く含まない音節は**開音節**（open syllable）と呼ばれる．

(2)　buy

　音節には必ず核部がなければならないが，核部以外のいかなる要素をも含まなくても，音節として適格なものになり得る．音節の核部を占める分節音は，通常は母音である．単音節からなり，しかも核部しか含んでいないような英語の単語の例は eye /aɪ/ である．しかし，すでに見てきたように，英語の音節の核部にはほかの分節音が先行したり後続したりすることができ，そ

の分節音は一般に子音である．たとえば aisle では，/aɪl/ のように尾部の位置にある子音が核部に後続する．buy では，/baɪ/ のように頭部の位置にある子音が核部に先行し，また bile では，/baɪl/ のように，核部に先行する子音と後続する子音が両方ある．

bile のような形態素は，1 つの音節しか含んでいないので，**単音節的**（monosyllabic）であるという．すべての形態素が単音節的であるような言語もある．しかし英語では，形態素が 2 つ以上の音節を含むことがある．つまり**多音節的**（polysyllabic）でもあり得るのである．例をあげると，rider, beetle, amount, desire（2 音節），elephant, veranda, kangaroo（3 音節），independent, America（4 音節）のようになる．

すべての音節に必ず頭部子音がなければならないような言語もあるが，すでに見たように英語では（そしてほかの多くの言語でも）そのようなことはない．のちに説明するいくつかの理由（「再音節化」（resyllabification）の概念と関連する）によって，そのような音節には**空白の頭部**（empty onset）をつけて，次のように表す．

(3)　it

ハワイ語のように，頭部に 1 つの子音だけしか持つことのできない言語は多いが，しかし英語のように（例：bring, trap, clip など），頭部に 2 つの分節音を含むことのできる言語もまた多い．このような頭部を**枝分かれ頭部**（branching onset）と呼び，以下のように表す．

(4)　clip

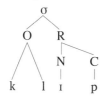

頭部が枝分かれするのと同様，hunt に見られるように，尾部も枝分かれす

ることがある.

(5) hunt

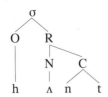

　短母音と，これに対する長母音および二重母音の間の区別は，後者の母音類が**枝分かれ核部**(branching nucleus)を占めるのに対して，前者の母音類は枝分かれしない核部を占めるという形で表示することができる．長母音および二重母音が短母音よりも長いという事実を示すために，われわれは分節音は**骨組みの層**(skeletal tier)と呼ばれる時間の枠と結びついているのだとする．短母音とこれに対する長母音(英語の二重母音も含む)の違いを，前者は単一の骨組みの枠(skeletal slot)と結合しており，後者は 2 つの骨組みの枠と結びついているとすることによって表示できると考えるわけである．たとえば，bit は核部に短母音を持っているので枝分かれしない核部を用いて示され，これに対して bee と buy は枝分かれ核部を持っている．

(6) bit

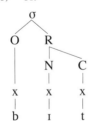

(7) bee

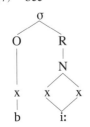

(8) buy

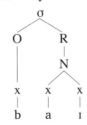

66

　(7)と(8)の表示は，長母音が2つの骨組みの枠と結びついた単一の母音音質で構成されているのに対して，buy におけるような長い二重母音は2つの異なった母音音質を持つことを表している．重要なのは，長母音を持つ核部と二重母音を持つ核部は，核部に含まれる時間の枠の数に関するかぎりは同等だということである．今後は，本書における音節構造の表示に骨組みの層を用いることにする．

　骨組みの層を用いることによって，破擦音は**複合分節音**(complex segment)だということができる．すでに見てきたとおり，破擦音は [tʃ] や [dʒ] におけるように閉鎖の要素と摩擦音としての開放の要素を持つが，このように2つの分節音に似た内部構造を持っているにもかかわらず，単一の分節音としてふるまう(単一の時間的単位を占める)からである．

　(9)　chip

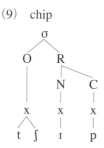

7.3　聞こえ度の尺度・最大頭部子音・音節量

　もしあなたが英語を母語としているなら，/blɪŋk/ (たまたま，ある英単語の音韻形式でもある)は適格な音節であり，次のような /blʊŋk/，/blɛŋk/，/blɒŋk/ および /blæŋk/ (たまたま，ほとんどが英単語の音韻形式ではないが)も同様であることに同意するだろう．すなわち，あなたの母語話者としての英語の言語知識が，そのような音韻形式を持つ語が英語には存在しないにもかかわらず，これらは音節として適格であると判断させるのである．この無意識的な言語知識がまた，次のような /lbɪŋk/，/lbɪkŋ/，/tlɪnk/ および /blaɪmp/ は不適格であるとあなたに判断させる．問題は，この無意識的な知識はどのような形をとっているのかということである．われわれが無意識に知っているどのようなことが，そのような判断をさせるのだろうか．この疑問に対する答えを探すことにしよう．

　音節がとることのできる形式に対する制約，すなわち分節音の連続の**音節**

化（syllabification）に対する制約には，**普遍的**（universal）制約と**言語に個別的な**（language-specific）制約があることが広く信じられている．普遍的制約の中から2つをあげておこう．まず第一に，分節音の連続は**聞こえ度の尺度**（sonority scale）にしたがって音節化されるといわれている．聞こえ度の尺度は，次のようになっている．

（10）　聞こえ度の尺度
　　　低母音
　　　高母音
　　　接近音
　　　鼻音
　　　有声摩擦音
　　　無声摩擦音
　　　有声閉鎖音
　　　無声閉鎖音

　つまり，この尺度の下から上に行くにつれて，分節音の種類は聞こえ度が高く，つまり母音に近くなるのである．聞こえ度は1つの音響的効果であって，聞こえ度が高いほど，その音は共鳴する．母音は子音より共鳴が大きいし，有声子音は無声子音より共鳴が大きい．もし歌い手がある音を出し続けているとすれば，その音は大抵，母音である．母音が子音よりも長い間出し続けやすいことには2つの調音上の理由があり，そのどちらも聞こえ度に関わっている．1つめは第1章で述べた狭めの度合いであり，本書ではこれにもとづいて，閉鎖音は摩擦音よりも狭めの度合いが大きく，摩擦音はまた接近音や母音よりも狭めの度合いが大きいと述べた．同様に，母音の調音では開口度が大きければ大きいほど，口腔内の狭めの度合いは小さい．この種の調音においては，狭めの度合いが小さければ小さいほど，聞こえ度は大きいという音響効果がある．調音上の要素の2つめは，有声か無声かである．すなわち，無声の分節音は有声の分節音ほど母音に近くないし，聞こえ度も小さい．母音はふつう有声であり，有声であるため聞こえ度は大きいのである．
　これを音節構造にあてはめてみると，ある音節内で最も聞こえ度の大きい要素は核部の中に位置していて，核部から離れるほど分節音の聞こえ度は小さいということになる．たとえば，blink においては /b/ は /l/ より聞こえ度が小さく，/l/ は今度は母音よりも聞こえ度が小さい．核部に近くなるにつれて聞こえ度が増すわけである．核部から離れるにつれて，/ŋ/ は母音よ

りも聞こえ度が小さく，/k/ は今度は先行の /ŋ/ より聞こえ度が小さいということができる．

　この「聞こえ度」という考え方には大変説得力があるが，いくつかの問題点も存在する．たとえば英語における [s] ＋子音という頭部音の連続は，聞こえ度の尺度による予測をくつがえすものである．なぜならば sprint のような場合において，ほかの音に関しては聞こえ度の尺度の原則によって正しい予測ができるが，語頭の [s] に関してはこれができないのである．しかしながら，このことは英語の sC（s＋子音）という頭部音の連続の特異性，すなわち，[s] で始まる頭部のみが聞こえ度の尺度に従わず，また英語において3つに枝分かれする頭部は [s] で始まるものに限られているということをさらに強調する働きをするにすぎない．*¹

　音節化についてのもう1つの普遍的原則は多音節語の音節化に関するもので，**最大頭部子音**（maximal onset）の原則と呼ばれる．これまでは単音節語しか検討してこなかったので，ここで appraise という英語の単語を検討してみよう．この語の分節音形式を /əpɹeɪz/ とする．この語が2音節語であることは明らかであるが，問題はどこに音節の境界があるかである．英語では，cap, cup などにおけるように /p/ は尾部に出現し得ることがわかっている．そしてまた，prize, preen などにおけるように /pɹ/ は適格な頭部であること，さらに rice, raze などにおけるように /ɹ/ は単独で頭部に出現し得ることもわかっている．そのうえに，/pɹ/ は尾部の音連続としては，適格ではないこともわかっている．聞こえ度の尺度による予測に反するからである．したがって，/uːpɹ/ や /sɪpɹ/ などは不適格ということになる．ゆえにわれわれは appraise の音節化を /ə.pɹeɪz/ と /əp.ɹeɪz/（ピリオドは音節境界を示す）のどちらかに決定しなければならない．最大頭部子音の原則によれば，このように音節境界にまたがる音節化が言語に個別的な音素配列によって2通り以上許されている場合には，優先されるのは後続の頭部が最大となるような音節化のほうである．この場合には，前者の音節化がこれにあたる．

　最大頭部子音の原則は，音節構造についてのある普遍的事実と密接に結びついている．すなわち，頭部子音を伴う音節は伴わない音節よりもある意味では基本的であり，また頭部子音の存在は尾部子音の存在よりもある意味では基本的だという事実である．人類の諸言語において最も「基本的」な音節構造は，単一の頭部子音（Consonant）に1つの母音（Vowel）が後続する CV 音節構造であると思われる．この主張を裏づける証拠にはいくつかのタイプがある．

　第一に，CV 型の音節は，人間の子供がしゃべり始めるときに，親がどのような言語を話すかには関係なく，最初に口にする音節の型のようである(例 [ba], [ma]). 子供の音節構造の発達におけるこの段階では，成人の言語で枝分かれ頭部を持っているような音節は CV 構造として発音される．尾部子音を持つ音節も同様で，この段階では尾部子音は全く欠如しているのである．このことは，頭部子音が尾部子音よりも調音の面でも，知覚の面でも，なんらかの意味で基本的であるということを強く示している．

　第二に，失語症の多くの症例において，卒中のあとの患者が話しことばに損傷を受けたあと，話しことばを取り戻して最初に出現するのは，たとえ母語に枝分かれ頭部や尾部子音があっても，CV 音節構造であると見られる．

　第三に，頭部子音と尾部子音の両方を持つ言語では，尾部よりも頭部のほうが，出現を許される子音の範囲が広い．

　第四に，言語の歴史的発展の過程において，頭部子音よりも尾部子音のほうに調音の消失が起こることが非常に多い．英語のいくつかの変種においては，尾部の /l/ にこれが起こり，/l/ の実現は尾部で(子音的というよりはむしろ母音に近い [w] に)母音化されたが，頭部ではこれが起こらなかったので，let や play のように /l/ が頭部にあるような語においては [l] が出現し，feel や felt のように /l/ が尾部にあるような語においては [w] が出現する(ただし，feel のような語に空白の頭部を持つ語や接尾辞が後続する場合には，/l/ がこの頭部の位置を占めて [l] として実現される．後出の 7.7, 再音節化の項を参照). このような調音の弱化は子音の完全な脱落(elision: 発音されないこと)につながる場合もある．英語の多数のアクセントで，尾部の [ɹ] にこれが起こった．こうしたアクセントにおいては car や card のような語は尾部の [ɹ] を失ったが，run や bring のような語に見られるように頭部では [ɹ] が保存されている．

　このような尾部子音の調音が弱化するケースは，しばしば調音の完全な消失につながるものであるが，世界の諸言語に広く見られる．このことは尾部子音が，知覚上，なぜか頭部子音ほどは目立たないということを示しているが，人間がどのようにして心的な貯えから音韻形式を取り出してくるのかということに関する諸研究によれば，頭部子音のほうが尾部子音よりも目立つ位置にあると考えられる．たとえば自分の語彙の記憶の中にある単語を探す場合，頭部子音をもとにして探すほうが尾部子音をもとにして探すよりもふつうだろう．

　第五に，VC 型の音節はあるが CV 型の音節はないというような言語は見

つかっていないが，その逆は存在する．このことは，CV 音節が VC 音節，あるいは実際，ほかのいかなる音節の型よりも基本的なものであることを示している．

　CV 音節構造についてのこのような一般論には，おそらく調音と知覚の両面からの根拠がある．空白の頭部を持つ語(例: eye)を単独で発音しようとすると，なんらかの子音的調音(ふつうは声門閉鎖)を行なわずに母音を発音するのはむずかしいことがわかるだろう．空白の頭部よりも子音を含む頭部のほうが好まれるのは，おそらくわれわれの調音器官の性質に根ざしており，また頭部子音のほうが，知覚上，目立っていることとも関連がある．

　最大頭部子音の原則によれば，appraise の第 1 音節のような音節においては，以下のように韻部は短母音(当然，単一の骨組みの枠に支配される)を含み，尾部を持たないことが明らかとなる．

（11）　appraise

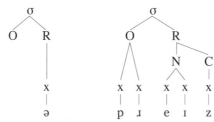

appraise の第 1 音節のような音節は，韻部の節自体のレベルにも核部にも枝分かれがなく，**軽音節**(light syllable)と呼ばれる．韻部の構成要素のどこかに枝分かれのあるような音節は**重音節**(heavy syllable)と呼ばれる．**音節量**(syllable weight)におけるこのような区別は，英語の語強勢の性質を理解するうえで重要だという指摘もある．

　英語の語強勢について，以下のような 2 つの一般論を述べる音韻論学者もいる．1 つは，英語では強勢を持ついかなる音節も，重音節である可能性がきわめて高いということである．もう 1 つは，単音節語は短母音音素(/ɪ/，/ʊ/，/æ/，/ɛ/，/ɒ/ または /ʌ/)で終わることはできないということである．核部にこれらの母音のうちの 1 つがあって，尾部子音がなければ，その音節は軽音節となるが，もし単音節語が強勢を受けるとしたら，この音節よりほかに強勢を受ける音節はないからである．

7.4　言語に個別的な音素配列

　今度は，言語に個別的な**音素配列制約**(phonotactic constraint)あるいは**音素配列**(phonotactics)とも呼ばれる，音節構造内で結合し得る分節音の連続に対する言語に個別的な制約について考察しよう．

　本書では，英語の音節では，頭部，核部，韻部および尾部が枝分かれすることがあると認めた．しかし，これらの部分が持つことのできる枝の数に限度があるかどうかについてはまだ述べていない．2項(2股)より多い枝分かれをする英語の頭部は1種類しかなく，spew, square, scream, splash におけるような，[s] + 子音 + {/j/, /w/, /ɹ/ あるいは /l/} という頭部である．3番目の要素となるような分節音の範囲は，2項に枝分かれする頭部の分節音の場合よりもさらに制限されていることに注目しなさい．

　すでに見たように，英語では頭部は枝分かれすることがあるが，その場合でも頭部のとることのできる形式には音素配列上の制約がある．/s/ + 子音のケースを考慮に入れなければ，最初の分節音は閉鎖音もしくは摩擦音，2番目の分節音は /ɹ/, /l/, /j/ または /w/ であるということができるだろう．こうして，/pɹ/, /pl/, /pj/, /bɹ/, /bl/, /bj/, /tɹ/, /tw/, /dɹ/, /dw/, /kɹ/, /kl/, /kw/, /θɹ/, /θw/, /fɹ/, /fl/, /fj/, /sl/, /sj/ および /sw/ は許容される．このリストは，ほかの頭部音素配列上の制約も反映している．たとえば，/t/, /d/ および /θ/ に /l/ は後続しないし，有声摩擦音は枝分かれ頭部には出現しない．

　英語の韻部についての音素配列上の制約の中から，以下のものについて述べておこう．第一に，/h/ は英語の韻部には出現しない．第二に，英語の数多くのアクセントにおいては，/ɹ/ もまた韻部には出現せず，したがって farm, car は /ɹ/ を持たない /fɑːm/, /kɑː/ のような音韻形式を持つといえよう．韻部に /ɹ/ が欠如しているようなアクセントは**非R音性的**(non-rhotic)アクセントと呼ばれ，オーストラリア英語，ニュージーランド英語，RP，南アフリカ英語，イングランド北部のアクセントの大部分，アメリカ合衆国の南部と東部のアクセントがこれに含まれる．これらのアクセントも，ある段階ではR音性的であった．つまり，韻部における [ɹ] が消失したのである．R音性的アクセントには，GA，スコットランドで話される英語のいくつかのアクセント，イングランド南西部のいくつかのアクセントが含まれるが，これらはこの歴史的変化を受けていない．こうしたアクセントについては，あとで詳しく論じる．

　ある言語における音節の全体的な形というものは，成人の第二言語習得において大きな要素となることが多い．たとえば，やや単純な言い方をすれば，日本語の音節構造では枝分かれ頭部は許容されない．この結果，日本語の母語話者が screw のような複合頭部を持った語を発音する際に，語頭の 3 つの各子音の直後に母音を 1 つずつはさんで，[suɯkuɯruɯː] のような 3 音節語にしてしまうといった傾向がしばしば見られる．こうした母音挿入の過程は母音の**音添加**(epenthesis) と呼ばれ，このような母音は添加母音と呼ばれる．同様に，そしてここでも単純化していうと，日本語の音節構造では語末の尾部子音は許容されない．　そのために cake のように英語では尾部子音で終わるような英語からの借用語は，母音で終わる 2 音節語として，[keːki] のように発音されがちである．

　似たようなケースは多い．たとえばスペイン語には，英語とは異なって s + 子音の頭部で始まる語がない．しかしスペイン語には España のように，英語では s + 子音の頭部を持つ語(この場合は Spain)に相当するような語も確かに存在する．その結果として，スペイン語話者は，s + 子音の音連続で始まる英語の単語の前に [ɛ] をつけて [ɛspein] (Spain) のようにしてしまうということも起こる．同様に，スペイン語における英語借用語が，[ɛsmokin] (smoking jacket: スペイン語 esmoquin 'ディナージャケット')に見られるように，添加音の [ɛ] を伴って発音される．

7.5　音節主音的子音と音素配列

　英語話者の発話において，特に発話のスピードが増してくると，子音が音節の核部を形成することがあり得る．こうした子音は**音節主音的子音**(syllabic consonant) と呼ばれる．多くの話者にとって，bottle という語の 3 通りの発音は [bɒtəɫ]，[bɒtɫ̩]，[bɒʔɫ̩] である．あとの 2 つの発音では強勢のない母音(シュワー)が消失しているが，側面音が音節主音化しているので，この語は 2 音節語のままである．音節主音的子音は，「音節主音」を表す補助記号を子音記号の下につけて表記される．

　音節主音的鼻音は英語の多数の変種において一般的である．一例として button があるが，この語は 2 音節語である．多数の英語話者において，この語は [bʌtən] とも [bʌʔn̩] とも発音されるが，2 番目の発音には音節主音的鼻音が含まれている．最初の発音の 2 番目の母音は強勢のない母音(シュワー)で，特により速い，あるいはよりくだけた言い方では「消失」するこ

とがある．似たような例に happen という語があるが，多数の話者にとって
この語には [hæpən] と [hæʔm̩] の2通りの発音がある．この場合は，鼻音 [n]
が「意図された」両唇調音の [p] に同化して，その [p] のほうは今度は声門
閉鎖音として調音されるわけである．鼻音を含むほかの例としては，[ɹɛʔŋ]
対 [ɹɛkən]（reckon），[kn̩uː] 対 [kənuː]（canoe）がある．

　接近音の [ɹ] を含む同様の例は parade という語で，この語にはしばしば
[pəɹeɪd] と [pɹ̩eɪd] の2通りの発音のしかたがある．音節主音化されるのは
ふつう，鼻音，側面音および [ɹ] なのであるが，たとえば support のような
語で，発音のしかたによっては摩擦音も音節主音化されることがあり，sup-
port は [səpʰɔːt] とも [sp̩ʰɔːt]（2音節ではなくて1音節の sport [spɔːt] とは区
別される）とも発音される．

　英語では（ほかの言語にはそうでないものもあるが），音節主音的子音が出
現するときには必ず，音節主音化された子音に先行あるいは後続する母音を
含むもう1つの発音があるのがふつうである．

　ここにあげたすべての語は，canoe の場合のように，各音節の核部に母音
を含む音韻表示を持っている．

（12）　canoe

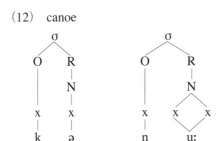

　英語話者がしばしば，canoe のような語を音節主音的鼻音を伴って [kn̩uː]
のように発音するにもかかわらず，gnu のような英語本来の語でないものに
出会うと，/gn/ は英語の音節として許容されないので，添加母音を挿入し
て [gənuː] と発音して，英語の音節構造に合うようにする傾向があるという
のは注目に値することである．ここで重要なのは，英語の音節構造に対する
制約は許容可能な音韻的連続について決められるのであって，音声的連続に
ついてではないということである．

　英語では音韻的な音節主音的子音は許容されないと述べたが，これが許容
される言語もたくさんある．たとえばポリネシア系言語であるマオリ語や多

74

数のバンツー諸語では，音韻的に音節主音的であるような鼻音が許容される．例として，Mbabande, Ndola, Nkomo のようなバンツー語の名前があげられるが，これらはいずれも，[ŋkomo]（3音節語）の場合のように，音韻的な音節主音的鼻音で始まっている．英語を母語とする人々はこのような語を，問題の鼻音の隣に添加母音を加えて，[nɪkomo], [ŋkomo] のようにすることによって，音声連続を英語の音韻パターンに一致させることが多い．これらのケースはすべて，われわれの行なった音韻対音声の区別を支持する証拠となり，またわれわれの持つ音韻表示が母語以外の単語の知覚と発音にいかに深く影響を与えるかを示すものである．

7.6 音節を基盤とした一般法則

7.1 においてわれわれは，音韻的構成要素としての音節の存在を支持する証拠の一部は，音節構造を用いないことには十分に表現できないような，重要な音韻的一般法則があるという事実なのだと述べた．このような一般法則の1つは，英語の多数のアクセントにおける，軟口蓋音化された側面音（「暗い l」）の分布に関するものである．多数の話者において，以下のような軟口蓋音化された /l/ と軟音口蓋音化されない /l/ の分布が認められるだろう．

（13）　軟口蓋音化された /l/ と軟口蓋音化されない /l/

[lʌɫ]	lull	[li:f]	leaf	[sli:p]	sleep
[bɒtɫ]	bottle	[pi:əɫ]	peel	[mɪɫk]	milk
[lɪli]	lily	[lɪɫtɪŋ]	lilting	[fɔ:ɫtə]	falter

[l] と [ɫ] の分布について，「[ɫ] はすぐあとに別の子音が後続する場合か，あるいは語末に（すなわち，すぐあとに語境界が来るときに）出現する」という言い方をしてみたくなるかもしれない．しかし，この定式化の難点の1つは，後続子音と語境界との間に，一体どのような共通点があるのか明確でないということである．より簡潔な「[ɫ] は音節内の韻部に，[l] は頭部に出現する」という言い方のほうが，互いにつながりのない，特異な音声的環境を持ち出さずに，[l] と [ɫ] の分布についての記述ができる．実際，[l] と [ɫ] の分布についての，音節を基盤としたこのような説明を用いれば，lily の2番目の/l/ の音節内での位置を判断することができる．つまり，lily の2番目の /l/ が多数の話者の音声では軟口蓋音化されていないことから，この /l/ は第1音節の尾部ではなくて第2音節の頭部を占めるという，われわれの言い分が

裏づけられるといえる.

　音韻的一般法則には音節を基盤としたものがあることを示す, ロンドン英語からのもう 1 つの例を考えてみよう. 母音 [ɒʊ] と [ʌʊ] はロンドン英語の多数の話者において相補分布をなすという音韻論学者がいる. 以下の例がこれを示している.

（14）　ロンドン英語における [ɒʊ] と [ʌʊ]

[ɹɒʊl]	roll	[kʌʊlʌ]	cola
[stɹɒʊl]	stroll	[lʌʊd]	load
[ɒʊld]	old	[tɒmbʌʊlʌ]	tombola

　われわれの考えでは, /ʌʊ/ の音素は /ʌʊ/ と同じ音節にある /l/ が後続する（すなわち, **同音節的な**（tautosyllabic）/l/ が後続する）ときには [ɒʊ] として, それ以外の位置では [ʌʊ] として実現される. したがって, 上記の左側の語では [ɒʊ] が現れるのである. 右側では, load の母音には明らかに, 同音節的な /l/ の後続はない. cola と tombola については, 最大頭部子音の原則によって /l/ が次の音節の頭部を占めるので, これらの語における /ʌʊ/ にもまた, 同音節的 /l/ の後続がないと考える.

7.7　形態素の構造・音節構造・再音節化

　上に示したケースは, 本書でこれまで示してきたものにくらべて, やや複雑であった. 同じロンドン英語からの次のような資料を, さらに検討してみよう.

（15）　[ɹɒʊlʌ]　roller　'ローラー'　　　[ɹʌʊlənd]　Roland
　　　　[hɒʊli]　holey　'穴（hole）のある'　[hʌʊli]　holy

roller における二重母音の音韻的な位置づけはどのようになるだろうか. 一方でわれわれは, 異音 [ɒʊ] は同音節的な /l/ の前に現れると述べたのだが, 他方では, 最大頭部子音の原則からすると /l/ を第 2 音節の頭部に位置づけなければならないだろう. しかし /l/ が本当にその位置にあるなら, [ʌʊ] の異音が現れるはずである. ではなぜ, この異音が現れ<u>ないのか</u>. これに対する, 2 つの可能な答えを考えてみよう.

　1 つの答えは, もともとこのアクセントの話者は, われわれが音素 /ʌʊ/ の実現に関して示した音韻規則と同じような, 単純明快な音韻規則を持って

いたのだが，このアクセントが変化するにつれて**音素の分裂**（phonemic split）が生じたというものである．すなわち，これら2つの母音は相補分布をなしていたが，互いに重複する，平行分布をなすようになった．この見方を裏づける証拠として示されているのが，holey 対 holy のような最小対の出現である．これは音素の分裂が生じたという明白な証拠であるといえよう．

　上に示した分析に対して，次のような反論を行なうことができるだろう．すなわち，この分析では holy と holey のような最小対に関する重要な一般法則に注意が払われていない．この法則とは，[ʌʊ] の母音を含むような語は単一の形態素からなっている（形態的に<u>単一</u>（simple）である）のに対し，[ɒʊ] を含むような語は2つ以上の形態素を含む（形態的に<u>複合</u>（complex）である）というものである．さらにまた，どちらの場合においても，問題の母音は /l/ の前に出現しているが，形態的に複合のケースでは，この /l/ は形態素の末尾に位置している．

　音韻規則が形態的構造にこのように影響されていることを示す1つの方法は，holey のような場合にはこの規則が，以下のように接尾辞の添加より以前に適用されるということであろう．

（16）　語根：/hʌʊl/

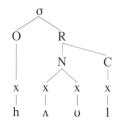

（17）　/ʌʊ/ 規則の適用

　　/ʌʊ/ →同音節的な /l/ の前で [ɒʊ]

（18）　接辞添加

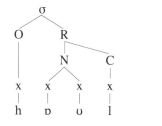

(19)　再音節化

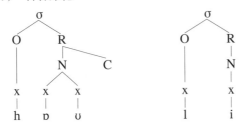

　　この分析にはさらにもう1つの概念，すなわち**再音節化**(resyllabification)
の概念を用いなければならない．つまり，/l/は最初は尾部に音節化されるが，
接辞添加のあとに，最大頭部子音の原則にしたがって，接尾辞の空白の頭部
に再音節化される(空白の頭部の位置に再音節化するという考えは，空白の
頭部を設定する際の動機の一部であった)．

　　このようなケースに関しては，重要な点を指摘しておく必要がある．それ
は音声的区別が最小対(この場合は holy/holey のような対)の基盤となって
いるにもかかわらず，われわれはその2つの分節音の間に音素的区別を設定
したくないような場合があるということである．このような場合においては，
それらの対の成員はほとんど必ず形態的構造において互いに相違していて(こ
の場合は holy が形態的に単一であるのに対して，holey は形態的に複合で
ある)，この相違が音素の異音を統御している一般法則の適用に影響を及ぼ
すのである．

　　ロンドン発音以外の多数のアクセントでは，/i:/ の音素の [i:] と [i:ə] の
異音をもたらす一般法則と /l/ の音素の明るい異音と暗い異音をもたらす一
般法則の場合には，音韻的な一般法則と再音節化の適用順序が逆になるとい
う点に注目しよう．すでに見てきたように，多数のアクセントにおいて，
peel や feel のような語では，[fi:əɫ](feel)に見られるように /i:/ の異音は [i:ə]
であり，/l/ の異音は [ɫ] である．feeling のような場合には /l/ は接尾辞
/-ɪŋ/ の空白の頭部に再音節化される結果，[fi:lɪŋ] となる．われわれは，(p. 74
に定義したような) /l/ の異音を支配する規則と，/i:/ の異音を支配する規
則は再音節化のあとで適用されるということを述べておきたい．

　　対立的相違と非対立的相違の区別における音素論の原理には，音韻組織の
性質についての重要な識見が盛り込まれているのではあるが，この音韻的対
立の概念は音韻組織に対する形態的要素および統語的要素の影響にふれるこ
となく定義されているために，ときとして制約が強すぎることがある．そこ

でわれわれは，ときにはわれわれの分析が音素論の原理をいわば踏み越えてもよいことにする．そうすることは，われわれが音素論の原理に含まれる諸概念を放棄しているのではなくて，形態的要因が音韻的な過程に影響を与えることを認めているということなのである．

7.8 まとめ

　音節は音韻的構成要素であるとする説明を本書では用いてきた．すでに述べたように，音節の下位区分はそれぞれ異なった知覚的な強さを持っていて，核部は音節のほかの部分よりも強い．多数の言語において，尾部子音はしばしば狭めの度合いが弱化し，やがては全く「消えてしまう」ことになるのはこのためかもしれない．このことはたとえば，英語の多数のアクセントにおける，/ɹ/ の音素の実現に起こっている．歴史上のある段階では，/ɹ/ は尾部の位置で実現されていたのである．英語の名詞の歴史において，多くの格語尾(1つの母音と，1つまたは2つ以上の尾部子音からなる接尾辞)にもまた，これが起こった(英語の名詞には，かつては -um, -am, -ans, -uns のような格語尾があったが，やがてどれも消失してしまった)．

　しかし英語の名詞における格語尾の消失には別の要素も関わっていた．すなわち，核部が尾部子音よりも知覚的に目立つだけではなく，英語のような言語では単語内のある核部(強勢を受けた核部)はほかの核部よりも目立つということである．本書で次に扱うのは，この英語の語強勢の問題である．

練習問題

1　次の各語について，その語がどのように音節化されるか，そして別の音節化の方法がなぜ許されないかを述べなさい(たとえば，/kwɒntɪti/ (quantity)という語は /kwɒn.tɪ.ti/ と音節化される．/kwɒ.ntɪ.ti/ という音節化は，/nt/ が許容される枝分かれ頭部ではないために，英語の音素配列に違反する．/kwɒnt.ɪ.ti/ という音節化は最大頭部子音の原則によって排除される)．

(a)　/ɹəvaɪz/　revise　　　　(b)　/pɹədɪkʃən/　prediction
(c)　/ɹɛzɪdɛnʃəl/　residential　(d)　/ɛmpəɹə/　emperor
(e)　/ʤæpəniːz/　Japanese　　(f)　/kɒndʌkt/　conduct

2　次の単音節の音韻表示について，どれが英語の単音節語の表示であって，

どれが英語のものでないか答えなさい. 英語の形式でないものについては,
なぜそれが英語では不可能なのかを述べなさい.

    (a) /pnɪt/   (b) /psɪt/   (c) /pɹɒt/
    (d) /plɛt/   (e) /pɪh/   (f) /ɹpæt/

3   ロンドンのコクニー英語からの, 次の資料を検討しなさい.

(a)	[lɔɪʔ]	light	(b)	[laɪdi]	lady
(c)	[fiːlɪn]	feeling	(d)	[fɹiw]	feel
(e)	[ɡɜːw]	girl	(f)	[bɒʔu]	bottle (2 音節)
(g)	[fɪlʌ]	filler	(h)	[fɹiwʔʌ]	filter
(i)	[waɪ]	way	(j)	[weɪʔ]	wet

[w] の音は (i), (j) におけるように /w/ の実現形とも考えられる. また,
(d), (e), (h) におけるように /l/ の異音であるかもしれない. (f) では,
/l/ は音節主音的な [w], つまり [u] となる. すなわち, /l/ と /w/ の間
に音素的重複が存在するのである. どのような前後関係で /l/ の異音の [w]
が出現しますか. 音節構造の点から答えなさい.

4   表記練習

   Track 7.1 を聴き, 各語についてできるだけ詳細に音声表記して, 音節
の境界を (ピリオドを用いて) 示し, もし音節主音的子音があればすべて示
しなさい (例: 一部の話者の battle [bæ.ʔɫ̩]). 🎧 Track 7.1

   hunting   kettle   derived   university   wrecking
   suppose   divine   serene   perhaps

【訳者注】

*1 この言い方はあまり適当ではない. これは次で扱われている言語に個別的な (こ
こでは英語特有の) 音節化の一例である.

8
英語のリズムと語強勢

8.1 英語のリズム

　人間はリズミカルに話す．言語信号の中に規則的な拍子（beat）を入れることによって発話という作業を行なうのである．The man went to the bar. のような英語の発話において，そうした拍子を聞くことができる．英語のたいていの変種において，われわれはすべての音節に拍子を置くわけではない．上の発話では，前置詞の to や 2 か所にある the には拍子はない．なぜなら英語は，ほかのタイプの言語とは違って，強勢拍（stress-timed）の言語だからである．すなわち，リズムの拍子は強勢のある音節（stressed syllable）にのみ現れるのである．上の例では man, went, pub にだけ強勢があるので，拍子はこれらの語にしか現れない．この点において英語は，ほかの相当数の言語とは異なっている．ある有名なファストフード店で売られている Chicken MacNuggets を例に取ってみよう．これは [ˌtʃɪkənməkˈnʌgəts] と発音され，強勢のある音節は 2 つある（1 番目よりも 2 番目のほうがより卓立している．これについてはのちに述べる）．[ˌtʃɪkənmək] と [ˈnʌgəts] がそれぞれ韻律上の単位を構成しており，このような単位は韻脚（metrical foot）と呼ばれる．英語における韻脚は，1 つの強勢のある音節と後続の強勢のない音節（強勢のない音節が全くない場合も，複数の場合もある）によって構成される．上の例の最初の韻脚 [ˌtʃɪkənmək] は強勢のある音節 1 つと強勢のない音節 2 つを含んでおり，2 番目の韻脚 [ˈnʌgəts] は強勢のある音節と強勢のない音節を 1 つずつ含んでいる．韻脚の境界と語境界は必ずしも一致しないことに注意しなさい．語境界は Chicken と MacNuggets の間であるが，韻律上の境界は [ˌtʃɪkənmək] と [ˈnʌgəts] の間なのである．これらの韻脚を強弱脚（trochaic foot）という．[*1] trochaic という語は trochee（強弱格）という名詞から来た形容詞であり，強弱格とは，基本的には [ˈnʌgəts] のような強勢のある音節と強勢のない音節の連続を指す．これらの強弱格の韻脚については第

9章で詳しく見ていくが, ここでは語強勢の型が英語の韻律構造における重要な要素であることを指摘するだけで十分である.

8.2　英語の語強勢：全く無原則的か

すでに述べたように, 音節とは何か, どのように定義されるのか, などについて意識的な知識がなくても, ある語にいくつ音節があるかは母語を話す者の知覚能力でわかる. 同様に英語話者は, ある語のどの音節が最も強い強勢を受けるかを,「強勢」(stress) とは厳密には何であるのかについて意識的な知識がなくても答えられる. 母語話者が強勢とは何であるか意識的には知らないにしても, ある音節が強勢を受ければ受けるほど, 知覚的には目立つことは明らかだと思われる. たとえば, ほとんどの英語話者は, photography という語で最も強い強勢を受けるのは語末から3番目の (antepenultimate) 音節, つまり語末から2番目の (penultimate) 音節より1つ手前の音節であるということに同意するだろう. 同様に, kangaroo という語で最も強い強勢を受けるのは語末の音節であるというようなこともほとんどの話者にはわかるのである. また, kangaroo の語末の (final) 音節がほかのどの音節よりも強い強勢を受ける一方で, 語末から3番目の音節のほうが語末から2番目の音節よりも強い強勢を受けるということが母語話者には判断できるというのも同様に注目に値する. photography の語末の音節と, 語末から2番目の音節, それに語末から3番目の音節の手前の音節には**強勢がない** (unstressed) ので, 第一強勢を受ける語末から3番目の音節ほど目立たない. kangaroo の語末から2番目の音節には強勢がないので, この語では最も弱く聞こえる. ある語において最も強い強勢を受ける音節は**第一強勢** (primary stress) を持つといい, kangaroo の語末から3番目の音節のような音節は**第二強勢** (secondary stress) を持つということにしよう. これに対して, 第一強勢も第二強勢も持たないような音節が強勢のない音節 (無強勢音節) である. したがって, どの語もある種の強勢型 (stress pattern) を持つということができる. たとえば kangaroo の場合は, 語末の音節に第一強勢, 語末から2番目の音節には強勢がなく, その前の最後から3番目に第二強勢という型になっている. 第一強勢を示すのにはその音節の始まる直前に上付きの補助記号 (ˈ) をつけ, 第二強勢を示すのには下付きの補助記号 (ˌ) を, 強勢のない音節には何も補助記号をつけずにおくという便宜的な方法で [ˌkæŋgəˈruː] のように強勢型を示すことができる. これは発音辞典で用いられている表記法

である.

　語の強勢型についての知識は教わる必要のないもので，母語を習得中の子供は，ある語のどこに強勢が置かれるかを，親からわざわざ教えてもらうことはないのがふつうである．このことを踏まえたうえで，次の問題を考えてみよう．すなわち，話者はある語の強勢型はどうなのかがどうしてわかるのだろうか．英語を習得中の子供はそれぞれの語を覚えるときにその強勢型をただ記憶していくしかないのだというのは，理にかなっているように思われる．結局のところ，話者はどの語についても，その語の音韻形式を構成している音素連続を記憶しなければならないのだから，英語を習得中の子供であろうと大人の学習者であろうと，その際に，強勢型も同じように記憶するのだとも考えられる．そうすると，ふつうの話者は膨大な数の(話者の語彙に含まれる単語の数と同じだけの)強勢型を記憶しなければならないではないかという反論もありそうだが，人間はこの種の情報を大量に記憶に貯えるのが得意なのである．ここでもまた，話者が心的な貯えの中に明らかに持っているに違いない膨大な数の音韻形式のことを考えてみるとよい．すなわち，このような貯蔵容量を持った生物にとって，語の音韻形式を構成している音素連続とともにその強勢型を貯えることは，たいした負担にはならないのである.

　しかしこれは，強勢型を支配する一般法則で無意識的に貯えられているようなものが皆無であるということではない．現代ギリシャ語のように，ほとんどの語の強勢型が全く恣意的であるような言語もある．また，強勢が固定された言語もあり，そのような場合，強勢はつねに決まった音節に置かれる(たとえばフランス語ではつねに語末の音節，ポーランド語では語末から2番目の音節に強勢がある)．英語を母語とする人々は，英語の語強勢の型に関する，無意識的に形成された一般法則を持っているのだという考えを支持するような証拠について考えてみることにしよう．英語の2音節語の，次の2つの組合せを例にあげる．全部の語が形態的に単一である(接頭辞も接尾辞もなく，1つの形態素からなっている).

(1)　[ˈsɪmpɫ]　　　simple　　　[ˌbæmˈbuː]　　bamboo

　　　[ˈkʰɑːpət]　　carpet　　　[dʒɪˈɪɑːf]　　giraffe

　　　[ˈɡæðə]　　　gather　　　[pəˈɪeɪd]　　parade

　　　[ˈsʌdən]　　　sudden　　　[ænˈtʰiːk]　　antique

　　　[ˈɪnsɛkt]　　　insect　　　[kɪɪˈeɪt]　　create

　左側の語では語末から2番目の音節に，右側の語では語末の音節に第一強勢がある．これだけ見ると英語の2音節語では語末でも語末から2番目でも，どちらに強勢が来てもよいかのように思える．もしかしたら全く恣意的なのかもしれない．もしかしたら何の法則性もないのかもしれない．しかし，次のフランス語の例を考えてみよう．フランス語話者と英語話者によって発音されたもので，英語話者はフランス語を明らかに英語式に発音している（ここで重要なのは強勢型であるので，フランス語表記の見慣れない発音記号は無視してかまわない）．

(2) 　　　　　　　　　　　　　　フランス語話者　　英語式の発音

manger	'食べる'	[mɑ̃ˈʒe]	[ˈmɑ̃ʒeɪ]
chercher	'探す'	[ʃɛʁˈʃe]	[ˈʃɛɹʃeɪ]
bateau	'船'	[bɐˈto]	[ˈbætəʊ]
français	'フランス語'	[fʁɑ̃ˈse]	[ˈfɹɑ̃seɪ]
lointain	'遠い'	[lwɛ̃ˈtɛ̃]	[ˈlwʌnteɪn]

　フランス語の強勢規則はこの上なく簡単で，強勢は語末の音節に置くのである．それならば，フランス語を話そうとして，多数のフランス語の単語の語末から2番目の音節に強勢を置くという強い傾向をこれほど多くの英語話者が示すのはなぜだろうか．フランス語の規則がわかりにくいわけではない．しかも，彼らの母語である英語には語末に強勢のある単語が無数に存在するのである．それならば，彼らの発音するフランス語の2音節語の強勢型のどこが「いかにも英語らしい」のだろうか．

　今度は，次のフランス語の3音節語と，英語話者による典型的な強勢の誤配置について考えてみよう．

(3) 　　　　　　　　　　　　　　フランス語話者　　英語式の発音

bâtiment	'建物'	[bɐtiˈmɑ̃]	[ˈbætimɑ̃]
fermeture	'閉鎖'	[fɛʁməˈtyʁ]	[ˈfɛʁmətyʁ]
soigneusement	'注意深く'	[swɐɲøzˈmɑ̃]	[ˈswɐɲøzmɑ̃]
sortilège	'呪文'	[sɔʁtiˈlɛʒ]	[ˈsɔʁtilɛʒ]
consacrer	'捧げる'	[kɔ̃sɐˈkʁe]	[ˈkɔ̃sɐkʁe]

　なぜ英語話者はこのような3音節語で語末から3番目の音節に強勢を誤配置する傾向があるのだろうか．このような強勢の配置が「いかにも英語らしい」と感じられるのはなぜだろうか．

最後に，次のような英語の 3 音節の名詞を考えてみよう．

(4) [ˈɛləfənt] elephant [pəˈtʰeɪtəʊ] potato [ˌkæŋɡəˈɹuː] kangaroo
    [ˈsɪnəmə] cinema [bəˈnɑːnə] banana [ˌɹɛfjʊˈdʒiː] refugee

左側の単語は語末から 3 番目，真ん中の単語は語末から 2 番目，右側の単語は語末に強勢がある．全部名詞であるから統語範疇に関しては違いがなく，全体の音節数も同じであるので，英語の 3 音節語の第一強勢についてはなんらの一般法則も存在しないかのように思われる．全く恣意的で，何の規則もないかのようである．しかし，次の英語以外の 3 音節語を考えてみよう．

(5) Gigondas   moussaka   Zaventem   tavola

最初の語はフランス語で(南ローヌ渓谷の町と，ワインの名前である)，すべてのフランス語の単語と同様，語末の音節に強勢がある．2 番目はギリシャ語で，*² 母語話者たちは語末の音節に強勢を置く．3 番目はオランダ語で(フランドル地方にある町の名で，ブリュッセルの空港の名でもある)，オランダ語では語末から 3 番目の音節に強勢がある．4 番目はイタリア語の「食卓」を意味する語で，イタリア語では語末から 3 番目の音節に強勢がある．

フランス語もギリシャ語もオランダ語もイタリア語も知らず，以前にこれらの語を聞いたこともない英語話者が，はじめてこれらの語に出会ったときに，語末から 2 番目の音節に強勢を置いて [dʒɪˈɡɒndəs], [muˈsɑːkə], [zəˈvɛntəm], [təˈvəʊlə] のような間違った発音をする強い傾向を示すのは，注目すべきことである．もし英語話者には強勢の一般法則がないのだとしたら，この傾向はきわめて不思議である．一般法則がないのなら，今までに出会ったことのない単語(特に，外国語の単語)を示されたときに，特定の音節に好んで強勢を置く傾向を示すはずはないのだから，同じ人間でも，場面が変われば 3 つの可能な強勢型をそのつど使って，違った発音をしてもよさそうなものである．そしてまた，ある話者がたまたまある強勢型を取り入れて，その後そればかり使い続けたとしても，話者によって違いがありそうなものである．しかし，実際にはそのようなことはない．2 番目の音節に強勢を置くというのは英語話者が選択する傾向がある発音なのである．あなたがフランス語かギリシャ語かオランダ語かイタリア語を知っていればなおのことであるが，これらの外国語の単語に対して英語話者が間違った発音をするのを聞いて，このような発音は「いかにも英語らしい」ということにあなたは同意するだろう．しかし，「いかにも英語らしい」とはどういうことなのか？ こう

した疑問に対しては，語強勢の一般法則，あるいは少なくとも語強勢における一定の傾向が確かに存在していて，しかもそれらがどのようなものであるか，わかっていなければ答えることができない．次は，こうした一般法則がどのような形をとるのかを見ることにしよう．

8.3　英語の語強勢：いくつかの一般原則

　1 つめの一般原則（原則 1：語末起点の原則）は，英語における強勢の配置は語末から数えるということである．単語の第一強勢は語末，語末から 2 番目，語末から 3 番目のいずれかの音節に置かれる傾向がある（それより語頭に近い位置もあり得るが）．このことは，英語のほとんどの変種の強勢型が基本的に強弱格の（trochaic）強勢型であるという事実を反映している．trochaic という形容詞は trochee（強弱格）という名詞から来ていること，そして trochee とは強勢のある音節（第一強勢でも第二強勢でも）に強勢のない音節（強勢のない音節が全くない場合も複数の場合もある）が後続するものを指すのを思い出しなさい．box のような強勢を持つ単音節語，*3 語末から 2 番目に強勢のある spider, departure のような語，そして語末から 3 番目に強勢のある cinema, America のような語はどれも強弱格の強勢型を表している．英語のほとんどの変種のリズムは強弱格で，強弱脚の強勢のある音節にリズムの拍子を置く傾向がある．

　2 つめの一般原則（原則 2：リズムの原則）は，英語では 'gentlemanliness のように単語の終わりに無強勢音節が 4 つも続くことがあり得る一方で，単語の始まりに無強勢音節が 2 つ以上続くことはないということである．原則 2 は原則 1 と密接に結びついている．無強勢音節が 2 つ以上，単語の始めに現れることがないのは，そのような音節の連続の中に第二強勢を置けば強弱脚にすることができて，英語の韻律構造の観点からはこのほうが望ましいからである．Japan から Japanese を派生させると，第一強勢は Japan の語末から Japanese の語末に移動する（このような強勢移動についてはこのあとで考察する）．しかし，第一強勢を移動させてしまうと，Japanese の第一強勢の前に無強勢音節が 2 つ先行することになるが，これをそのままにすることはできない．2 つの先行音節のうちの 1 つに第二強勢を置いて ‚Japa'nese のようにするほかはないのである．

　こうして，3 つめの原則（原則 3：派生の原則）が登場する．すなわち，派生元の語（そこから，より複雑な語を派生させるもとの語）で第一強勢のあっ

た音節に，派生語では第二強勢を置く傾向があるということである．たとえば characterization という語では，もとの 'characterize（これ自体も 'character から派生している）からの第一強勢の移動が起こっている．原則 2 により，characterization で無強勢音節を 4 つも第一強勢の前に置いておくことはできないので，この音節の連続のどこかに第二強勢を置かねばならないが，派生語ではもとの語で第一強勢のあった音節に第二強勢を置くという派生の原則により ˌcharacteriˈzation となるのである．

　しかし，原則 3 は 4 つめの一般原則（原則 4：強勢衝突回避の原則）によってくつがえされることがある．これは強勢のある音節が 2 つ隣接することを回避すべきだとする原則で，ˌcharacteriˈzation の場合は原則 3 と原則 4 が両方とも守られている．しかし ˌJapaˈnese ではそうではないことに注意しなさい．もとの Jaˈpan では第一強勢は語末の音節にあり，原則 3 によれば Japanese の第 2 音節に第二強勢を置かねばならないはずだが，そうすると Jaˌpaˈnese のように強勢のある音節が 2 つ隣接して強勢衝突が起きてしまうので，原則 4 によってこれは禁止されるのである．このような例から，派生の原則と強勢衝突回避の原則が対立し，どの音節に第二強勢を置くかについて選択の余地がある場合，優勢なのは強勢衝突回避の原則のほうであることがわかる．ˌJapaˈnese のような語では，強勢衝突回避の原則を守るためにわれわれは語末から 3 番目の音節に第二強勢を置くのである．この強勢衝突回避の原則は英語における強力な一般的傾向であるにもかかわらず，動詞 ˌreˈrun，名詞 ˌchamˈpaigne，ˌDunˈdee のようにこの原則に違反するような語も英語には確かに存在するのだが，このような例については次章で詳しく検討する．派生の原則だけが関わっている例としては，Burmese, Chinese のような語があって，それぞれ 'Burma, 'China から派生しているのだが，このような場合には語末から 2 番目の音節に第二強勢を置いて ˌBurˈmese, ˌChiˈnese とするよりほかに選択の余地はない．しかし第二強勢の配置について 2 つ以上の音節の間で選択の余地がある場合には，われわれは ˌJapaˈnese, ˌPortuˈguese のようにして強勢の衝突を避けると同時に，各語の中に 2 つの強弱脚を作り出すのである．こうして原則 4（強勢衝突回避の原則）はしばしば原則 2（リズムの原則）と連動して語頭に新たな強弱脚を作り出す．このようにして無強勢音節の連続が<u>語頭では回避されているのに，どうして語末では</u>gentlemanliness のように強勢のない音節が 4 つも出現可能なのだろうか．それはこうした語がある種の接尾辞で終わっているからなのである．そのような接尾辞についてはまもなく考察するが，目下は形態的に単一な語におけ

る語強勢についてさらに見ていくこととしよう.

8.4　形態的に単一な語における語強勢の配置

　英語はゲルマン語系の言語であるが，非常に多くの語彙をラテン語系の言語，とりわけフランス語とラテン語から借用してきており，その中にはラテン語系の接頭辞や接尾辞を持つ語が多数含まれている.　このことがなかったならばさほど複雑にはならなかったはずの語強勢の型が，このために複雑になっており，非母語話者たちは英語の強勢型を習得するのに苦労するのである.　しかしながら，英語の強勢型にはかなりの規則性が存在する.　まず最初に，現代英語では接頭辞や接尾辞のついていないことが明らかであるような語(歴史的には接頭辞のついていた語もあるが)から考察していこう.　本書では辞書的範疇*4 (lexical category)の語と非辞書的範疇(non-lexical category)の語を区別する.　辞書的範疇の語は名詞，動詞，形容詞，副詞である.　非辞書的範疇の語には前置詞，限定詞(the, this, his など)，代名詞(he, her など)，および接続詞 and が含まれる.　非辞書的範疇の語はしばしば機能語(function words)とも呼ばれるが，こうした語には通常，強勢がない.　辞書的範疇の語では，統語範疇によって第一強勢の配置が異なることがある.

　辞書的範疇の単音節語(box, run, big など)では第一強勢の現れるべき音節が1つしかないために全く問題は生じないので，形態的に単一な2音節語，続いて形態的に単一な多音節語(3音節以上の語)のほうに話を進めることとしよう.

8.4.1　形態的に単一な2音節語
8.4.1.1　2音節の名詞

　基本的な強勢型はゲルマン語本来の<u>強弱型</u>で，Arab, bigot, carpet, district, effort, female, gremlin, harbor, lemon, market, native, person, rabbit, senate, turnip, vampire, woman のように第一強勢は<u>語末から2番目</u>の音節にある.　しかし，この基本型にはかなりの例外が存在しており，そのような語群では2音節の名詞の語末音節に強勢がある.　この中には他言語からの借用語で，母音字が2つ重ねてつづられる balloon, bazaar, canteen, harpoon, marquee, papoose, raccoon, shampoo, taboo, veneer のような名詞がある.　語末の音節に強勢のある2音節の名詞のもう1つの語群はフランス語からの借用語で，grandee, gazette, parade, gazelle, finesse, crevasse, liqueur, masseuse のよう

に -ee, -ette, -ade, -elle, -esse, -asse, -eur, -euse というフランス語の語尾を含んでいる．フランス語の語強勢はつねに語末音節にあるので，こうした語尾を持つ語の大半はフランス語の強勢型を保っていることになる．語末の強勢を保っている2音節のフランス語借用語にはほかに hotel [həʊˈtʰɛɬ] がある．この語が完全に英語化されていれば，発音はゲルマン語本来の強弱型で [ˈhəʊtəɬ] となっていることだろう．なお，ここでは gazette, parade などのような語は，現代英語では形態的にほぼ単一であるとみなすこととする．[1]

8.4.1.2　2音節の形容詞

ここでもまた，基本的な強勢型はゲルマン語の強弱型で，angry, brilliant, central, crazy, dozy, fragile, frigid, happy, honest, lazy, modest, narrow, orange, purple, sudden, timid, urgent, yellow のように語末から2番目に強勢がある．この強弱型はまた，cosmic, frantic, Nordic, static[2] のような -ic で終わる形態的に単一な2音節の形容詞にも見られる．しかし，complete, immense, intense, precise, select のように語末に強勢を持つ2音節の形容詞も存在する．こうした語は，ラテン語あるいはフランス語から来ていて，ラテン語由来の歴史上の接頭辞を含んでいる．こうした歴史上の接頭辞は現代英語においてはもはや生産的な接頭辞とはみなされておらず（自由に語根と結びついて新しい語を生成したりしない），このような語の中には今ではほとんどの英語話者にとっては形態的に単一であると感じられているものが数多く存在する．さらにまた，歴史的にはフランス語の接尾辞であったものを含む bizarre や grotesque のような2音節の形容詞でも強勢は語末にある．gazette や parade の場合と同様，ここではこのような語も形態的に単一であるとみなすこととする．

8.4.1.3　2音節の副詞

さらにここでも，基本的な強勢型はゲルマン語の強弱型である．2音節の副詞の中には slowly, quickly のように -ly で終わるものが多数存在するが，これらについては 8.5 で扱う．語末が -ly ではない2音節の副詞には rather や very があるが，こうした語もまた強弱型である．

8.4.1.4　2音節の動詞

英語のほとんどの変種に見られる基本的な強弱型の傾向は，2音節の動詞の場合には格段に弱く，すでに見てきたように，compact, detract, deny, export, impose, object, permit, produce, record, subsume, transgress など多くの語が語末に第一強勢を持っている．形容詞の場合と同じように，こうした語の中には歴史的には借用元の言語の接頭辞がついていたものが数多くあり，フランス語あるいはラテン語から借用された例には com-pact, de-tract, ex-port, im-pose, ob-ject, re-cord, sub-sume がある．このような動詞の歴史的な接頭辞に強勢を置くことを避ける傾向が非常に強いために，con'tract（動詞）と 'contract（名詞），pro'duce（動詞）と 'produce（名詞），ex'port（動詞）と 'ex-port（名詞），com'pound（動詞）と 'compound（名詞），di'gest（動詞）と 'digest（名詞）などのように，2音節の動詞とこれに対応する2音節の名詞との発音が異なる例がよく見られるが，動詞では語末に強勢が置かれるのに対して名詞では通常の強弱型で語末から2番目に強勢が置かれるのである（しかしこのパターンには例外があって，con'cern のように名詞・動詞が両方とも動詞型の強勢となる場合と 'preface のように名詞・動詞が両方とも名詞型の強勢となる場合がある）．

　-ate で終わる2音節の動詞では，create, deflate, locate, migrate, placate, sedate のように，-ate に第一強勢があることは注目に値する．これらの語は，-ate で終わる3音節以上の語とは区別しなければならない（以下を参照）．なおこれらの語の中には frustrate, locate のように GA では語末から2番目の音節に強勢が来るものもある．

　しかしながら，argue, canter, dither, enter, equal, falter, gather, govern, hurry, manage, market, marry, narrow, rattle, sully, travel のように，基本的な強弱型の強勢であるような2音節の動詞も存在する．

8.4.2　形態的に単一な多音節語
8.4.2.1　多音節の名詞
　基本的な強勢型はゲルマン語の強弱型である．このことは，academy, American, antelope, camera, cinema, custody, deficit, elephant, emperor, harmony, library, melody, paradise, quantity, strategy のように，3音節以上の語では語末から3番目の音節に第一強勢が来ることを意味する．しかし，この基本型にはかなりの例外が存在しており，そのような語群では多音節語の名詞の語末に強勢がある．この中には語末に同じ母音字が2つ続く kangaroo のような語もあり，また -ette, -ade, -elle, -esque, -eur というフランス語の語尾を含む，cigarette, lemonade, bagatelle, picturesque, connoisseur のようなフランス語からの借用語もある．このような語群は現代英語においては形態

的にほぼ単一である。すなわち，本当の意味での接尾辞がついているわけではない。たとえば，cigar(葉巻)という形態素は存在するが，cigarette(紙巻きたばこ)は小さい cigar を意味するわけではないのである。[3]

advantage, apartment, consensus, disaster, objective のように語末から 2 番目の母音に子音連続が後続するような名詞があるが，こうした名詞では語末から 2 番目の音節に第一強勢がある。また，-ics で終わる 3 音節以上の名詞でも，acoustics, electrics, linguistics, logistics, mathematics, statistics のように，語末から 2 番目の音節に強勢が置かれる傾向がある。

最後の例として，banana, bikini, chapatti, chorizo, karate, martini, moussaka, mosquito, samosa, tomato, volcano のように，母音で終わっていて，語末から 3 番目という基本的な強勢型ではなく，語末から 2 番目の音節に強勢を持つような借用語がある。

8.4.2.2　多音節の形容詞

ここでも基本的な型は強弱型で，general, intelligent, juvenile, taciturn のように語末から 3 番目に強勢がある。しかし，dependent, disastrous, indulgent, clandestine, momentous, objective, tremendous のように語末から 2 番目の母音に子音連続が後続するような形容詞では語末から 2 番目の音節に第一強勢がある。また，enormous, maternal のように，R 音性的(rhotic)アクセントで「r + 子音の連続」('rC' cluster) を含んでいて，非 R 音性的(non-rhotic)アクセントでも歴史的には「r + 子音の連続」を含んでいた語もこの仲間に入る。

-ate で終わる多音節の形容詞では deliberate, elaborate, fortunate, inadequate, legitimate のように語末から 3 番目の音節に第一強勢がある。したがって，第一強勢が -ate にある，-ate で終わる 2 音節の動詞の場合とは異なる(しかし上述のように，中には米語話者が語末から 2 番目の音節に第一強勢を置くような語もある)。

8.4.2.3　多音節の動詞

2 音節の動詞と同様に，基本的な英語の強弱型の強勢型に従わない多音節の動詞がよく見られる。entertain, intervene, intersect のように，語末に第一強勢のある 3 音節以上の動詞はたくさんあり，2 音節の動詞の場合と同じように，こうした語の中にはラテン語由来の(enter-, inter のような)接頭辞を語源的には含んでいるものが多数存在する。

-ate で終わる 2 音節の動詞とは異なって，-ate で終わる多音節の動詞は co-ordinate, deliberate, elaborate, investigate, originate のように語末から 3 番目に第一強勢のある基本的な型となっている．したがってこれらの語は -ate で終わる多音節の形容詞と同じ強勢型を持っていることになる．*5

　本書ではこれまでに，英語における形態的に単一な語の強勢配置に関与する可能性のある 4 つの要素を確認した．まず第一に，統語範疇が関与しているかもしれない．たとえば動詞には基本的な強弱型から外れているものが多数見られる．第二に，歴史的（語源的）なラテン語由来の接頭辞の存在が語強勢の型に影響を与えることがあり，ex-, pro-, inter- のようなラテン語由来の接頭辞は，概して現代英語ではもはや語形成能力がないにもかかわらず，第一強勢を受けることがないのがふつうである．第三に，つづり字が語強勢に関係があることがわかっている．たとえば shampoo, papoose, kangaroo のような語ではどれも，同じ母音字が 2 つ連続する語末に第一強勢がある．これに関連しているのが 4 番目の要素，すなわち外国語から英語に借用された語であることで，shampoo や hotel のような語は借用元の言語の強勢型を保っている．grotesque, cigarette, picturesque, connoisseur のような語では借用語であることとラテン語由来の接辞の存在が両方とも語強勢に影響していることに注意しなさい．

　ここで，8.2 で考察した強勢型に戻るのもよいだろう．英語話者は man-ger（食べる），bâteau（船）のようなフランス語の 2 音節語で語末から 2 番目の音節に強勢を置いて，間違った発音をしてしまいがちであることを思い出しなさい．今ではその理由がわかるだろう．つまり，それが英語の 2 音節語の基本的な強勢型だからなのである．われわれはまた，英語話者が ferme-ture（閉鎖），bâtiment（建物）のようなフランス語の多音節語で，語末から 3 番目の音節に第一強勢を置くことが多いのも見てきた．理由はそれが英語の多音節語の基本的な強勢型だからで，こうした強勢の誤配置がいかにも英語らしいのはそのためだったのである．Gigondas と Zaventem のような多音節語の発音にはつづり字が影響している．すなわち，英語では語末から 2 番目の音節の母音字のあとに子音字の連続があると，強勢は語末から 3 番目という基本的な位置ではなく，語末から 2 番目に置かれるのである．最後に moussaka や tavola などの多音節語の場合であるが，こうした語は例外的に語末から 2 番目に第一強勢を持つような，母音で終わる借用語の仲間に入る．次には形態的に複合の語の語強勢について考えよう．

8.5　語強勢の配置と形態的構造

　英語には接尾辞（例：sorted の -ed）と接頭辞（例：indirect の in-）の両方がある．まず接尾辞のほうから始めよう．接尾辞は，**屈折接尾辞**（inflectional suffix）と**派生接尾辞**（derivational suffix）に分けられる．屈折接尾辞の添加は，それが添加されなかった場合の語の形とは「別の形」を生じさせるといわれることがしばしばある．たとえば，He's obscuring the issue. という文におけるように，動詞 obscure に接尾辞 -ing が添加されると，その結果生じる obscuring という語は，その動詞の1つの形だといわれ，名詞 tractor に複数接尾辞が添加されると，その結果生じる tractors はその名詞の1つの形であるというように．しかし派生接尾辞が添加されると，同じ語の別の形ではなくて，別の語を生じさせるといわれる．したがって，接尾辞 -ly が何か形容詞，たとえば bold に添加されると，その結果である副詞の boldly は別の語なのである．同様に，boldness の場合のように接尾辞 -ness が形容詞に添加されても，生じるのは別の語である．英語の派生接尾辞の例には，ほかにも -ity（例：personal/personality），-ee（例：divorce/divorcee），-al（例：person/personal），-ian（例：Wagner/Wagnerian），-ic（例：atom/atomic），-ish（例：green/greenish），-y（例：sleep/sleepy）などがある．屈折接尾辞には強勢がなく，'refuge/'refuges（複数形接尾辞），'comment/'commented（過去時制接尾辞），de'veop/de'veloping（進行形接尾辞），'varnish/'varnishes（三人称単数現在形接尾辞）に見られるように，添加されても英語の語強勢にはなんら影響を与えない．

　英語の派生接尾辞の中には，添加されても語強勢に影響を与えないものがある一方で，強勢型に影響を与えるものもある．これら2種類の接尾辞は，それぞれ**強勢中立接尾辞**（stress-neutral suffix）と**強勢移動接尾辞**（stress-shifting suffix）と呼ばれる．強勢移動接尾辞はすべてラテン語由来，すなわちフランス語かラテン語から英語に入ったものであるが，ラテン語由来の接尾辞がすべて強勢移動接尾辞というわけではない．まず，強勢中立接尾辞から見ていくこととしよう．

8.5.1　強勢中立接尾辞

　英語はゲルマン系の言語で，ゲルマン語本来の接尾辞はすべて強勢中立接尾辞である．この中には 'brightly, 'deeply, 'dimly, 'madly, 'quickly, 'slowly, 'truly などに見られる副詞接尾辞の -ly がある．単音節の形容詞 'bright,

'deep, 'dim などにこの接尾辞が添加されて副詞となっても強勢は移動しない
ため，こうした副詞の強勢型は英語の 2 音節語の基本的な型である強弱型で，
語末から 2 番目の音節に強勢を持つ．-ly で終わる多音節の副詞には 'cheeri-
ly, 'happily, in'credibly, re'markably, tre'mendously, 'wearily などがあるが，
ここでも第一強勢はもとの形容詞 'cheery, 'happy, in'credible, re'markable,
tre'mendous, 'weary と同じ位置のままである．これらの語すべてにおいて，
派生によってできた語の強勢型は多音節語の基本的な型である強弱型で，語
末から 3 番目の音節に強勢を持つ．しかし，派生元の形容詞の第一強勢が語
末から 3 番目，あるいはそれより前の位置にある場合には，'comfortable（RP
では 3 音節語だが GA では 4 音節語である*6）から派生した 'comfortably の
ように，第一強勢は語末から 3 番目より前の位置になる．comfortable, idle
などの形容詞には音節主音的 /l/ が含まれているが（例：idle ['aɪdl̩]），こう
した語に -ly が添加されると音節数が 1 つぶん減ることに注意しなさい（例：
idly ['aɪdli]）．

　-er, -est, -ish, -ful, -less, -y のようなゲルマン語本来の形容詞接尾辞もまた
語強勢に影響を与えないので，これらが単音節の語根に添加されると
'green/'greener, 'green/'greenest, 'green/'greenish, 'hope/'hopeful, 'mind/'mind-
less, 'slime/'slimy のように強弱型の強勢型となる．これらの強勢中立接尾辞
が基本的な強弱型の 2 音節語に添加されると 'heavy/'heavier, 'heaviest,
'heavyish, 'pity/'pitiful, 'penny/'penniless, 'summer/'summery のように強勢は
語末から 3 番目の音節に位置することとなる．ここでもまた，もとの語の語
末に音節主音的子音が現れるような語（例：bubble ['bʌbl̩]）に -y が添加され
ると，音節の数が 1 つぶん減って（例：bubbly ['bʌbli]），語末から 2 番目の
音節に強勢を持つ 2 音節語が生じる（例：'bubble/'bubbly, 'crumble/'crumbly,
'purple/'purply, 'winter/'wintry,*7 'wriggle/'wriggly）．

　形容詞の比較級を作る接尾辞 -er（例：greener）のほかにも，ゲルマン語本
来の強勢中立接尾辞で，動詞から名詞を作る働きをする -er がある（例：'ad-
vertise/'advertiser, 'love/'lover, 'make/'maker, pre'tend/pre'tender, 'publish/
'publisher, 'sing/'singer）．これらの例からわかるように，この接尾辞 -er も
強勢に影響を及ぼさない．

　名詞を作る働きをするゲルマン語本来の接尾辞には，ほかにも -ess,
-hood, -ism, -ist, -ness, -ship がある（例：'priest/'priestess, 'shepherd/'shep-
herdess, 'child/'childhood, 'adult/'adulthood,4 'Marx/'Marxism, 'Thatcher/
'Thacherism, 'Marx/'Marxist, 'Union/'Unionist, 'capital/'capitalist, 'kind/'kind-

ness, 'gentle/'gentleness, 'friend/'friendship, a'pprentice/ a'pprenticeship). ここでもまた，接尾辞の添加によって強勢の位置が変化することはない．

　ラテン語由来の接尾辞にも，強勢の位置に影響しないものがある．この中には，形容詞を作る働きをする 2 音節の接尾辞 -able [əbɫ] がある（例：de'batable, de'pendable, 'doable, per'suadable, 'sellable）．-able が添加されると，de'bate, de'pend, 'do, per'suade, 'sell といった形態素の強勢の位置はそのままで，語末から 3 番目の音節に第一強勢のある形容詞が作られることがわかる．第一強勢が語末にはないような語（例：'argue, 'manage, 'market, 'perish）に-able が添加されると，語末から 3 番目よりも前に強勢を持つ語ができる（例：'arguable, 'manageable, 'marketable, 'perishable）．

8.5.2　強勢移動接尾辞

　強勢移動派生接尾辞は，接尾辞自体が強勢を持つものと，接尾辞の添加される語基の内部で強勢移動を起こすものに区別することができる．まず，強勢を持つ接尾辞から見ていくことにしよう．

　-ee, eer, -ese という接尾辞は，em'ploy/ˌemplo'yee, 'mountain/ˌmoun-tai'neer, com'puter/comˌpute'rese のように，どれも第一強勢を持っている．これらの接尾辞を含んでいる多音節語の場合，語頭に生じる無強勢音節の連続をそのままにしてはおけないので，第二強勢が必要となることに注意しなさい．これが 8.3 で述べたリズムの原則なのである．ここではまた，派生の原則と強勢衝突回避の原則も働くことがある．com'puter/comˌpute'rese の例を考えてみよう．接尾辞 -ese が第一強勢を持つが，この添加によって生じる語頭の無強勢音節の連続をそのままにすることは，リズムの原則によって許されない．ここで派生の原則が，派生元の語で第一強勢があった音節，この場合は動詞 compute の語末の音節に第二強勢を置くように命じることによって，comˌpute'rese という強勢型となる．この例では第一強勢と第二強勢の隣接がないので，強勢衝突回避の原則への抵触は見られないが，Japaneseのような語では派生の原則と強勢衝突回避の原則が対立することを思い出しなさい．接尾辞 -ese に第一強勢を置くと，リズムの原則がどこかに第二強勢を置くようにと要請し，派生の原則がその第二強勢は派生元の Ja'pan で第一強勢のあった音節に置かねばならないと主張する．しかし，もし第二強勢をそこに置くようなことをしたら，強勢衝突回避の原則に違反することになってしまうだろう．すでに見てきたように，これら 2 つの原則が対立する場合に優勢なのは強勢衝突回避の原則のほうであるので，ˌJapa'nese という

強勢型となる. ˌemplo'yee のような語の場合にも同じことが起こり，第二強勢は em'ploy で第一強勢のあった音節には置かれない.

　すでに述べたとおり，-ette で終わる etiquette や gazette のようなフランス語からの借用語の中には，実際には形態的に複合ではないものが多数存在する. こうした語が，etiq-, gaz- といった形態素を含んでいるとは言い難いのである. しかし，-ette で終わる語の中には明らかに形態的に複合の，kitchenette のような語があることも事実である. その根拠は，このような語には明らかに kitchen という形態素が存在していて，しかも kitchenette は実際，小さい kitchen を意味するからである. このことから，少なくともいくつかの語では -ette が第一強勢を持つ接尾辞であり，したがって -ee, -eer, -ese と同類であるということができるだろう. -ette がはっきりした意味を持っている場合には，kitchenette や sermonette のように「小さい」という意味か，あるいは ladette のように「女性」を意味するかのどちらかであることがわかっている. -ette が厳密な意味での接尾辞であるのかどうかはっきりしないような語もあって，usherette は女性の usher であるというのは理にかなっているが，maisonette は確かに小さい住居ではあるものの，この語が「小さい」maison（フランス語の「家」）を意味するかどうかは微妙なところである.

　強勢移動接尾辞で，それ自体は第一強勢のない例には -ity と -ic があり，'personal/ˌperso'nality, ˌindi'vidual/ˌindividu'ality, 'atom/a'tomic, 'monarch/mo'narchic のように，どちらの場合でも，第一強勢は強勢移動接尾辞の直前の音節に置かれる.

　強勢移動を起こす接尾辞にはほかに -ous（例：ad'vantage/advan'tageous）や -ious（例：'injure/in'jurious）があるが，ここでもまた第一強勢は強勢移動接尾辞の直前の音節に置かれる.

　読者はすでに気づいているかもしれないが，強勢移動接尾辞の添加によって，語の強勢が移動する場合には，これによって影響を受ける音節の母音も変化することがある. たとえば，personal では語末の接尾辞 -al の母音はシュワー（[ə]）であるが，personality の語末から 3 番目の音節の母音は，ここでも同じ接尾辞 -al の母音であることに変わりはないのだが，この音節に第一強勢が置かれるために [æ] となるのである. 接尾辞の添加によって，語基の子音に変化が生じることもある. 形容詞 opaque に -ity が添加されると，その結果生じる opacity では語基の末尾にあった [k] が [s] となっている.[5] このような変化は強勢移動接尾辞に限られたものではない. たとえば president に接尾辞 -y が添加されると，その結果生じる presidency では，語基の

末尾にあった [t] が [s] となっている．明らかに，語基と接辞添加形 (affixed form) の間で強勢型や子音および母音の実現の違いが大きければ大きいほど，語基と接辞添加形に本当につながりがあるのかどうかわかりにくくなる．たとえば bold と boldness（強勢にも母音にも子音にも変化がない）のつながりは透明であるが，opaque と opacity のつながりはこれにくらべるとはるかに不透明である．語基に -ness の部類に属する接辞 (-ity の類はラテン系諸語に起源を持っているが，-ness の類のほうが英語の属しているゲルマン系語族本来のものが多い）を添加するほうを好む話者が多いのには，こうした理由がある．

　英語の無強勢音節の持つ注目すべき特質は，ほかのほとんどの母音よりも知覚的に「不明瞭」な，シュワーの母音をしばしば含んでいるということである．互いにつながりのある photograph と photography のような語で共通して見られる特色は，接尾辞 -y の添加によって強勢が第 1 音節から第 2 音節に移動すると，強勢のあった音節の母音が「完全」母音（'full' vowel）から「弱化した」シュワー（'reduced' schwa）に変化することである．このような現象については，次章でもう少し詳しく検討する．

8.5.3　語強勢の型と接頭辞

　今度は接頭辞の強勢配置について検討していこう．本書では，分離可能 (separable) な接頭辞のほとんどが第二強勢を持っているという立場をとる．「分離可能」とは，ˌre-'allocate, ˌre-'fabricate, ˌre-'run, ˌre'skill, ˌre'spray などの動詞の場合のように，接頭辞を取ってしまっても，そのあとに現存する英語の単語が残るという意味である．単音節の接頭辞にはほかにも以下のようなものがある．

co-('together')	例：	ˌco-con'spirator, ˌco-'edit
de-('get rid of/reverse')	例：	ˌde-regu'lation, ˌde-'louse
dis-(negative)	例：	ˌdisa'ppear, ˌdis'pleasure
ex-('former')	例：	ˌex-ad'ministrator, ˌex-'boss, ˌex-'serviceman
in-(negative)	例：	ˌinco'rrect, ˌin'active (il- では ˌille'gality, i'lliterate, im- では ˌimper'turbable, ˌim'proper, ir- では ˌirre'sistible, i'rregular)

mal-('badly')	例：ˌmalaˈjusted, maˈlodorous
mis-('wrongly')	例：ˌmis-aˈddressed, ˌmis-ˈspelled
pre-('before')	例：ˌpre-eˈxist, ˌpre-ˈpay
pro-('in favor of')	例：ˌpro-ˈhunting, ˌpro-ˈchoice, ˌpro-ˈlife
re-('again')	例：ˌre-aˈppear, ˌre-ˈfill（動詞）
sub-('beneath')	例：ˌsub-aˈtomic, ˌsub-ˈhuman
trans-('across')	例：ˌtrans-Atˈlantic, ˌtransˈsexual
un-(negative)	例：ˌuna̩ˈttractive, unˈfair

　これらの中には，I am having dinner with my ex tonight. の ex や，Are you with the pros or the antis? の pro のように，独立した単語として使われるものがあるのは注目に値する.

　2音節の接頭辞は強弱脚をなす場合があり，そうするとリズムの原則によって接頭辞の終わりから2番目の音節に第二強勢を持つことになる. 例：ˌantiaˈbortion, ˌantibacˈterial, ˌantiˈcatholic, ˌantiˈchoice, ˌanticliˈmactic, ˌanti-inˈflammatory など. これらの例ではどれも接頭辞に第二強勢があるが，2音節の接頭辞に第一強勢のある ˈanti̩hero, ˈanti̩matter のような例もある. こうした例は，複合語（2つ以上の語からなる語）と考えるほうがよいのかもしれない. 複合語についてはこのあとで扱う. 同様に，mega- は ˌmegaˈlithic のように第二強勢を持つこともあるが，ˈmega̩byte, ˈmega̩death, ˈmega̩phone のように第一強勢を持つ場合もある. 2音節の接頭辞もまた，The antis are out in force. や That film was absolutely mega! の anti や mega のように，独立した単語として使われることがある. 2音節の接頭辞としてはほかに extra-(例：ˌextra-ˈmarital, ˌextra-teˈrrestrial) と super-(例：ˌsuper-aˈbundant, ˌsuper-ˈhuman)もある.

　上のような接頭辞はラテン系諸語に起源を持っている. すなわち，ラテン語から直接借用されたか，あるいはラテン語から過去にフランス語に入ったあとに借用された語に含まれている. すでに見てきたように，動詞では語末の音節に強勢があり，名詞ではラテン語系の接頭辞に強勢があるような2音節の動詞と名詞の対は非常に多い. 例：disˈcharge(動詞) 対 ˈdischarge(名詞)，exˈport(動詞) 対 ˈexport(名詞)，reˈsearch(動詞) 対 ˈresearch(名詞). 現代英語においてもなおこれらの語が形態的に複合であるのかどうかは判断がむずかしく，たとえば，export から ex- を取っても，port という動詞になるわけではないのだが，こうした語には確かに語源的には接頭辞であった要素が含

まれているのである．こうした動詞と名詞の対で，動詞では語末に，名詞では語源的な接頭辞に強勢があるという一般原則にあてはまらないケースもあり，de'bate, re'buke, su'pply は動詞・名詞ともに動詞的な強勢型，'combat, 'invoice, 'preface では動詞・名詞ともに名詞的な強勢型となっている．しかし，強勢型による動詞対名詞の区別は現代英語においても機能していると考えられ，このことは新造語の例に見ることができる．たとえば動詞 in'vite は原則に一致した強勢型で，これに対する名詞としては invitation が使われてきたが，もっとくだけた形の 'invite という名詞も作られている．興味深いのは，既存の動詞 in'vite からこの新しい名詞が作られた際に語強勢も移動して，'invite という名詞的な強勢型に一致するようになったことである．これは英語話者がこの名詞対動詞の強勢型の違いを承知していることの現れである．

8.6 複 合 語

　複合語とは，簡単にいえば，語基と接辞ではなくて，2 つの語から構成されていると分析できるような語のことである．たとえば，mole-hill は複合語だが boldness はそうではない(-ness は接尾辞であって，語ではない)．ここでは 2 つの要素からなる複合語に限定して述べていくこととする．英語の複合語強勢規則によれば，2 つの要素からなる複合語では最初の要素のほうが卓立している．したがって 2 語からなる複合語は，black bird(黒い鳥)のような名詞句や very tall のような形容詞句，kissed Mary のような動詞句，very slowly のような副詞句，into London のような前置詞句といった，2 語からなる句とは反対の強勢型を持つわけである．これらの句はどれも，英語の句強勢規則(第 9 章で再度扱う)に一致していて，より卓立しているのは 2 番目の要素である．最初の要素のほうが卓立している，複合語の通常の強勢型を持つ例には 'atom-ˌbomb, 'backˌdrop, 'blackˌbird, 'car-ˌpark, 'classˌroom, 'comeˌback, 'corkˌscrew, 'darkˌroom, 'dragonˌfly, 'filing ˌcabinet, 'flower-ˌbed, 'flowerˌpot, 'grammar ˌschool, 'handˌshake, 'high-ˌschool, 'make-ˌup, 'place-ˌname, 'social ˌlife, 'sex ˌlife, 'snowˌstorm, 'steamˌboat, 'textˌbook, 'woodˌpecker などがある．

　2 つの語が続いているときに，それが複合語なのか句なのか，どうしたらわかるのだろうか．もし 2 つの部分が flowerpot のように 1 語として書かれていたり，atom-bomb のようにハイフンがあれば，複合語であることはすぐにわかるだろう．しかし grammar school のように 2 つの部分が別々の語として書かれていると，それほど簡単ではない．(また，たとえば textbook,

text-book, text book のような書き方があるように，複合語の書き方も一様ではない．）多くの場合，複合語は句とは違った種類の語義（意味）を持っている．たとえば ˌblack ˈbird, ˌdark ˈroom, ˌgreen ˈhouse という句と，ˈblackˌbird, ˈdarkˌroom, ˈgreenˌhouse という複合語を比較してみよう．すべての（雄の）ˈblackˌbird は黒い鳥だが，ˌblack ˈbird（句：黒い鳥）がすべて ˈblackˌbird（複合語：クロウタドリ）であるわけではない．ワタリガラスやコクマルガラス，ウ（鵜）は ˌblack ˈbird（句）ではあるが，ˈblackˌbird（複合語）ではないのである．すべての ˈdarkˌroom はふつうは暗い部屋だが，すべての ˌdark ˈroom が ˈdarkˌroom（写真の現像のための暗室）であるわけではない．もしシャッターを閉めて明かりを消せば，私の書斎は ˌdark ˈroom（句：暗い部屋）にはなるが，ˈdarkˌroom（複合語：暗室）にはならないのである．ˌgreen ˈhouse（句）は緑色の家だが，ˈgreenˌhouse（複合語：温室）は家ではないし，白い色だということもあり得る．英語の歴史において，複合語というものはおそらく句から始まったのだろう．（雄の）ˈblackˌbird は確かに黒いし，ˈdarkˌroom はふつう，確かに暗い．そして ˈgreenˌhouse は家の形をした建物で，緑色の植物を栽培するところである．最初は句であったものが，やがて1つの単語となっていったのであろう．

8.6.1　複合語規則の例外

(a) 2つの部分からなる地名．　例： ˌBotany ˈBay, ˌBuckingham ˈPalace, ˌEast ˈAnglia, ˌLos ˈAngeles, ˌMount ˈEverest, ˌNew ˈYork, Niˌagara ˈFalls, ˌSan Franˈcisco.　　道路名も，ˌBlackberry ˈWay, ˌFifth ˈAvenue, ˌLondon ˈRoad, ˌMornington ˈCrescent, Mulˌholland ˈDrive, ˌPenny ˈLane, ˌPeyton ˈPlace, Traˌfalgar ˈSquare のようにこの仲間に入るが，Street で終わる多数の道路名だけは別で，筆者の故郷の町であるエディンバラでは ˌLondon ˈRoad（Road が卓立）のすぐ近くに ˈLondon ˌStreet（London が卓立）があるという具合である．

一貫して複合語強勢規則に反しているような複合語が何種類か存在しており，以下はその一覧である：

(b) 第二要素が分詞で，-ed, -en, または -ing で終わる複合語．-ed で終わるものが最も一般的である．身体の部位に関する表現が多く，中には特に比喩的な意味を持つものもある．例： ˌbare-ˈfaced, ˌbig-ˈeared, ˌbig-ˈheaded, ˌbroken-ˈhearted, ˌcack-ˈhanded, ˌdim-ˈwitted, ˌdouble-ˈjointed, ˌempty-ˈheaded, ˌeven-ˈhanded, ˌeven-ˈtempered, ˌfaint-ˈhearted, ˌfair-ˈhaired, ˌfar-ˈsighted, ˌflat-ˈchested, ˌflat-ˈfooted, ˌfleet-ˈfooted, ˌfoul-ˈmouthed, ˌgood-ˈnatured, ˌhard-ˈnosed, ˌhigh-ˈpitched, ˌhot-ˈheaded, ˌill-ˈdisposed, ˌill-ˈtempered, ˌkind-ˈhearted, ˌleft-ˈhanded, ˌlevel-ˈheaded, ˌlily-ˈlivered, ˌlimp-ˈwristed, ˌlong-ˈhaired, ˌlong-ˈlegged, ˌlong-ˈwinded, ˌnarrow-ˈshouldered, ˌold-ˈfashioned, ˌone-ˈeyed, ˌone-ˈlegged, ˌpig-ˈheaded, ˌred-ˈhanded, ˌred-ˈheaded, ˌsqueaky-ˈvoiced, ˌstrong-ˈminded, ˌstrong-ˈwilled, ˌthin-ˈlipped, ˌweak-ˈkneed, ˌweak-ˈwilled, ˌwrong-ˈfooted, ˌwrong-ˈheaded, ˌclean-ˈshaven, ˌlong-ˈproven, ˌsoft-ˈspoken, ˌclear-ˈthinking, ˌfar-ˈreaching, ˌgood-ˈlooking.

(c) 第一要素が材料を表しているような複合語. 例: ˌapple ˈpie, ˌbrick ˈwall, ˌcotton ˈsocks, ˌham ˈsandwich, ˌiron ˈfilings, ˌpaper ˈnapkin, ˌpork ˈpie, ˌolive ˈoil. これらは，形は似ているが第一要素が材料を表しているわけではないような，規則どおりの強勢型の複合語とは違うので注意しなさい. たとえば ˈpaper ˌclip は紙でできてはいないし，ˈcotton ˌreel は綿でできてはおらず，ˈolive ˌtree もオリーブでできているわけではない. なお米語では，このグループの複合語が第一要素に強勢を置いて発音されることもある.

(d) 第一要素が，第二要素を具体的，あるいは抽象的に位置づけているような複合語. 例: ˌApril ˈshowers, ˌChristmas ˈbreak, ˌevening ˈmeal, ˌmiddleˈclass, ˌsecond-ˈrate, ˌwinter ˈholiday.

(e) 2つの部分からなる，色を表す複合語. 例: ˌdark-ˈgreen, ˌdeep-ˈyellow, ˌlight-ˈgreen, ˌpale-ˈblue.

(f) 句動詞から派生した複合語. 句動詞から派生した名詞的複合語の例: ˌchucker-ˈout(chuck out から), ˌhanger-ˈon(hang on から), ˌpasser-ˈby (pass by から), ˌwashing-ˈup(wash up から). 句動詞から派生した，形容詞的複合語の例: ˌfinished-ˈoff(finish-off から), ˌknockedˈout, ˌpared-ˈdown (pare down から), ˌrolled-ˈup(roll up から), ˌtired-ˈout, ˌwipedˈout, ˌwrapped-ˈup(wrap up から).

8.7 ま と め

この章ではかなり多くの細かい内容を述べてきたので，ここでたくさんの詳細や例外を無視して重要な点だけをまとめておくと読者の役に立つかもし

れない．第 8 章で扱った各項目についてのとりあえずの要点をつかみさえすれば，詳細はこの章の各項を読めば理解できるだろう．

- 英語の語強勢は無原則的ではない．
- 英語のリズムは woman や battery のように強弱リズムである．
- 第一強勢の位置は語頭からではなく語末から数える．
- 英語では 2 つ以上の無強勢音節が語頭に連続することはない．
- ある英単語が別の英単語から派生して，その結果として第一強勢が移動する場合には，もとの語に第一強勢があった音節に第二強勢が置かれる傾向がある．例：ˌcharacteriˈzation.
- 第一強勢と第二強勢が隣接することを避ける傾向がある．例：ˌJapaˈnese.
- 英語の名詞・形容詞・副詞は主として基本的な強弱型だが，動詞にはそうでないものがたくさんある．
- 英語の接尾辞は，-ese や -ity のように第一強勢に影響を与えるものと，-ness のように影響を与えないものに分けられる．
- 第一強勢に影響を与える接尾辞には，-ese のようにそれ自身が第一強勢を持つものもあり，-ity のようにそうでないものもある．
- 分離可能な接頭辞は，ˌpre-ˈpay のように第二強勢を持つのがふつうである．
- 2 つの要素からなる複合語では，ˈdarkˌroom のように第一要素のほうが卓立するのが基本的な強勢型である．

注

1　こうしたフランス語由来の語尾に造語能力があって，その結果新造語が形成されるのであれば，その語は間違いなく形態的に複合である．たとえば，かなり最近の造語である ladette（英国では「女性の lad」：騒がしく，口汚く，大酒のみで性的にだらしのない若い女性）は形態的に複合の語である（ここで -ette は「小さい」ではなく「女性の」という意味である）．

2　cosmos という語があるのだから，cosmic のような語は形態的に複合であると論じることもできるだろうが，本書では現代英語には cosm- という形態素は存在せず，したがって cosmos も cosmic も形態的に単一であるという見方をとる．

3　しかしながら，kitchenette のような語が形態的に複合であるというのには十分な理由がある．なぜなら kitchen は明らかに形態素であり，そして kitchenette は確かに小さい kitchen だからである．

4 米語ではふつう，adult の語末の音節に強勢がある．

5 opacity という語ではまた，語基の強勢を持つ母音に [eɪ] から [æ] への交替も
　生じているが，この種の母音交替について，本書では詳しくは検討しない．

練習問題

1　Track 8.1 を聴き，以下の 2 音節語について第一強勢の配置が基本的な
　強弱型であるものはどれか答えなさい．基本的な強勢型に一致しない語に
　ついては，なぜそうなのか説明しなさい．🎧 Track 8.1

(a) famine	(b) Maltese	(c) migrate
(d) trainee	(e) winter	(f) explain
(g) silly	(h) compact（名詞）	(i) compact（動詞/形容詞）
(j) export（名詞）	(k) export（動詞）	(l) stumble
(m) fancy	(n) differ	(o) taboo
(p) gazette	(q) arcade	(r) burlesque

2　Track 8.2 を聴き，以下の多音節語の各語群について基本的なゲルマン
　語の強弱型であるのはどれか答えなさい．基本的な型に一致しない語群に
　ついては，なぜそうなのか説明しなさい．🎧 Track 8.2

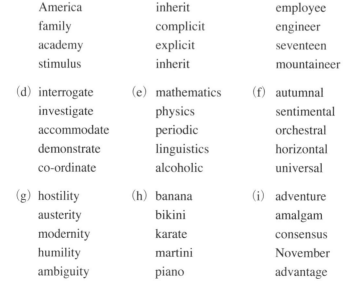

(a) factory	(b) develop	(c) kangaroo
America	inherit	employee
family	complicit	engineer
academy	explicit	seventeen
stimulus	inherit	mountaineer

(d) interrogate	(e) mathematics	(f) autumnal
investigate	physics	sentimental
accommodate	periodic	orchestral
demonstrate	linguistics	horizontal
co-ordinate	alcoholic	universal

(g) hostility	(h) banana	(i) adventure
austerity	bikini	amalgam
modernity	karate	consensus
humility	martini	November
ambiguity	piano	advantage

    (j) momentary
         secretary
         laboratory
         literary
         military

3   Track 8.3 を聴きなさい. どの名詞も英語への借用語で, 基本的なゲル
マン語の強勢型とは一致していない. それぞれの場合について, いかなる
意味でその強勢型が英語の名詞の語強勢配置の規則から見て例外的である
のかを述べなさい. 第一強勢と第二強勢は次のように示してある: hotel
[ˌhəʊˈtʰɛɫ](語末の音節に第一強勢, 語末から 2 番目の音節に第二強勢).
なお GA と RP で発音が異なる場合には RP を先に, GA をその後にして
[ˌhəʊˈtʰɛɫ]/[ˌhoʊˈtʰɛɫ] のように示す. 🎧 Track 8.3

    (a) hotel   ([ˈhəʊtəɫ]/[ˈhoʊtəɫ] ではなく [ˌhəʊˈtʰɛɫ]/ [ˌhoʊˈtʰɛɫ])
    (b) bouquet   ([ˈbuːkeɪ] ではなく [ˌbʊˈkʰeɪ])
    (c) bamboo   ([ˈbæmbuː] ではなく [ˌbæmˈbuː])
    (d) champagne ([ˈʃæmˌpeɪn] ではなく [ˌʃæmˈpʰeɪn])
    (e) bikini   ([ˈbɪkɪni] ではなく [bɪˈkʰiːni])
    (f) martini   ([ˈmɑːtini]/[ˈmɑɹtini] ではなく
                  [mɑːˈtʰiːni]/[mɑɹˈtʰiːni])
    (g) chorizo   ([ˈtʃɒɹɪzəʊ]/[ˈtʃɑɹɪzoʊ] ではなく
                  [tʃəˈɹiːzəʊ]/[tʃəˈɹiːzoʊ])

（注）bouquet は, bouquet garni（料理に使う香草の束）では語末ではなく語末
から 2 番目の音節に第一強勢を置いて発音される. これは弱強格反転（iambic
reversal）*8 の過程の結果であるが, この過程についてはのちに韻律構造を論
じる際に述べる.

4   非母語話者へ: Track 8.4 を聴いて, 各文を復唱しなさい.
    母語話者と非母語話者へ: 以下の各文の発音表記に, 第一強勢と第二強
勢を示しなさい. 🎧 Track 8.4

    例: Mary finds Bill's book uninterpretable. ˈmɛəɹi ˈfaɪndz ˈbɪɫz ˈbʊk
                             ˌʌnɪnˈtɜːpɹətəbɫ̩

    (a) Mathematics is incredibly difficult. mæθəmætɪks ɪz ɪŋkɹɛdɪbli dɪfɪkəɫt
    (b) My car was made in America. maɪ kɑː wəs meɪd ɪn əmɛɹɪkə

(c) His computer is Japanese. hɪz kəmpjuːtəɹɪz dʒæpəniːz

(d) Academic conversation is dull. ækədemɪk kɒnvəseɪʃn̩ ɪz dʌɫ

(e) The police will interrogate the detainees. ðə pəliːs wɪɫ ɪntɛɹəgeɪt ðə dɪteɪniːz

(f) They don't produce many exports. ðeɪ dəʊnt pɹədjuːs meni ɛkspɔːts

(g) They don't export much produce. ðeɪ dəʊnt ɪkspɔːt mʌtʃ pɹɒdjuːs

(h) I found the film rather sentimental. aɪ faʊnd ðə fɪɫm ɹɑːðə sɛntɪment̩ɫ

5   非母語話者へ: Track 8.5 を聴いて，各単語を復唱しなさい.
    母語話者と非母語話者へ: 音声にもとづいて，以下の英語の 2 音節語の
    各語群の語強勢の型を説明しなさい. 🎧 Track 8.5

(a) happen	(b) deny	(c) trainee
woman	inspect	bamboo
fancy	comply	bazaar
echo	expand	taboo
father	inflect	shampoo

(d) create	(e) product（動詞）	(f) produce（名詞）
migrate	export（動詞）	export（名詞）
locate	discharge（動詞）	discharge（名詞）
frustrate	object（動詞）	object（名詞）
narrate	contract（動詞）	contract（名詞）

6   Track 8.6 を聴き，以下の文のどこに韻脚の境界があるかを，音声にも
    とづいて説明しなさい（境界のある位置に縦線を記入すること）.
    🎧 Track 8.6

(a) Leave me alone!

(b) Leave me a slice!

(c) She left in a hurry.

(d) She lives in America.

(e) Put it in the refrigerator!

(f) John's a modern metrosexual.

(g) Clinton opposes militaristic solutions.

(h) Aude is a flexitarian.

■訳者注

*1　trochaic（強弱格）とは強勢のある音節に無強勢音節が1つだけ後続するものを指し，[ˌtʃɪkənmək] のように強勢のある音節に2つの無強勢音節が後続するものは dactylic（強弱弱格）と呼ぶのが一般的である．しかし本書における trochaic は後続の無強勢音節の有無あるいは数に関係なく，強勢のある音節で始まる韻脚すべてに対して使われている．8.3 を参照．

*2　moussaka はギリシャ料理の名前である．

*3　強勢のある音節に後続する無強勢音節が全くないような韻脚は spondee（強強格）と呼ぶのが一般的である．8.1 および訳者注 *1 を参照．

*4　「辞書的範疇」（lexical category）の語とは，明確な固有の内容である「辞書的意味」（lexical meaning）を持つ語で，しばしば「内容語」と呼ばれる語である．これに対して「非辞書的範疇」（non-lexical）の語とは，それ自体の意味が薄いかあいまいで，主として内容語どうしの関係を示すなどの「文法的意味」（grammatical meaning）を持つ語で，しばしば本文にあるように「機能語」と呼ばれる．なお，「辞書的範疇」「辞書的意味」「非辞書的範疇」は「語彙的範疇」「語彙的意味」「非語彙的範疇」ともいう．

*5　第一強勢の配置に関しては同じであるが，形容詞の場合は語末音節に強勢がないのに対して動詞では第二強勢があることが多いので，厳密には同じ強勢型とはいえない（例：deliberate（形容詞）/dɪˈlɪbəɹət/，（動詞）/dɪˈlɪbəˌɹeɪt/）．

*6　RP [ˈkʰʌmf(ə)təbɫ̩], GA [ˈkʰʌmf(ɚ)təbɫ̩] だが，RP のほうが [f] と [t] の間の母音が脱落して [ˈkʰʌmftəbɫ̩] と3音節になる傾向が強い．

*7　winter をこの例に含めたのは，GA など R 音性的な発音では [ˈwɪntɹ̩] のように音節主音的な [ɹ̩]（7.5 を参照）を含むという解釈によるものであろう．

*8　第9章では「リズムの反転」（rhythm reversal）という用語を使っている．

9
リズム・反転・弱化

9.1 強弱脚再考

第8章で述べたように，英語のリズムは強弱格である．すなわち，基本的なリズムの型は1つの強勢のある音節と後続の強勢のない音節（強勢のない音節が全くない場合も，複数の場合もある）によって構成される．たとえば made in a factory という句の韻律構造は [ˈmeɪdɪnəˈfæktəɹi] で，[ˈmeɪdɪnə] と [ˈfæktəɹi] が2つの強弱脚である．本書ではまた，academic [ˌækəˈdɛmɪk] におけるように，第二強勢を持つ音節も強弱脚を構成するとした．ここでは [ˌækə] [ˈdɛmɪk] が2つの強弱脚で，[ˌækə] の第二強勢が後続の無強勢音節と強弱脚を構成し，[ˈdɛmɪk] の第一強勢が後続の無強勢音節と強弱脚を構成する．

しかし韻脚が存在するという証拠は何だろうか．さらに，英語の脚はすべて強弱脚である証拠とは何だろうか．これから，こうした疑問に答えていくことにしよう．

9.1.1 強弱脚が存在する証拠(a)：脚韻

本書では，音節の構成要素で一般に韻部(rhyme)とよばれている部分について確認したが，この名称は適切ではない．この構成要素は，英語における脚韻(rhyme)の基盤となっているわけではないのである．bad と mad は確かに韻を踏むし，両方とも [æd] という韻部を含んでいるのではあるが，音節内の韻部を構成する音（この場合は [æd]）が同じでありさえすれば，その2語は韻を踏むのだと思い違いをしてはならない．witty と city の場合を考えてみよう．これらの2語は [ˈwɪti] [ˈsɪti] のように同じ種類の強弱脚を含むので韻を踏んでいる．明らかに頭部の子音は脚韻に関与しておらず，関与しているのは韻律構造であって，韻部を構成する各音もまた関与していない．entity は witty とも city とも韻を踏まないが，それは entity の韻律構造が

[106]

['ɛntɪti] であって，['ɪti] という韻脚を含んでいないからである．英語の脚韻は，強勢を持つ母音が同一であって，それに後続するすべての分節音も同一であるような2つ以上の強弱脚を基盤とする．[1] entity は，強勢を持つ母音がwitty, city と同一ではない．

　同様の理由で，phone ya (phone you)と pneumonia は韻を踏む．phone ya は RP で [ˈfəʊnjə], GA で [ˈfoʊnjə], pneumonia は RP で [njuˈməʊnjə], GA で [nuˈmoʊnjə] と発音されるが，[ˈfəʊnjə], [ˈfoʊnjə] は2語にまたがっているのに対して [ˈməʊnjə], [ˈmoʊnjə] は1つの語の一部であるので，この脚韻では基盤となる2つの強弱脚と語境界との位置関係は一致していない．

9.1.2　強弱脚が存在する証拠(b)：卑語の挿入

　bloody や f★king のような卑語をくだけた会話でよく使う話者は多い．これらの語はそれぞれ，標準的なゲルマン語の2音節の強弱脚 [ˈblʌdi], [ˈfʌkɪŋ] からなっている(f★king の語末を [n] で発音する英語話者も多く，また [n] が音節主音となった [ˈfʌkn̩] のこともある)．

　こうした語を統語構造の中で使用するパターンは，一般に考えられているのとは違って非常に複雑なのであるが，ここではその統語的な複雑さは無視して，こうした語が abso-bloody-lutely のように単語の内部構造に挿入され得るという事実に焦点を当てることとしよう．この例では形容詞 absolute から派生した副詞である absolutely に bloody が挿入されている．absolute [ˈæbsəluːt] は語末から3番目に強勢のある，英語の多音節語の基本的な強勢型を持っているが，強調された発音として，語末に第一強勢，語末から3番目に第二強勢のある [ˌæbsəˈluːt] も見られる．次の例のように，卑語が挿入され得るのはこのような強調形である．

A: Do you like Amy Winehouse?
B: Abso-bloody-lutely!

　読者が英語母語話者であるなら(そして一部の非母語話者も)，ab-bloody-solutely や absolute-bloody-ly などと答えることはあり得ないと同意するだろう．しかしなぜだろうか．答えは強弱脚の存在にある．こうした卑語は2音節の強弱脚であり，挿入する対象の語も強弱脚を含んでいる．卑語を挿入する際には，挿入対象の語の強弱脚を損なわないようにしなくてはならない．abso-bloody-lutely は連続した3つの強弱脚を持っており，2つの強弱脚の間にもう1つの強弱脚が挿入されて，absolutely の2音節の強弱脚の韻律構

造が損なわれずに保たれている.

9.1.3 強弱脚が存在する証拠(c): 新造語

　alcoholic, workaholic, shopaholic, sexaholic, chocaholic のように, 強弱脚を基盤とした新造語は多い. これらの新造語はどれも 1 つか 2 つ以上の, 既存の語からの類推にもとづいている. もし workaholic, shopaholic, sexaholic, chocaholic がどれも alcoholic からの類推にもとづいていると想定するなら, その類推の基盤は何なのかを問わねばならないが, この場合, それは alcoholic という語の形態的構造ではあり得ない. alcoholic は 語基 alcohol と接尾辞 -ic からなっており(すでに見たように, この接尾辞は alcohol [ˈælkəhɒł] の強勢を移動させる), もし形態的構造が類推の基盤であるのならば workic, shopic, sexic, chocic のような新造語となるはずである.

　こうした場合の類推は alcoholic [ˌælkəˈhɒlɪk] という, 2 音節の強弱脚 [ˌælkə] と [ˈhɒlɪk] の 2 つを持つ語の韻律構造にもとづいている. なぜ work, shop, sex, choc に a の文字をつけなくてはならないかというと, この文字が類推の基盤となっている alcoholic という語の最初の強弱脚にある母音のシュワー([ə])を表すからである. 英語の母語話者がこのような新造語を作り出すのは(はっきり意識していないかもしれないが), 自分たちの母語の韻律構造についての言語感覚を持っているからである.

　flexitarian(菜食主義者だが融通が効いて, 時々は肉も食べる人)や pescitarian(肉は食べないが魚や海産物全般は食べる人)のような, 現代の新造語を考えてみよう. これらの語は vegetarian(RP で [ˌvɛdʒəˈtɛəɹɪən])からの類推によって作られているのだが, vegetarian には 2 つの強弱脚 [ˌvɛdʒə] と [ˈtɛəɹɪən] が含まれる. flexitarian [ˌflɛksɪˈtɛəɹɪən], pescitarian [ˌpɛskɪˈtɛəɹɪən] が作り出されるような類推の過程を導いているのは vegetarian の韻律構造なのである.[2]

　最近の造語である metrosexual(大都市に住む, 自分の外見に意識過剰な異性愛者の男性)を考えてみよう. この場合は強弱脚が役割を果たしている. heterosexual は [ˌhɛtɹəʊˈsɛkʃəł] と発音されるが, ここでも強弱脚を基盤にした押韻のプロセスが働いている. 形態素 sexual [ˈsɛkʃəł] と同様に, 形態素 hetero も [ˌhɛtɹəʊ] のように 2 音節になり得ることを話者は承知しているのである.[3]

　最近の商品名である safetergent(洗剤名)は detergent(RP [dɪˈtʰɜːdʒənt], GA [dɪˈtʰɜrdʒɛnt])がもとになっている. この語の脚構造は, 語頭に脚外無強勢

音節があり，そのあとが強弱脚の RP ['tʰɜːdʒənt], GA ['tʰɜɪdʒnət] となっているので，この強弱脚に形態素 safe(['seɪf])を付け加えて safetergent(RP [ˌseɪf-'tʰɜːdʒənt], GA [ˌseɪf'tʰɜɪdʒənt])を作ることができる．

　kissagram(パーティなどで，電報のようなメッセージを配達して受取人にキスをする人)と stripagram(パーティなどで，電報のようなメッセージを配達してストリップをするプロの踊り子)も同様で，これらの語は telegram からの類推で作られているのだが，telegram ['tʰɛləɡɹæm] の韻律構造は語末から3つ目の音節に第一強勢がある点で，多音節語の基本的な強弱脚の構造と一致している．この語の形態的構造は tele＋gram なのであるが，新造語 kissagram, stripagram は kissgram や stripgram とはならない．なぜなら，これらの新造語は telegram の韻律構造をひな型としているからである．明らかに，英語の強弱脚はここで考察したすべての新造語に影響を与えている．

9.2　韻律構造の表示

　本書では第一強勢を示すのには academic の ['dɛmɪk] のように上付きの補助記号(')を，第二強勢を示すのには [ˌækə] のように下付きの補助記号(ˌ)を用いてきた．われわれの関心を単語レベルにとどめておくのであればこの方式で十分であるが，単語が連続して句になったときに，強勢のレベルと耳に聞こえる卓立の相対的な大きさがどのように作用しているのかを示そうとすると，この方式では不十分である．たとえば kangaroo court の場合，kangaroo という語が kangaroo court という句に現れると第一強勢と第二強勢が入れ替わる．court の単音節は kangaroo のどちらの強勢音節よりも強い強勢を受けるのに対し，kangaroo では [kʰæŋɡə] の脚は [ɹuː] の脚よりも卓立が小さい．したがってここでは3つの異なったレベルの卓立を扱うわけだが，これまで語強勢のために使用してきた2種類の補助記号でこれを表すのは困難なので，さらに別の表示の仕方が必要となる．

　本書では音節構造を枝分かれの構造という形で示した．多くの音韻論学者が脚構造も枝分かれ図で示している．本書では第一強勢または第二強勢を持つ音節はすべて S と表示し，これらは W と表示される，強勢を持たない弱音節にくらべて強いことを示す．こうして脚を構成している強勢のある音節と強勢のない音節を以下のように示すことができる．[4]

(1)
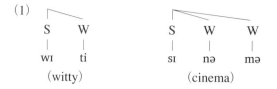

この図の表示における一番下のレベルは分節音のレベルである．そのすぐ上のレベルは音節である．このレベルにおいては，S の標示は強い（強勢のある）音節を，そして W の標示は強勢のない音節を表す．強勢のレベルとは相対的なものであることを心に留めておくことは大切である．強勢を持つある音節は絶対的に定義されるのではなく，別の音節との関係において，より強い強勢を持つか，より弱い強勢を持つかのどちらかなのである．

音節のすぐ上の表示レベル（この図の S と W の標示の上にある線）は，脚のレベルである．(1) の各語は単一の脚からなっていて，最初の語は 2 つに枝分かれした脚，2 番目の語は 3 つに枝分かれした脚からなっている．

単音節の辞書的な語には，定義上，強勢のある母音が 1 つ含まれる．われわれはこうした語には 1 つの枝分かれしない (non-branching) 脚が含まれるとみなすことにしよう．したがってこうした語を，枝分かれしない脚の節点の下にある，S 標示の（強勢があることを示す）音節を 1 つ持ったものとして以下のように示すことにする．

(2)

この図には 2 つの考えが示されている．1 つ目は，問題の音節に強勢があるということであり（S 標示），2 つ目は，強勢があることによってこの音節は 1 つの脚を構成し，この脚はたまたま，強勢を持たない後続音節がないために枝分かれ構造を持っていないということである．

代名詞（例：he, she, me, it），前置詞（例：in, on, at），冠詞（例：a, an, the），接続詞（例：and, but, if）のような，単音節の非辞書的な機能語*1 には，ふつうは強勢がない．したがってわれわれは，これを W 標示つきの音節を用いて以下のように示すが，W 標示の上のレベルに脚構造は示されない（脚は定義上，強勢のある音節を含まねばならないので）．

(3)

　強勢レベルの相対的な性質は，woodpecker のように第一強勢と第二強勢が両方ともあるような語において，はっきりと見ることができる．この語の語末から 3 番目の音節には語末から 2 番目の音節よりも強い強勢がある（語末から 2 番目の音節とくらべて強い）のは明らかである．また，語末の音節は語末から 2 番目の音節とくらべて強勢が弱いことも同様に明らかである．この音節には強勢がないので，弱音節なのである．したがってわれわれはこの語の脚構造を，最初の脚が 2 番目の脚より強いような 2 つの脚から構成されるものとして，次のように表すことができる．[5]

(4)
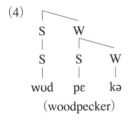
（woodpecker）

　S/W 標示が，脚の中の音節の強さと，連続した脚の強さの両方を示していることに注意しなさい．S/W 標示は最初の音節が 2 番目の音節にくらべて強いことを示し，同時にその上のレベルにおいては，最初の脚のほうが 2 番目の脚にくらべて強いことを示している．
　これに対して colonnade や kangaroo のような語においては，第二強勢のある音節の次に強勢のない音節，その次に第一強勢のある音節という順序になっているので，2 つの脚のうち，より強いのは 2 番目の脚である．

(5)
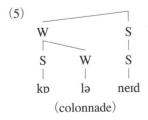
（colonnade）

第一強勢のある音節と第二強勢のある音節を含んでいるが，強勢のない音

112

節を含まない champagne のような語は，2 つの脚を持っていて，どちらの脚にも強い音節が 1 つしかない．しかし，片方の脚がもう一方の脚にくらべて強いので次のようになる．

(6)

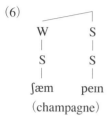

この語では 2 つの脚のうち 2 番目のほうが強いが，名詞の export のような語では，2 つの脚のうちで強いのは最初の脚のほうである．

(7)

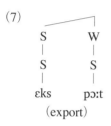

単音節の機能語はふつう，強勢を持たない（そのために W 標示しかつかない）ことを思い出そう．辞書的範疇の単音節語は，hit it の句におけるように，単音節の機能語とともに枝分かれ脚を形成することがある．したがって，hit it のような句は witty のような 1 つの語と全く同じ脚構造を持つ．

(8)

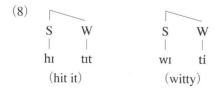

このように，われわれが脚と呼んできた構成要素は，そのまま語と重なり合うわけではない．すなわち，1 つの語に 2 つ以上の脚があったり，1 つの脚が 1 つの語の範囲を超えていたりするのである．さらにまた，語というものは余すところなく脚に分けられるとは限らない．たとえば America のような語は，強勢を持つ語末から 3 番目の音節と，それに後続する 2 つの無

強勢音節からなる1つの脚を含んでいる．そして，語頭の音節には強勢がなく，これは「遊離した」無強勢音節であって，語の一部をなしてはいるのだが，後続の3音節で形成される脚構造には組み込まれない（頭部子音に先行する /s/ が，語の一部でありながら音節構造に組み込まれないのといくぶん似ているともいえる）．

(9)

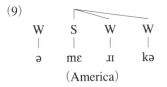

(America)

この語頭の「遊離した」無強勢音節は，上で論じた単音節の機能語に相当する．つまり，語のレベルでは脚構造に組み込まれないのである．英語の脚構造に対するこのような分析の仕方によれば，無強勢音節で始まる America, about, maroon のような語は，W 音節で始まる単一の脚からなっているのではない．英語における W-S 脚の存在をわれわれは否定するからである．こうした無強勢音節が脚構造[6] に組み込まれるのは，saw America のような動詞句の場合のように，語よりも大きい句などの単位のレベルにおいてしかあり得ない．

(10)

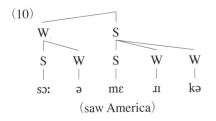

(saw America)

われわれは champagne や export のような語が2音節語で，2つの脚を持っていることを観察した．これらは maroon のような語とは基本的に異なっていて，maroon のような語も2音節語ではあるが，「遊離した」無強勢音節で始まっており，強勢のある音節からなる脚を1つだけ含んでいる．

(11)

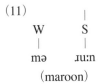

(maroon)

9.3 音韻的一般法則と脚構造

　音韻的構成要素として脚を設定した理由の1つは，音節構造に影響される音韻的一般法則があるのと同様，脚構造に影響される音韻的一般法則も存在するからである．アメリカ英語の多数の方言における**弾音化**(flapping)の一般法則，もしくは規則を考えてみよう．この一般法則の下では，/t/ と /d/ は Betty [bɛɾi] や bedding [bɛɾɪŋ] におけるように，母音間では歯茎単顫動音(tap)(弾音(flap)とも呼ばれる)として実現される．しかし，この規則は脚の境界が /t/ や /d/ に隣接する場合には適用されない．したがって，attacker や a tacker のような場合には，最初の母音と /t/ の間に脚の境界が介在するので，この一般法則が及ばないのである．

(12)

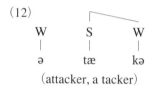

　　　(attacker, a tacker)

　先に述べたように，1つの脚は強勢のある1つの音節と，その直後に続くいくつかの無強勢音節からなっているのだとすれば，attacker のような語は，America の語頭の音節にあるのと同じような「遊離した」無強勢音節の先行する，1つの脚(強勢のある音節で始まる)を含んでいる．したがって，語頭の音節は /t/ の出現する脚の一部をなしてはいないのであるが，Betty のような語における最初の音節は /t/ の出現する脚の一部をなしている．

(13)

　　　(Betty)

弾音化は，hit it [hɪɾɪt] のように語の境界にまたがって形成された脚においても起こることに注意しなさい．

(14)
```
    S    W
    |    |
    hɪ   ɾɪt
   （hit it）
```

つまり，弾音化は語の境界や形態的構造の影響を受けず，弾音化の適用で問題となるのはむしろ脚の構造である．すなわち，弾音化は脚の内部においてのみ適用されるのである．

脚構造に影響されるとしばしばいわれるもう1つの一般法則の例は，気音の規則である．すでに述べたように，英語の無声閉鎖音に伴う気音にはさまざまな程度があるということを承知していなければならない．しかし，気音が最も強いのは，party や appearance におけるように，無声閉鎖音が脚の出だしに出現する場合である．(15)に，これらの語の脚構造を示す．

(15)
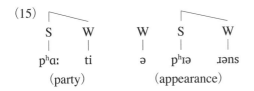

```
    S     W      W     S      W
    |     |      |     |      |
    pʰɑ:   ti     ə    pʰeɪ   ʂuɛɾ
   （party）          （appearance）
```

気音の一般法則は（ほかの位置においてもある程度の気音はあり得るが）脚の出だしにおいて適用される．

9.4　英語のリズム再考：強勢拍と好韻律性

第8章で見てきたように，英語のリズムは**強勢拍**（stress-timed）である．この意味は，英語話者の音声において規則的に繰り返される拍子（英語の音声のリズム）が強勢のある音節に置かれるということである．つまり英語における強勢のある音節は，だいたい等間隔に出現する．フランス語のような言語では各音節がだいたい等間隔に出現する（この種の言語はそのために，しばしば**音節拍**（syllable-timed）の言語であるといわれる）ので，この点で英語はフランス語のような言語とは異なるといわれることがよくある．

こうしたリズムの1つの結果が，英語の脚が強勢のある1つの音節と後続の無強勢音節の連続で構成されることである．たとえば heard in the park の句においては，heard の強勢のある音節に2つの無強勢音節が後続しており，

116

また heard it in the park の句では heard のあとに 3 つ，heard it in the an-nouncement の句では heard のあとに 4 つの無強勢音節が後続している．

英語ではかなり多くの無強勢音節の連続が許容されることはすでに述べたが，ここで言っておかなければならないのは，「理想的な」あるいは最適なリズム構造は，強い音節と弱い音節が S-W-S-W のパターンで交互に現れるような構造だということである．このような「正反対のものが交互に現れる」連続は知覚的な意味で最適だというのは事実のように思われる．つまり，そのほうが音声信号の解読が容易になるのである．そうした最適なリズム構造はしばしば，**好韻律的** (eurhythmic)構造と呼ばれる．このことから，最適な，すなわち最も好韻律的な脚構造は，強勢のある音節の右側に無強勢音節が 1 つだけあるような単純な S-W 構造ということになる．2 つ以上の W 音節があるような脚構造は，したがって，W 音節が 1 つだけの場合ほど好韻律的でも最適でもない．そして，無強勢音節の数が多いほど，脚の好韻律性と最適性は減少するのである．

好韻律性の優先は脚の連続にも及ぶ．S と W の脚連続もまた，それ以外の連続よりも好韻律的である．たとえば I want a cup of coffee の文では，動詞句の部分で 3 つの脚が S-W-S の連続をなし，それぞれの脚自体も S-W の音節の連続となっている．したがってこの文は音節連続のレベルでも脚連続のレベルでも好韻律的なのである．

(16)

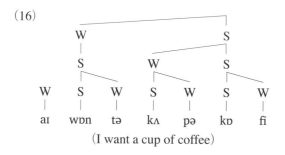

（I want a cup of coffee）

しかし多くの場合において，ある語連続がとうてい好韻律的とはいえない句を作り出す可能性もあり，実際 S 標示つきの脚が互いに隣接する可能性さえある．このことは，前に述べた black bird の句の場合のように，英語の句においては最も強い強勢を受けるのが最後の語であることから来ている．この**句強勢規則**(phrasal stress rule)は，slowly ate（動詞句），very yellow（形容詞句），into London（前置詞句），very slowly（副詞句）に見られるように，

英語のほとんどすべての種類の句にあてはまると考えられる．また，(16)
の例からわかるように，この規則は文のレベルにも適用されると思われる．
つまり，述語動詞句は先行の主語名詞句よりも強いのである．句強勢規則に
よって，互いに隣接するS標示つきの脚が生じてしまう場合には，「回避行動」
が可能であると思われる．いくつかの例を考えてみよう．

academic, Tennessee, champagne という語を取り上げてみよう．明らかに，
academic には語末から2番目の音節に第一強勢，語頭の音節に第二強勢が
あり，それ以外の音節には強勢がない．この語の脚構造は次のようになって
いる．

(17)

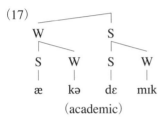

（academic）

Tennessee にも2つの脚があり，2番目の脚のほうが最初の脚よりも強い．
しかし，2番目の脚は強勢のある音節1つだけで構成されていて，後続の無
強勢音節はない．

(18)

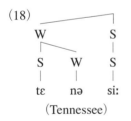

（Tennessee）

すでに見たように，champagne にもまた2つの脚があり，最初の脚は第
二強勢を持つ音節1つ，2番目の脚は第一強勢を持つ音節1つで構成されて
いる．

(19)

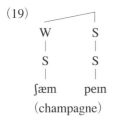

（champagne）

　上の 3 例では，いずれの語も 2 つの脚からなっており，2 番目の脚のほうが最初の脚にくらべて強い．しかし，これらの語が句の中に出現して，強いほうの脚に直接，別の脚の強勢のある音節が後続し，しかもこの音節のほうが必然的に先行の音節よりも強い強勢を受けるような場合には，一種の「強勢の衝突」(stress clash)が起こって，好韻律的な S-W の脚連続ではなくて，S-S の脚連続が生じる．このような状況では，**リズムの反転** (rhythm reversal)の規則が適用される．academic banter, champagne breakfast, Tennessee Williams のような句を考えてみよう．どの場合でも，句強勢配置の規則からは，2 つの語のうち，2 番目の語のほうが最初の語よりも強い強勢を持つことになっているのに注意しなさい．さらに，academic, champagne, Tennessee では第一強勢と第二強勢が逆になっていることにも注意しなさい．これはつまり，（以下の(20)で示されているような）耳に快くない構造が，(21)に示されているような，より好韻律的な構造に変えられたのである．

(20)

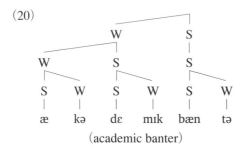

（academic banter）

(21)

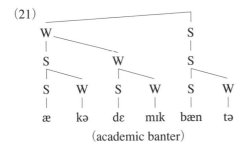

(academic banter)

　このリズムの反転の過程は，英語ではかなり規則的である．例はほかにも
Piccadilly 対 Piccadilly Circus, Heathrow 対 Heathrow Airport, Dundee 対
Dundee marmalade, thirty-four 対 thirty-four books, good-looking 対 good-
looking tutor など，簡単に見つけることができる．すでに見たように，英語
の句では，最も強い強勢を持つのは先行する修飾語ではなくて主要部のほう
である．リズムの反転は，弱―強の脚連続を含む語が，語頭の音節が脚の最
初の音節であるような(つまり，語頭の音節に強勢のある)もう1つの語と結
びついて句を形成する場合にはいつも生じる．ということは，リズムの反転
は，句という環境において，音節ではなく脚に作用して，弱―強の音節連続
ではなく弱―強の脚連続を反転させる．別の言い方をすれば，この反転の過
程は，第二強勢のある音節と第一強勢のある音節の連続の順番を，同じ句の
中で第一強勢のある音節が後続するときには逆転させるのである．
　maroon sweater の場合のように，無強勢音節と脚の最初の音節からなる
連続に対しては，反転は作用しない．maroon には脚が1つだけ含まれていて，
その脚は強勢のある音節1つだけで構成され，後続の無強勢音節はない．そ
して，この脚には「遊離した」無強勢音節(上の(9)に示したような，Amer-
ica の無強勢音節と同様の)が先行している．

(22)

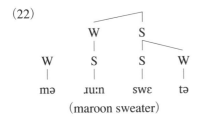

(maroon sweater)

　maroon sweater には S-S の音節連続は含まれるが S-S の脚連続は含まれ
ていないので，リズムの反転を受けない．このリズムの反転規則の効力が広

120

く行きわたっていることは，脚というものが英語の音韻における構成要素の1つとして存在している証拠になるのだと言われている．さらにまた，maroon のような語が反転を受けないという事実は，(a)英語の脚はつねに強勢のある音節で始まる，(b)英語の単語は必ずしも，あますところなく脚に分けられるわけではない，というわれわれの主張を裏づける証拠と考えることができる．言い換えれば，maroon のような語は W-S の音節連続を持つ1つの脚で構成されるというようには分析すべきものではないのである．

リズムの反転は音節連続のレベルではなく脚連続のレベルで作用するという主張は，good-looking tutor のような句でリズムの反転が作用するという事実によって立証される．この句は，反転の前には次のような構造を持っている．

(23)

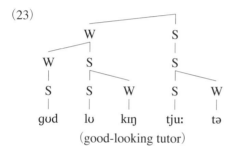

(good-looking tutor)

もし，反転が(脚ではなく)S 音節と W 音節の連続に作用するのであれば，S-W-S-W と交互になった構造を持つ looking と tutor の連続には影響を与えないはずである．S-W の順序が守られていないのは脚のレベルなのである．

反転の最も注目すべき一面は，反転が統語と音韻の相互作用の現れであるということである．反転が作用する条件の一部は英語に関する統語的事実によって決定されている．それは，英語の句においては修飾語はふつう，主要部に先行するという事実である．このことが，修飾語よりも主要部のほうが強い強勢を受けるという事実と結びついて，反転の現象をもたらす．

反転はまた，形態的構造とも相互に関係している．反転は，それ自体が強勢を受けるような接尾辞を含む語の内部においても作用するのである．New York という語を取り上げてみよう．この語は2つの脚からなっており，2番目の脚のほうが最初の脚よりも強い．

(24)

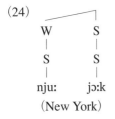

（New York）

　接尾辞 -ese は強勢を受ける英語の接尾辞の 1 つである．これは枝分かれ
しない 1 つの脚からなっており，これが New York に添加されると，その結
果生じる New Yorkese は W-S-S の連続をなす 3 つの脚からなっている．

(25)

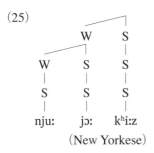

（New Yorkese）

この構造は反転の条件を満たしており，反転が適用される結果，New
Yorkese に見られる S-W-S の脚連続が生じるのである．
　academic banter（学問上のひやかし）のような句を，academic の語末から
2 番目の音節に第一強勢を置いて発音することも，もちろん可能である．そ
のように発音する場合には，この句のどれかの要素を何か別の可能性と対比
させているのが普通である．たとえば，adolescent banter（若者のひやかし）
のような別の種類の banter ではなくて，academic banter のことを言ってい
るのだと強調しているとも考えられる．しばしば**対比文強勢**（contrastive
sentence stress）あるいは**対比のイントネーション**（contrastive intonation; 詳
細については第 10 章を参照）と呼ばれるこの現象に関する最も重要な事実は，
これが談話現象（discourse phenomenon）であるということである．すなわち，
もし，リズムの反転を受けた形容詞の academic をほかのどのような可能性
と対比させているのかということが，話し相手に理解できるような適切な談
話の場でなければ，このような強勢の置き方をする意味がないだろう．次の
会話はその一例である．

(26) A: I do enjoy academic banter, you know.（リズムの反転あり）
 B: What kind of banter?
 A: ˌAcaˈdemic banter.（対比強勢．リズムの反転なし）

　しかしながら，banter の強勢のある音節は academic の第一強勢を持つ音節よりも強勢が弱いために，[7] この例における強勢型は，上の(20)に示されたものとは異なっている．こうした例からわかるのは，反転は韻律的現象であって，形態や統語とからみあっており，談話の文脈とは無関係に記述され得るものであるが，対比のイントネーションは談話の文脈からは独立して記述できない現象であるということである．このことは，音声の文脈と無関係に分析できる現象とそうでない現象を区別することが可能であり，また必要かもしれないということを示唆している．

注

1　不完全韻(imperfect rhyme)というものもあって，その場合は強勢を持つ音節に後続する分節音が類似してはいるが同一ではない．manner [ˈmænə] と banger [ˈbæŋə] はその一例で，鼻音の調音位置が異なっているから，banger ではなく banner であればそのほうが manner とうまく韻を踏むことだろう．しかし結局のところ，[n] と [ŋ] は両方とも鼻音で，非常によく似て聞こえるために，脚韻としてはさほど無理ではない．

2　ここにはまたほかの要素も働いていて，flexitime におけるような形態素 flexi の存在もその１つである（flexitime もまた overtime からの類推で作られた語で，flexi 自体は形容詞 flexible から来ているのだが，flexible の接頭辞は flex である）．pescitarian という語は「魚」を意味するラテン系の単語が一般に知られていることからできた語である．

3　この場合は，形態的構造と韻律構造が一致している．

4　本書で表示している韻律の枝分かれ図は，スペースがないために簡略化してある．韻律構造は音節構造によって決定されるので，厳密には以下のような，音節構造の枝分かれ図に基礎を置いた韻律の枝分かれ図を示すべきである．

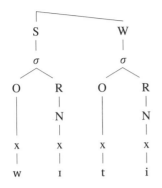

この章で用いられた枝分かれ図からは，韻律構造を決定する決め手となるのは音節全体ではなくて韻部の構造なのだということが，本当には読み取れない．しかし本書の目的のためにはこのような図で十分であろう．

5 辞書的範疇の単音節語の扱いにそろえて，本書では枝分かれしない脚にSの標示をつける．

6 英語では脚構造と語構造が必ずしも一致しないことは，歌を作る人たちに利用されている．彼らは統語（語と句），リズム（脚構造）と，頭韻・脚韻などの反復，脚構造や音素構造の反復にもとづいて歌を構成する．それゆえに manners ['mænəz], grammar ['gɹæmə], damn about（about の語頭の遊離した無強勢音節が damn に後続して ['dæmə] という脚ができる）を含むような反復が可能なのである．*2 これは語や句の構造の境界を越えて，音節構造と脚構造にもとづいた反復の一例である．したがって「脚韻」と呼ばれる反復は，本書で韻部と呼んでいる音節構成要素の枠組みを超えて脚構造にわたるのである．さらにまた，'Diamonds are a girl's best friend' の歌にある continental と rental の脚韻もその一例である．*3

7 これは談話の文脈の中で banter が「既出」（given）であるためで，このようなことはよく指摘されている．

練習問題

1 次の各語について韻律の枝分かれ図を描きなさい．まず脚構造を描くことから始めなさい．1つの語に脚が2つ以上あるときには，S/W あるいは W/S の上位枝分かれ構造を描いて，どちらの脚のほうが強いかを示しなさい．

   (a) pretty   (b) collided   (c) sentiment

124

(d) bat   (e) nightingale   (f) kangaroo

(g) rabbi   (h) contract

2　Track 9.1 を聴き，以下の句について音声のとおりに韻律の枝分かれ図を描きなさい． 🎧 Track 9.1

(a) sacked a worker (b) delighted agents (c) very pretty

(d) Piccadilly Circus（この最後の句については，リズムの反転が適用される前と後の図を示すこと．）

3　Track 9.2 を聴き，音声にもとづいて，以下の各語句について脚構造を説明しなさい． 🎧 Track 9.2

(a) an ill-advised decision

(b) a well-decorated bedroom

(c) West Hampton Wanderers

(d) a broken-hearted man

(e) fifteen dollars

(f) fifty pounds

(g) dark-green trousers

(h) champagne cocktail

4　表記練習

Track 9.3 の音声のとおりに，以下の各語について音節境界，第一強勢および（もしあれば）第二強勢も示して，できるだけ詳細に音声表記をしなさい． 🎧 Track 9.3

(a) rudimentary (b) unfriendliness (c) deconstructible

(d) opportunity (e) Chinese

訳 者 注

*1　第 8 章の訳者注 *4 を参照．

*2　英国のミュージシャン，Elvis Costello による ‘This Year's Girl’（1978）の歌詞の一部を指すのであろう．

*3　この歌は 1953 年の映画『紳士は金髪がお好き』（*Gentlemen Prefer Blondes*）の中で歌われた．歌詞の 2 連目で，pay the rental が 2 つの強弱脚の連続となって continental と脚構造が一致している．

10
英語のイントネーション

10.1　音調音節・音調・音調句

　われわれはよく，誰かが一本調子な話し方をするなどと言ったりするけれども，人間は一本調子な話し方をすることはない．われわれは皆，発話の際に抑揚をつけるので，イントネーションの音調曲線が生じる．しかし，イントネーションとは厳密には何なのだろうか．それは談話におけるピッチの変動の使用である．ではピッチとは何か？　ピッチは声帯の振動数の変動によって引き起こされる聴覚的印象である．イントネーションは，多くは2語以上からなる発話の全体にわたるピッチ曲線（音調）の使用である．たとえばMary went to the doctor. という発話では，第一強勢を持つ音節が3つある．すなわち Mary の語末から2番目の音節と，went の単音節，それに doctor の語末から2番目の音節である．しかし doctor の第一強勢を持つ音節にはさらにピッチの変動がある．この音節はほかの音節よりも知覚的に目立っていて，同じ発話内のほかの音節よりも持続時間が長く，音も大きい傾向がある．このような音節は**音調音節**(tonic syllable)と呼ばれる．[*1] 'tonic' という語はこの音節に**核音調**(tone)が置かれることを意味する．核音調とは，この音節に置かれるピッチの変動のことである．この例では，音調は**下降調**(falling tone)である．声帯の振動数はこの音節が発音されている間に減少して，その結果ピッチは高いほうから低いほうへ移行する．これを以下のように書き表すことにする．

（1）　'Mary 'went to the ⟍doctor. 🎧 Track 10.1

第8章で語強勢について見てきたように，'Mary と 'went の補助記号は後続の音節に強勢があることを示す．⟍doctor の下線はこの音節が音調音節である（したがって当然，強勢がある）ことを示し，前にある⟍の補助記号は下降調を示す．このような音調は平叙文，すなわち yes/no で答えるような疑問

126

を投げかけているのではなくて陳述をしているような文で代表的な音調である．英語にはほかの音調もあって，Is Mary pregnant? のような yes/no 疑問文（'yes' あるいは 'no' の答えを求めるような疑問文）では，音調音節に**上昇調**（rising tone）が見られるのが一般的である．上昇調は，以下のように書き表すことにする．

(2)　Is 'Mary ↗pregnant? 🎧 Track 10.2

ここでは Mary と pregnant の語末から 2 番目の音節に強勢があり，核音調は pregnant の強勢のある音節に置かれて，音調は上昇調である．

3 番目の音調は**上昇下降調**（rise-fall tone）で，次のようなやりとりに見られるように，ピッチは上昇してから下降する．

(3)　妻: Have you been 'seeing ↗Mary?
　　　夫: ↗↘No! 🎧 Track 10.3

上昇下降調は話し手の側の確実性，感嘆，強い確信，あるいは感情の強さを伝える．この場合は，夫は決して Mary と付き合ったりしていないと言っている．このイントネーションは，自分に向けられた言いがかりに対する全面的な否定を伝えているのである．

4 番目の音調は**下降上昇調**（fall-rise tone）で，次のようなやりとりに見られる．

(4)　妻: Have you been 'seeing ↗Mary?
　　　夫: ↘↗No! 🎧 Track 10.4

ここでは，2 番目の発話でピッチが下降してから上昇する．下降上昇調は話し手のためらい，不確実性，言い逃れ，留保などを伝える．この例では，夫の返答は不明瞭で率直さを欠いている．彼は自分が Mary と付き合っていたことを否定するか，あるいは自分のしてきたことは，実際には男女の付き合いという意味での seeing Mary にはあたらないのだと言おうとしている．

1 個の音調音節を含むような一続きの談話を**音調句**（intonation phrase: IP）と呼ぶが，ほかにも音調群（intonation group），音調単位（intonation unit），あるいは調子群（tone group）などの呼び方がある．また，呼気段落（breath group）と呼ばれることもあって，これはその間にわれわれが肺からの呼気を吐き出すような発話の単位であることから来ている．われわれが息を吸うために会話を中断するのは，音調句の最後であることはよくある．話者がこう

した単位の最後でいったん休止するのはふつうのことである.

　イントネーションには以下のような3つの性質があることが一般的に確認されている.

- ・発話のつながりは音調句(IP)という断片に区切られる.
- ・その断片の中の強勢のある音節の1つに核音調がある.
- ・音調音節に特定の音調が配置される.

これらはある程度単独の変動要素である. すなわち, どの音節に核音調を置くかは IP の境界がどこであるかとは関係がないかもしれず, また音調音節にどのような音調を配置するかは, どこに核音調をおくかとは関係がないかもしれない.

　(1)から(4)までの例では, 核音調は**最後の辞書的項目**[*2](last lexical item: LLI)と呼ばれるものに置かれている. 本書の語強勢についての論述にあったように, 語は辞書的範疇の語(ふつうは名詞, 動詞, 形容詞, 副詞)と機能語あるいは文法的語(冠詞, 接続詞, 前置詞, 代名詞のような語)に大きく分けられるということを思い出しなさい. 統語的単位における最後の辞書的項目(LLI)というのはしたがって最後の名詞, 動詞, 形容詞あるいは副詞ということになる. たとえば(1)の例では LLI は名詞の doctor で, (2)では形容詞の pregnant である. 以下の例で, (5)には動詞の LLI が, (6)には副詞の LLI が含まれている.

(5) My 'husband ＼cheats. 🎧 Track 10.5

(6) His 'lover 'walks ＼gracefully. 🎧 Track 10.6

LLI は IP の最後の項目とは限らない.

(7) 'Bill ＼gave it to her. 🎧 Track 10.7

ここでは最後の項目は代名詞で, 辞書的項目ではないので核音調を受けない. 最後から2番目の項目は前置詞であるから, やはり核音調を受けない. 最後から3番目の項目は代名詞で, これもまた核音調を受けない. gave が LLI であるのでここに核音調が置かれるが, gave は最後の項目ではない. このような場合, 核音調に後続する音節は IP の**尾部**(tail)を構成する. 音調音節での下降のあと, ピッチは低いままで残りの音節に尾を引くように移行する.

10.2　LLI 規則からの逸脱

　LLI 規則というのは，核音調の配置についてのデフォルトの規則である．
ここで「デフォルト」というのは，何も特別の事情がない場合に核音調が配
置される位置という意味である．コンピューターのデフォルト設定は，何ら
かの特別な目的のために故意に設定を変えないかぎり使用される設定のこと
だが，言語学における「デフォルト」はこれとかなり似ている．

　核音調が様々な理由でデフォルトの位置でないところに置かれるのは，英
語ではよくあることである．いくつかの例を見てみよう．

10.2.1　対比のイントネーション

(8)　話者 A: Mary 'gave 'John a ＼camera.
　　　話者 B: No, *she* didn't give it to *him*; *he* gave it to *her*. 🎧 **Track 10.8**
　　　(= ＼No | ＼she 'didn't 'give it to ＼him | ＼he 'gave it to ＼her)

　ここでは No のほかに 4 つの代名詞が核音調を受けることがイタリック体
で示されている（縦の線は IP の境界を示す）．John にカメラをあげたのが
Mary だったのではなくて，Mary にカメラをあげたのが John だったのであり，
camera という語の指示対象は，話者 A が話した時点で既知となっている．
John is taking the train to London. という文に対して出現し得る，以下のよ
うなイントネーション型について考えてみよう．

(9)　　'John is 'taking the 'train to ＼London. 🎧 **Track 10.9**
(10)　'John is 'taking the ＼train to 'London. 🎧 **Track 10.10**
(11)　＼John is 'taking the 'train to 'London. 🎧 **Track 10.11**

(9)では核音調が LLI の強勢を持つ音節に置かれていて，デフォルトの配置
型である．(10)では対比のイントネーションが見られ，列車が飛行機など
何かほかの交通手段と対比されている．(11)では，列車でロンドンに行くの
はほかの誰かではなくて John なのだということを話者は強調している．

　こうした核音調の配置は**焦点**(focus)と呼ばれるものに関係している．(9)
では内容のすべてが初出であるような陳述の**広焦点**(broad focus)が見られる．
こうした陳述ではいわば「青天の霹靂」のように，すべての情報が新情報と
して述べられているので，発話の中のあらゆる項目に焦点が当てられるので
ある．

　(10)では会話の相手は John がロンドンに行くことをすでに承知していて，新しいのは交通手段に関する情報である．このような焦点は**狭焦点**(narrow focus)と呼ばれる．

　(11)では会話の相手は誰かが列車でロンドンに行くことは承知していて，誰が行くのかを知らされている．これもまた狭焦点のケースである．狭焦点は**既知の情報**[*3] と新情報の区別(given/new distinction)に関連している．既知の情報は共有された知識であり，話し手と聞き手の両方が承知しているが，新情報は，話し手と聞き手にまだ知られていない情報である．

　核音調は，対比のためにはほぼどの音節にも移動が可能であり，その中には接辞も含まれる．次の例は 2010 年の英国の David Cameron 首相のことばである．

　(12)　It's not ＼unemˈployment that will be creˈated.｜It's ＼emˈployment.

通常であれば We're ˈtrying to creˈate em＼ployment. のようになって，employment も unemployment も語末から 2 番目の音節に第一強勢を持つ．ここでは首相は employment と unemployment を対比している．この例から，特定の語を際立たせてもう一方の語と対比しようとする場合には，核音調は LLI 以外に配置され得るし（最初の IP では unemployment），接辞(unemployment の un-)でさえも核音調を受けることがあるのがわかる．

10.2.2　既知の情報

　LLI 規則が破られるようなもう 1 つの状況は，既知の情報と新情報の概念に関係している．以下のやりとりを考えてみよう．

　(13)　A: We need tomatoes.（We ˈneed to ＼matoes）
　　　　B: We've *got* tomatoes!（We've ＼got toˈmatoes）🎧 Track 10.12

tomatoes という語は最初の陳述文で与えられている．すなわち，この語はすでに出てきているので，この語が伝えるのは既知の（会話の当事者たちの間で共有されている）情報である．したがって核音調は LLI(tomatoes)から離れて，got に置かれる．今度は次の例を考えてみよう．

　(14)　In ＼most cases,｜we aˈpply the ＼rule,｜but in ＼some cases,｜we ＼don't.🎧 Track 10.13

ここでは，最初の IP の LLI(cases)はこの発話の前後関係から与えられている．

つまり，われわれが(14)のような文を口にする場合には，相手はどのようなルールであるのか，そしてどのようなケースが話題になっているのかを承知しているはずである．

同義語も既知の情報を伝えているとみなすことができる．

(15)　A: She's 'borrowed Jane's ↘frock.
　　　B: ↘No,|it's ↘Mary's 'dress. 🎧 Track 10.14

ここでは dress という語は与えられていないのだが，意味は同義語の frock を通じて与えられている．

前提(presupposition)が核音調の配置によって伝達されることがある．

(16)　A: Have you 'spoken to ↗John?
　　　B: I don't ↘speak to 'racists. 🎧 Track 10.15

B は「John が人種差別主義者である」のは既知の情報であることを前提としている．そのため，核音調は LLI の racist から，その前の辞書的な語に移動する．このようにして，John が人種差別主義者であるかどうかには疑問の余地があるのに，そうであるという前提を聞き手に押しつけることができるのである．

ここで speak という動詞は既出であるにもかかわらず，核音調を受けていることに注目しなさい．対比のイントネーションのために，既知の情報に核音調が配置されることがある．

(17)　A: He's 'going to ↘Paris.
　　　B: He's not 'going to ↘Paris.|He's 'going to ↘London.
　　　🎧 Track 10.16

既知の情報は，何百万という人々によって共有されることもあり(たとえば Barack Obama がアメリカ合衆国の大統領に選ばれたという事実のように)，たった2人の人間(たとえば夫婦)によって共有されることもある．

10.2.3　時を表す文末の副詞類

副詞として機能するような統語的単位の中の LLI で，時に関する情報を伝えている項目は核音調を受けないのが一般的である．

(18)　'John's 'going to ↘London on 'Saturday. 🎧 Track 10.17

ここでは Saturday が LLI だが前置詞句の on Saturday が時を表す文末の副
詞類であるので，この副詞類の中の LLI は核音調を受けない．もし Satur-
day に核音調を置けば，対比のイントネーションになってしまう.

　(19)　'John's 'going to 'London on ↘Saturday.　🎧 Track 10.18
　　　　（別の曜日と対比）

文末の時を表す副詞類が文の始めに置かれた場合は，単独の IP を構成する
ことが多い.

　(20)　On ↗Saturday, | 'John's 'going to ↘London.　🎧 Track 10.19

10.2.4　「出来事」文

　これらはなかなか面白い文である．自動詞を含む短い陳述文であるが，核
音調は LLI である自動詞には置かれない.

　(21)　(a)　The ↘kettle's 'boiling.
　　　　(b)　The ↘baby's 'crying.
　　　　(c)　Your ↘house is on 'fire.
　　　　(d)　The ↘sun's 'come 'out.　🎧 Track 10.20

核音調は LLI の boiling, crying, fire そして不変化詞の out に置かれそうな気
がすることだろう（LLI については上記を，自動詞としての句動詞について
は下記を参照．なお，自動詞としての句動詞では，核音調は不変化詞に置か
れると考えられている）.
　このような文の主語は人間の動作主ではないことがわかっているが，どう
してそのことが核音調の配置に影響を及ぼすのかは，明らかというにはほど
遠い.[4] このような場合の主語には語用論的前景化（pragmatic foreground-
ing）が働いているように思われる.

10.2.5　頻繁に核音調を持つ非辞書的な項目

　非辞書的な someone, something, somewhere, somebody に対応する否定語
句（no one, nothing, nowhere, nobody）はしばしば核音調を受ける.

　(22)　(a)　I 'saw ↘no one.
　　　　(b)　I've 'done ↘nothing.
　　　　(c)　We're 'getting ↘nowhere.

      (d) This ˈinterests ↘nobody.　🎧 Track 10.21

非辞書的な項目である someone, something, somewhere, somebody に核音調を置くことも可能だが，それは対比のイントネーションの場合に限られる．

(23)　A: I ˈsaw the ˈneighbor in the ↘pine grove this ˈmorning.
      B: You ↘couldn't have. | He's in ↘Paris ˈright ˈnow.
      A: Well I ˈsaw ↘someone.　🎧 Track 10.22
      （すなわち，隣の人ではなくて誰か別の人）

　非母語話者は，one や do so のような代用形は辞書的項目ではないことに注意する必要がある．次の例のように，代用形は既知の情報を伝えるので通常は核音調を受けない．

(24)　(a)　A: I ˈwent ˈlooking for a ˈbottle of ↘wine.
          B: Did you ↗get one?
          A: ↘Yes.
    (b)　ˈMary ˈdrank some ↘wine | and ↘Bill did so too.
      🎧 Track 10.23

10.2.6　分裂文

分裂文は以下のような形をとる．

(25)　It's *Scotsmen* that wear kilts.
      It was *Bill* that did it.

分裂文は，ある統語的構成要素を際立たせる，あるいは焦点を当てる1つの方法である．たとえば，

(26)　I ˈlove ↘John.

と言ってもよいのだが，分裂文なら John と John 以外の人との対比がより強調される．

(27)　It's ↘John that I ˈlove.　🎧 Track 10.24

LLI は love なのだが，核音調は際立たせられた項目に置かれる．ここでは，際立たせられた項目に後続する部分は IP の尾部を構成する．聞き手は，話し手が誰かを愛していることを知っており，このことは既知の知識であるの

で，それ以上の核音調は必要がない.

10.2.7　直示表現

直示的 (deictic) とは「指示に直接関わっている」という意味で，話しながら実際に何かを指さすか，あるいは指をささずに何かについて誰かの注意を促すかのどちらかである. 英語の直示表現は指示語 this, that, these, those を含む. これらの語は機能語の仲間なので，以下の疑問文のように LLI 規則が適用される場合には核音調を受けない.

(28)　(a)　Could you ↗give me that?
　　　(b)　Can I have ↗five of those? 🎧 Track 10.25

このような発話では，that や those が何を指すのかが前後関係から明らかである(最初の例では，母親が子供にナイフを渡してくれと言っているのかもしれず，2 番目の例では買い物客が店員にオレンジを 5 個欲しいと言っているのかもしれない).

　もし指示されるものがはっきりと口に出して言われれば，次の例のように LLI 規則によってその名詞に核音調が置かれることになる.

(29)　(a)　Could you 'give me that ↗knife?
　　　(b)　Can I have 'five of those ↗oranges? 🎧 Track 10.26

指示詞が対比的に用いられている場合には，以下のように核音調が指示詞に置かれることもある.

(30)　(a)　Could you 'give me ↗that 'knife?
　　　　　(どれかほかのナイフに対して)
　　　(b)　Can I have 'five of ↗those 'oranges? 🎧 Track 10.27
　　　　　(なにかほかの種類のオレンジに対して)

10.3　IP と統語的単位

10.3.1　通常，単独の IP を構成する統語的単位

　10.1 の (1) から (3) の例にある比較的短い主節などのように，通常，単独の IP を構成する統語単位がある. こうした例ではイントネーションと統語単位がぴったり合っているが，節と IP の伝達する情報の断片が一致してい

るのだから，これは驚くようなことではない．次に，通常単独の IP を構成するようなほかのさまざまな統語単位を検討することにしよう．

10.3.1.1　挿入語句

挿入語句による情報は，話し手によって提供される付加的な任意の情報である．もし挿入語句が統語構造から削除されても，その統語構造は文法的に適格なままである．いくつかの種類の挿入語句を見てみよう．

非制限的関係節

(31)　The 'guys in the ＼car, | who were ＼hungry, | 'ate some ＼sandwiches. 🎧 Track 10.28

ここでは IP の境界と，文字で書かれたこの文のカンマの位置が一致している．核音調は各 IP の LLI，すなわち car, hungry, sandwiches に置かれる．伝達される意味は，車内の男性は全員空腹だったということである（それだから「非制限的関係節」というわけで，指示対象の範囲は制限されない）．

制限的関係節

制限的関係節は通常は挿入語句とはみなされず，したがって次の例のように通常は単独の IP を構成しない．

(32)　The 'guys in the 'car who were ＼hungry | 'ate some ＼sandwiches. 🎧 Track 10.28

最初の例では IP が 3 つあるのに対して，2 番目の例では 2 つしかない．主語としての名詞句は長いので単独の IP を構成できるほどだが，この名詞句内の制限的関係節は単独の IP を構成しない．(31) と (32) の意味の違いは，(32) では必ずしも車内の男性全員が空腹だったとは限らないということで，「車内の空腹の男性」に意味が限定されるのである．

同格の名詞句

複数の名詞句が同一指示的であるとき，すなわち同一の人物またはものを指すのに用いられている場合には，それらは同格であるという．

(33)　'Barak O ＼bama, | a 'Democrat poli ＼tician, | is in ＼telligent. 🎧 Track 10.29

ほかの挿入語句

(34) ↘↗Mary, | you're not 'going to be↘↗lieve this, | but 'Jane is ↗↘pregnant! 🎧 Track 10.30

　挿入語句は，その前後の IP よりも低いピッチで発音されることに注意しなさい．Track 10.28 から 10.30 までを注意深く聴けば，それが聴きとれるはずである．

10.3.1.2 等位構成要素

(35) (a) 'Mary 'moved to ↘Paris | but 'John 'stayed in ↘London.
　　　　 （文の等位接続）
　　 (b) 'John 'went to the ↘pub | and 'ordered a ↘beer.
　　　　 （動詞句の等位接続）
　　 (c) She's 'very ↘tall | and 'very ↘pretty.
　　　　 （形容詞句の等位接続）
　　 (d) His 'wife 'dresses 'very ↘well | and 'very ↘quickly.
　　　　 （副詞句の等位接続）
　　 (e) It's 'either 'in the ↗fridge | or 'on the ↘table.
　　　　 （前置詞句の等位接続）
　　 (f) He 'bought the 'house on the ↗hill | and the 'woods in the ↘valley. （名詞句の等位接続）🎧 Track 10.31

しかし構成要素が短い場合には，別々の IP は必ずしも必要ではない．

(36) (a) She's 'tall and ↘lanky. （形容詞の等位接続）
　　 (b) He 'stopped and ↘stared. （動詞の等位接続）
　　 (c) He 'bought 'milk and ↘cheese. （名詞の等位接続）
　　　　 🎧 Track 10.32

このことは，等位接続された要素が語彙化されて（辞書的な項目になって），1 つのものを指すとみなされるようになった場合にはとりわけ顕著である．

(37) (a) 'fish'n' ↘chips
　　 (b) 'beer and ↘skittles
　　 (c) 'strawberries and ↘cream 🎧 Track 10.33

等位接続された項目で，1 つのものあるいは単位と感じられるものを指す別

の例は，イギリスのパブの名前である．

(38) (a) The 'Dog and ↘Duck
(b) The 'Fox and ↘Hounds

カップルの名前も同様である．

(c) 'Bill and ↘Mary 'Jane and ↘Clive 🎧 Track 10.34
（カップルたちは「1つの項目」と考えられている）

10.3.1.3 リストの項目
リストの中の項目は通常，単独の IP を構成する．

(39) He 'bought ↗eggs, | ↗milk, | to↗matoes | and ↘ham.
🎧 Track 10.35

リストの最後の項目以外は上昇調をとることが多く，リストがまだ終わって
いないことがそれでわかる．

10.3.1.4 従属節
文中に従属節があるとき，節の境界と IP の境界が一致していることが多い．

(40) (a) I'll 'buy the 'fish'n' ↘chips | when I 'go to the ↘shops.
(b) I 'told the 'new re'cruit to the ↘company | that he was ↘fired.
🎧 Track 10.36

もし従属節に先行する部分が比較的短いと，従属節は単独の IP を構成する
必要がない．

(41) I 'think she's been ↘sacked. 🎧 Track 10.37

10.3.1.5 文修飾副詞類
副詞句は当然ながら副詞の機能を持つが，ほかの句，とりわけ前置詞句も，
副詞の機能を持つことがある．
(42a) のような動詞句を修飾する副詞類と，(42b) のような文修飾副詞類
は区別されるのがふつうである．

(42) (a) John went to the interview hopefully.

    (b)　John went to the interview, hopefully.

(42a)では John が希望を持っていたのであり，(42b)では話し手が希望を持っている．

  (42b)は，文修飾副詞を文頭に置いて書き換えが可能であることに注意しなさい．

    (c)　Hopefully, John went to the interview.

いずれの場合でも，文修飾副詞は単独の IP を構成し，下降上昇調の音調を持つ．

  (43)　(a)　↘↗Hopefully, | 'John 'went to the ↘interview.
       (b)　'John 'went to the ↘interview, | ↘↗hopefully.
       🎧 Track 10.38

10.3.1.6　擬似分裂文

擬似分裂文は What he needs is a bath. のような統語形式をとり，2 つの単独の IP を構成するのが一般的である．

  (44)　What he ↘↗needs | is a ↘bath.　🎧 Track 10.39

10.3.1.7　The . . . is is that の構文

  (45)　(a)　The 'thing ↘↗is | is that she's ↘pregnant.
       (b)　The al'ternative ↘↗is | is that we'll have to be'come more in-'volved in ↘Europe.
       (c)　My con'cern ↘↗is | is that it's 'got 'too ↘big | 'too ↘quickly.
       (d)　The 'fact of the 'matter ↘↗is | is that the 'way it is ↘run | is 'too ↘complex.
       (e)　The 'good 'news ↘↗is | is that they're 'lending to 'small ↘busi-nesses.　🎧 Track 10.40

この構文は，英語のあらたまった話しことばでもくだけた話しことばでも非常に広く使われている（これらの例の大半は BBC テレビでの，イギリスの政治家たちに対する公式のインタビューから取ったものである）．最初の is のあとに IP の境界を置かないこともできるが，標準的ではない．

138

10.3.2　通常，単独の IP を構成しない統語的単位
10.3.2.1　伝 達 節
伝達節は小説に非常によく出てくるが，日常会話でも同様である．

(46)　I'm ↘tired, he said. 🎧 Track 10.41

ここでは，音調音節の下降調がそのままの高さで伝達節(he said)に続いて行く．

しかし，伝達節で単独の IP を構成することもできる．(47a)と(47b)を比較しなさい．

(47)　(a)　He's re↘tired, I think.
　　　(b)　He's re↘tired, | I ↘think. 🎧 Track 10.42

(47b)は(47a)にくらべると確信の度合いが低い．

10.3.2.2　主語としての名詞句
(48)　The 'old 'man 'kicked the ↘dog. 🎧 Track 10.43

しかし，上で見てきたように，主語としての名詞句が長ければ長いほど，単独の IP が構成される可能性が高くなる．

10.3.2.3　主語としての名詞句内の制限的関係代名詞節
ここに再掲する(32)の例で見たように，通常は単独の IP を構成しない．(主語としての長い名詞句は単独の IP を構成するが，関係詞節はそのようなことはない)．

(32)　The 'guys in the 'car who were ↘hungry | 'ate some ↘sandwiches.
　　　🎧 Track 10.28

10.3.3　単独の IP 構成の有無が意味に左右されるような統語的単位
10.3.3.1　付加疑問文
逆極付加疑問文

逆極(reverse polarity)とは，以下の例のように始めの部分が肯定で疑問付加部が否定，あるいはその逆であることを意味する．

(49)　(a)　You're going to do this, aren't you?

    (b)　You're not going to do this, are you?

逆極付加疑問文のイントネーションは以下のような仕組みになっている．すなわち，疑問付加部で単独の IP を構成して下降調で発音すれば，相手の同意を誘う付加疑問文になる．

(50)　(a)　You're 'going to ↘do this, | ↘aren't you?
      (b)　You're not 'going to ↘do this, | ↘are you?　🎧 Track 10.44

疑問付加部が上昇調の場合，単独の IP を構成しないこともある．

(51)　(a)　She's 'coming to the ↗party, isn't she?
      (b)　She's not 'getting ↗married, is she?　🎧 Track 10.45

ここでは疑問付加部が IP の尾部の一部となっているが，このような疑問付加部が単独の IP を構成することもある．*5

(52)　(a)　She's 'coming to the ↗party, | ↗isn't she?
      (b)　She's not 'getting ↗married, | ↗is she?　🎧 Track 10.46

伝達される意味には微妙な違いがある．(51a)では，話し手は彼女がパーティに来るかどうか完全には確信していない．(51b)では話し手は驚き，あるいはさらに驚愕を表しているかもしれず，(52a)(52b)では(51a)(51b)にくらべてはるかに確信の度合いが低く，質問の要素が強い．

10.4　核音調の配置・IP の境界と統語構造

10.4.1　句 動 詞

  英語の句動詞は 2 つの部分からなっている．最初の部分はふつうの動詞のように見えて，2 番目の部分は前置詞のように見え，これはしばしば不変化詞と呼ばれている．他動詞的にも（つまり He chatted up the waitress の the waitress のように，直接目的語を従えて），また自動詞的にも（つまり，He backed down におけるように，直接目的語を必要とせずに）用いられる．句動詞は非常に数が多く，口語英語に現れる頻度も高いので，英語を外国語として学ぶ学習者はこのような句動詞のイントネーションを習得するのが賢明である．

140

10.4.1.1　他動詞的な句動詞

　もし直接目的語の名詞句が句であれば，核音調は名詞句の主要名詞（主要名詞とは名詞句の中で意味的にもっとも卓立した名詞のことである）に置かれる．[6]

(53)　(a)　He 'chatted 'up the ↘waitress.
　　　(b)　He 'chatted the ↘waitress 'up.

直接目的語の名詞句が代名詞であれば，核音調は不変化詞に置かれる（不変化詞は通常，直接目的語の直後に移動している）．

　　　(c)　He 'chatted her ↘up. 🎧 Track 10.47

10.4.1.2　自動詞的な句動詞

　不変化詞に核音調を受ける．

(54)　He 'backed ↘down. 🎧 Track 10.48

しかし，自動詞的な句動詞を含む短い文の中には「出来事文」（上記 10.2.4 を参照）が数多くあって，そのような場合には核音調は文頭に近い位置になる．

(55)　(a)　The ↘plane 'blew 'up.
　　　(b)　The ↘car 'broke 'down. 🎧 Track 10.49

10.4.2　程度副詞類

　程度副詞類の中で最も中心的なのは very である．この語は以下のように形容詞句の中の形容詞，副詞句の中の副詞を修飾する．

(56)　(a)　He's very ↘tall.（形容詞句）
　　　(b)　He 'talks very ↘slowly.（副詞句）🎧 Track 10.50

程度副詞にはほかにも以下の例のように so, incredibly, 軽い卑語 bloody や，もっと過激な f で始まる卑語がある．

(57)　(a)　He's so ↘stupid.
　　　(b)　He's in'credibly ↘arrogant.
　　　(c)　He's 'bloody ↘good. 🎧 Track 10.50
　　　(d)　He's 'f*cking ↘good.

しかし，以下のように強調のために程度副詞類に核音調が置かれることもある.

(58)　(a)　He's ↗↘so 'stupid!
　　　(b)　He's in↗↘credibly 'arrogant!
　　　(c)　He's ↗↘bloody 'good!　🎧 Track 10.51
　　　(d)　He's ↗↘f*cking 'good!

日常会話では so が動詞句を修飾する副詞類として用いられることがあり，その場合には感嘆の核音調*7 を受ける.

(59)　(a)　A (C に対して): Has 'anyone ever ↘told you | that you've 'wasted your ↗life?
　　　　　B:　You ↗↘so 'haven't!
　　　(b)　A: 'Why do 'men 'dress up as 'women at 'fancy ↘dress 'parties?
　　　　　B:　They ↗↘so do!
　　　(c)　I'm ↗↘so not 'shining 'shoes! (話し手は靴を磨くことを拒絶している)
　　　(d)　'You two are ↗↘so 'going 'out with the 'wrong 'men.
　　　(e)　That's ↗↘so not 'cool, 'Carol.　🎧 Track 10.52

10.5　核音調と統語構造

10.5.1　WH 疑問文
WH 疑問文は通常，下降調である.

(60)　'Where are you ↘going?　🎧 Track 10.53

しかし，オウム返しに(echoically)問い返す場合には以下のようになる.

(61)　A: I'm 'moving to ↘London.
　　　B:　↗Where are you 'moving to?　🎧 Track 10.54

話し手Bは A の言ったことをちゃんと聴きとれなかったか，あるいは信じられないという気持を表しているのかのどちらかである．BのWH疑問文は，A の言ったことの一部または全部をこだまのように繰り返すので'echoic'と

呼ばれる．IP の尾部において，尾部の前の音調音節が下降調であるときに音調が低いまま尾を引くように残りの音節に続いて行くのに対して，ここでは音調が尾を引くように上がり続けていくことに注意しなさい．

10.5.2　疑問文として用いられる平叙文

　yes/no 疑問文は，次の例のように主節の最初の助動詞と主語である名詞節の順序を入れ替えて，文法的に作ることができる．

(62)　(a)　Have they 'found your ↗mobile?

これに対応する平叙文は本来，下降調である．

　　　(b)　They've 'found your ↘mobile.

しかし，平叙文の統語構造はそのままで，下降調の代わりに上昇調の音調を LLI に置くことによって疑問文にすることができる．

　　　(c)　They've 'found your ↗mobile? 🎧 Track 10.55

平叙文は下降上昇調で発音されることもある．

(63)　A:　They've 'found my ↗↘mobile!
　　　B:　They've 'found your ↘↗mobile? 🎧 Track 10.55

下降上昇調を用いることによって，B は携帯電話が見つかったこと，あるいは見つかったのが何かほかのものではなくて携帯電話であったことに対する驚きを表している．

10.6　核音調の配置と談話的文脈

10.6.1　呼びかけ

　呼びかけの表現は，相手に話しかけるのに使われる．次の例は，Nick という友人に電話をかけた話し手が留守番電話に残したメッセージからの抜粋である．

(64)　(a)　Nick, it's me.
　　　(b)　It's me, Nick.

ここでは話し手は，相手 (Nick) が電話をかけている自分の声がわかる，あ

るいは Nick が自分からの電話を待っていると思っている.

文頭の呼びかけ表現は単独の IP を構成する.

(c) ↘Nick, | it's ↘me.

文末の呼びかけ表現は単独の IP を構成しない.

(d) It's ↘me, ˈNick. 🎧 Track 10.56

もし (65) のように，文末の Nick で IP が構成されると，Nick という語は呼びかけではなく電話をかけている人物の名前であると解釈される.

(65) It's ↘me, | ↘Nick. 🎧 Track 10.57

10.6.2 IP の境界によって意味が異なるほかのケース

これまで見てきたように，IP の境界の配置または音調の選択，あるいはその両方によって，意味が異なる場合がある．次の例を考えてみよう.

(66) (a) He didn't marry her because she was French.
        (= He ˈdidn't ˈmarry her because she was ↘French.)

これは，彼は彼女と結婚したが，彼女がフランス人だからというわけではないという意味である.

      (b) He didn't marry her, because she was French. 🎧 Track 10.58
        (= He ˈdidn't ↘marry her | because she was ↘French.)

こちらは，彼女がフランス人なので彼は彼女と結婚しなかったという意味になる.

10.7 ま と め

英語のイントネーションには 3 つの主要な構造的側面があることがわかった．発話を情報の断片に区切って IP にすること，それぞれの断片の中の強勢を持つ音節の 1 つに核音調を置くこと，そして核音調としてどのような音調を用いるかである．英語のイントネーションは，これまで述べてきたように，統語構造，辞書的語と機能語の区別，その発話の統語的単位によって表される意味，発話の前後関係・伝達される意味・自分の話していることにつ

いての話し手の心情態度といった様々な事柄に関連する談話の諸側面と結び
ついている．英語のイントネーションでもっとも驚くべきことは，話し手が
さまざまな目的のためにデフォルトの LLI の位置から核音調をしょっちゅ
う移動させることかもしれない．英語の非母語話者は，これがある程度でき
るようになれば母語話者のような発音に格段に近づくことができるだろう．

練習問題

1 次の各発話について，最後の辞書的な項目を確認しなさい．
  (a) John went to the pub.
  (b) Mary put her finger on it.
  (c) My father says he can't understand that.
  (d) He talks rather slowly.
  (e) I want that pink one.

2 次の疑問文の中で，上昇調の可能性のあるのはどれですか．
  (a) Is Bush mad?
  (b) What do you want?
  (c) Have you eaten?
  (d) How does this work?
  (e) Isn't it time for lunch?

3 Track 10.59 を聴きなさい．音声ファイルにある以下の発話の核音調の
  位置はどこですか．その理由を説明しなさい． 🎧 Track 10.59
  (a) She chatted up the waiter.
  (b) She chatted him up.
  (c) She broke down.
  (d) We've split up.
  (e) I've put him off.

4 Track 10.60 を聴きなさい．音声ファイルにある以下の発話の IP の境界
  を確認して，核音調がどこに来るかを述べ，その理由を説明しなさい．
  🎧 Track 10.60
  (a) Mary, you're fired.
  (b) You're fired, Mary.

    (c) He's mad, she said,

    (d) It's an evil empire, said the President of the United States.

5   Track 10.61 を聴きなさい. 音声ファイルにある以下の発話の IP の境界を確認して, 核音調がどこに来るかを述べ, その理由を説明しなさい.

🎧 Track 10.61

    (a) Mary, a good friend of mine, is pregnant.

    (b) The guys in the car, who were hungry, ate some sandwiches.

    (c) The guys in the car who were hungry ate some sandwiches.

    (d) Bill, you won't believe this, you've passed your exam.

    (e) His new book, *Making Friends*, is sure to be a bestseller.

6   以下の発話で, デフォルトの核音調の位置はどこですか.

    (a) He went to London on Thursday.

    (b) I haven't seen her recently.

    (c) He left for Paris in a hurry.

    (d) She left her bedroom in a mess.

    (e) He speaks quickly.

7   以下の発話で, どのような IP の可能性がありますか. 付加疑問における音調の可能性を論じなさい. Track 10.62 を聴いて, あなたに聞こえるとおりのイントネーション構造を, IP の境界と音調も含めて述べなさい.

🎧 Track 10.62

    (a) You're not pregnant, are you?

    (b) You like lasagne, don't you?

    (c) You *do* play golf, don't you?

    (d) We can sort this out, can't we?

    (e) We'll never sort this out, will we?

8   以下の発話で IP の境界はどこで, 核音調はどこに置かれますか. ほかにもイントネーション構造があり得るとしたら, どのようなものだと思うか述べなさい. Track 10.63 を聴いて, あなたに聞こえるとおりのイントネーション構造を, IP の境界と音調も含めて述べなさい. 🎧 Track 10.63

    (a) 'You can't go', said Bill Smith, a good friend of mine.

(b) 'Obama can't win in Texas', claims Hillary Clinton, a woman whose husband Bill, ex-president, is from the South of the USA.

(c) 'Is Amy Winehouse in rehab?', asked Jonathan Ross on the Thursday after she sang out of tune at a concert in London,

(d) 'Dickens I can't stand', confessed the young recruit to a university lectureship in Victorian literature.

(e) 'What does George Bush, a devout Christian, have to say about the treatment of prisoners in Abu Ghraib?', asked the chair of the committee.

訳 者 注

*1 「音調音節」(tonic syllable) はまた「核」(nucleus),「イントネーションの中心」(intonational centre) とも呼ばれる.

*2 「最後の語彙項目」ともいう. 第 8 章訳者注 *4 を参照.

*3 「旧情報」(old information) という用語もよく使われる.

*4 (21a)(21b)(21d)については, 動詞は新情報ではあるが主語から当然予想されるために焦点が当てられないという説明が可能である. たとえば The ↘phone is 'ringing でなく The 'phone is ↘ringing といえば, 故障して鳴らないはずの電話が鳴っているような意外性が感じられるという.

*5 疑問付加部が上昇調の単独 IP を構成する場合, 主節も上昇調とは限らず, むしろ下降調のほうが一般的で, (52a)(52b)は実際, 以下のように発音されている:

She's 'coming to the ↘party, | ↗isn't she?

She's not 'getting ↘married, | ↗is she?

*6 直接目的語が句である例としては次の 2 文を参照.

He 'chatted 'up the 'charming ↘waitress.

He 'chatted the 'charming ↘waitress 'up.

*7 10.1 で扱った上昇下降調を指す.

11
書記音素論：
つづり字と発音の関係

11.1 序　論

　英語のつづり字と発音の関係は複雑で，全く恣意的であるかのように思われるかもしれない．この複雑さには歴史的な原因がある．つまり，ノルマン人のイングランド征服のあとで写本筆記者たちによってもたらされた変化や，外国語つづりの多数の外来語の借用，そして何よりも，古英語から中英語，初期近代英語を経て現代英語に至る間に英語の音韻体系が変化したことによるのである．複雑ではあるものの，とりわけ英語の非母語話者にとっては覚えるだけの価値のあるような，一定の基本的規則性が存在する．

　まず，文字と書記素の区別から始めよう．ローマ字は 26 文字だが，英語の音素と異音を表す視覚的な記号(**書記素**(grapheme))は 26 より多い．これはある音素，あるいは異音を示すために組合せ文字が使われることがあるためである．たとえば〈ph〉は音素 /f/ に対応し(例：photograph)，〈th〉は音素 /θ/(例：think)と /ð/(例：this)の両方に，そして〈oa〉(例：boat)は RPと GA の音素 /ou/，SSE(標準スコットランド英語)の音素 /o/ に対応している．このような書記素は 2 つの文字からなっているので**二重字**(digraph)と呼び，schmaltzy(過度に感情的な)の〈sch〉のように 3 文字からなるものを**三重字**(trigraph)と呼ぶことにする．文字と書記素の区別は，英語とフランス語の書きことばの慣習の違いに見ることができる．たとえば筆者の名前(Philip)のイニシャルを書くのに，英語では最初の<u>文字</u>を使って 'P. Carr' と書き，フランス語では最初の<u>書記素</u>を使って 'Ph. Carr' と書くのが慣習である．**書記音素論**(graphophonemics)という用語は書記素と音素(およびいくつかの異音)の関係についての学問につけられた名称である．本書ではまず英語の母音の書記素を検討することから始めて，子音の書記素に進んでいくことにしよう．

11.2 母音書記素とその音素的音価

11.2.1 1文字の母音書記素

まず〈a〉, 〈e〉, 〈i〉, 〈o〉, 〈u〉の5つの母音書記素から始めよう. これらを2つの異なる音素的音価, すなわち抑止母音としての音価と開放母音としての音価に区別することにする. 抑止(checked)と開放(free)という用語は, 音節構造に関する歴史上の事実から来ている. bite という語を例にとってみよう. 中英語では, この語は /biːtə/ と2音節語で, 第一音節は /biː/, 第二音節は /tə/ であった. どちらの音節も開音節で, 尾部子音は含んでいない. われわれが開放母音の音価と呼んでいるものは, 歴史的には開音節から来ている. 中英語の bit という語は /bit/ と発音され, 閉音節の単音節語で尾部子音 /t/ を含んでいた. われわれが抑止母音の音価と呼んでいるものは閉音節に由来している. 現代英語では bite は語末のシュワーを失って今では単音節語であることに注目しなさい. しかしこの語は開放母音の音価, すなわち長い母音 /iː/ の歴史上の子孫である /aɪ/ を保持している. bit という語は抑止母音の音価, すなわち短母音 /i/ の歴史上の子孫である /ɪ/ を保持している.

これから検討するような単音節語では, 以下のとおり抑止母音の音価と開放母音の音価を1つずつ有する書記素が4つあり, 〈u〉は抑止母音の音価と開放母音の音価を2つずつ有している(RP発音).

(1)	開放母音	例	抑止母音	例
〈a〉	/eɪ/	made	/æ/	mad
〈e〉	/iː/	Pete	/ɛ/	pet
〈i〉	/aɪ/	hide	/ɪ/	hid
〈o〉	/oʊ/	note	/ɒ/	not
〈u〉	/juː/ または /uː/	cute, rule	/ʌ/ または /ʊ/	cut, put

語末の〈e〉が左側の例語に残っているにもかかわらず, かつてはこの書記素が示していたシュワーは上に述べたとおり時と共に消失してしまった. この書記素を黙字の e(mute e)と呼ぶことにする. 強勢のある単音節語に黙字の e があれば, 先行する母音書記素は開放母音の音価を表す. これらの書記素は /eɪ/, /iː/, /aɪ/, /oʊ/, /juː/ と呼ばれていて, 開放母音の音価と同じ名前であることに注目しなさい.

強勢のある単音節語に黙字の e がなければ, 先行する母音書記素は抑止母

音の音価を表す．次の例のように語末に 2 つ以上の子音書記素がある場合も同様である．

(2)　apt, act
　　　bell, text
　　　Bill, width
　　　accost, knots
　　　butt, tuft

次の RP の例のように，2 音節語にある種の接辞が添加されると，開放母音/抑止母音の音価が入れ替わる．

(3)　⟨a⟩　insane　/ɪnˈseɪn/　　insanity　/ɪnˈsænɪti/
　　 ⟨e⟩　obscene　/əbˈsiːn/　　obscenity　/əbˈsɛnɪti/
　　 ⟨i⟩　divine　/dɪˈvaɪn/　　divinity　/dɪˈvɪnɪti/
　　 ⟨o⟩　verbose　/vɜːˈboʊs/　verbosity　/vɜːˈbɒsɪti/
　　 ⟨u⟩　consume　/kənˈsjuːm/　consumption　/kənˈsʌmpʃən/

　強勢のある単音節語において，RP のような非 R 音性アクセントでは，歴史上，尾部の [ɹ] が消失した結果，先行母音に変化が生じたのだが，そのようなアクセントではこれらの書記素にさらに別の音価がある．

(4)　RP における，「r の前」の抑止母音/開放母音の音価*1

	開放母音	例	抑止母音	例
⟨a⟩	/ɛə/ または /ɛː/	mare	/ɑː/	bard
⟨e⟩	/ɪə/	mere	/ɜː/	perk
⟨i⟩	/aɪə/ または [aː]	fire	/ɜː/	bird
⟨o⟩	/ɔː/	bore	/ɔː/	stork
⟨u⟩	/(j)ʊə/ または /(j)ɔː/	sure	/ɜː/	curt

現代の RP では sure のような語で，/(j)ɔː/ の発音が徐々に以前の /(j)ʊə/ に代わって用いられているようで，そうなれば shore と sure は同音異義語となる．mare のような多くの語が，今では /ɛə/ ではなく /ɛː/ と発音されるようになっている．RP における /aɪə/ の単母音としての発音には長母音の [aː] があるが，この音素の発音には RP 話者の間でも揺れがある．
　すでに述べたように GA は R 音性的であるので，「r の前」の位置における開放母音と抑止母音の音価は RP とはやや異なる（わかりやすくするため

150

に /ɪ/ を含めた表記とする）.

(5) GA における，「r の前」の抑止母音/開放母音の音価

		開放母音	例	抑止母音	例
〈a〉		/ɛɹ/	mare	/ɑɹ/	bard
〈e〉		/ɪɹ/	mere	/ɝ/	perk
〈i〉		/aɪɹ/	fire	/ɝ/	bird
〈o〉		/oɹ/	bore	/ɔɹ/	stork
〈u〉		/(j)ʊɹ/	sure	/ɝ/	curt

抑止母音と開放母音の音価の同じパターンが，2 音節以上の語で語末音節に強勢のある語でも見られる（RP 発音）.

(6)

	開放母音	例	抑止母音	例
〈a〉	/eɪ/	ˌlemoˈnade	/æ/	forˈbad
〈e〉	/iː/	repˈlete	/ɛ/	reˈpent
〈i〉	/aɪ/	deˈride	/ɪ/	forˈbid
〈o〉	/oʊ/	deˈnote	/ɒ/	forˈgot
〈u〉	/juː/ または /uː/	deˈnude, saˈlute	/ʌ/ または /ʊ/	unˈcut, ˈinˌput

2 音節以上の語で語末音節に強勢のある語における「r の前」の母音書記素も同様である.

(7)

	開放母音	例	抑止母音	例
〈a〉	/ɛə/ または /ɛː/	deˈclare	/ɑː/	reˈtard
〈e〉	/ɪə/	ˌinterˈfere	/ɜː/	aˈssert
〈i〉	/aɪə/ または [aː]	reˈtire	/ɜː/	unˈgird
〈o〉	/ɔː/	deˈplore	/ɔː/	reˈtort
〈u〉	/(j)ʊə/ または /(j)ɔː/	deˈmure	/ɜː/	reˈturn

これまでに mad, pet, hid, knot, cut, forgot, forbid, uncut のように語末音節に強勢があって 1 個の子音書記素があって黙字の e はない例をいくつか見てきた. こうした語の強勢のある音節の母音書記素は抑止母音の音価となる. これらの語に屈折接尾辞をつければ 1 音節増やすことになるが，その際には madden, petting, hidden, knotting, cutting, forgotten, forbidden のように子音書記素を 2 つ重ねて，母音書記素が抑止母音の音価を示すようにしなくては

ならない．これは英語の単語のつづり字が，発音を知るために実際に役立つ
一例である．つまり，もし子音書記素が2つ重なっていなければ，以下のよ
うに強勢のある母音書記素は開放母音の音価を持つことになる．

(8)	開放母音	例	抑止母音	例
⟨a⟩	/eɪ/	ˈtamer	/æ/	ˈtanner
⟨e⟩	/iː/	ˈmeted	/ɛ/	ˈpetting
⟨i⟩	/aɪ/	ˈdiner	/ɪ/	ˈdinner
⟨o⟩	/oʊ/	ˈnoter	/ɒ/	ˈhotter
⟨u⟩	/juː/ または /uː/	ˈcuter, ˈruler	/ʌ/ または /ʊ/	ˈcutter, ˈputting

　(8)の例語は2つ以上の形態素を含んでいるので形態的に複合であるが，
形態的に単一な語で，語末より前の音節に強勢がある場合にも同様のパター
ンが認められる．たとえば hammer には接辞は含まれないが，2つ重なった
子音書記素が⟨a⟩の抑止母音の音価，すなわち /æ/ を表している．laser と
いう語も形態的に単一であるが，1文字の子音書記素が⟨a⟩の開放(長/緊張)
母音の音価，すなわち /eɪ/(RP および GA において)を表している．残念な
がら不規則なつづりが存在していて，たとえば panel は抑止母音 /æ/ の音
価を持っているが，規則どおりなら /eɪ/ と発音されるか，flannel や chan-
nel のように pannel と書かれそうなものである．外国人学習者は単語の発音
より先につづりを覚えることが多いので，こうした不規則なつづりは彼らの
助けにはならない．しかし，先に述べた規則性のほうは膨大な数の英単語に
あてはまるので，学習しておく価値がある．
　さらに，語末から3番目(あるいはそれより前)の音節の強勢のある母音に
1文字の子音書記素が後続する場合にも規則性があり，その母音は次の例の
ように抑止母音の音価を持つのがふつうである(RP 発音)．

(9)	⟨a⟩	character	/ˈkæɹəktə/	family	/ˈfæmɪli/
	⟨e⟩	enemy	/ˈɛnəmi/	federal	/ˈfɛdəɹəl/
	⟨i⟩	cinema	/ˈsɪnəmə/	pitiful	/ˈpɪtɪfʊl/
	⟨o⟩	moribund	/ˈmɒɹɪbʌnd/	positive	/ˈpɒzɪtɪv/

書記素⟨u⟩は他の書記素とはちがったふるまいをする．すなわち⟨u⟩で表
された母音は，語末から2番目(あるいはそれより前)の位置で強勢があり，
1文字の子音書記素が後続すると，次のように⟨u⟩の開放母音の音価を持つ．

（10）　frugal　　　/ˈfɹuːɡəl/
　　　　imprudent　/ɪmˈpɹuːdənt/
　　　　accumulate　/əˈkjuːmjəleɪt/

　〈a〉,〈e〉,〈i〉,〈o〉,〈u〉の 1 文字の母音書記素に加えて，〈y〉の書記素も次のように母音を表すことがある．

（11）　書記素　音素/異音　　例
　　　　〈y〉　　/ɪ/, /aɪ/, [i]　　myth, rhyme, happy

強勢のある音節では〈y〉は〈i〉と同じ音価を持つ．抑止母音の音価 /ɪ/ の現れる位置はわかりやすく，強勢のある単音節語で黙字の e のない myth のような語で見られる．これに対して rhyme のような語には黙字の e があって，〈y〉は開放母音の音価 /aɪ/ を持っている．すでに述べたように RP の〈i〉は「r の前」の位置で，黙字の e が r に後続するときには /aɪə/（例：tire）となるが，この音は長音の [aː] と発音されることがある．この位置での〈y〉も同様で，tyre は音素的には /taɪə/ に相当するのだが，[taː] と発音されることがある．

　語末の強勢のない〈y〉には，RP /iː/（GA /i/）の音素の位置による変異音（異音）として短い [i] を用いたが，この音は happy のような語や，lovely のように ly で終わる数多くの副詞に現れる．*2 dry, fly におけるような語末の強勢のある〈y〉は /aɪ/ を表す．

11.2.2　二重字の母音書記素

　二重字の母音書記素は，2 つ以上の音素に対応することがよくあるために外国人学習者にとっては厄介なものだが，その原因は英語の歴史に関係がある．とりわけ RP では，非 R 音性的であるために問題が複雑になっている．母音の二重書記素のうち，最も頻度の高いものをいくつかあげて，それらの音素的音価を論じることにしよう．

11.2.2.1　〈ai〉

　SSE では〈ai〉は pain /pen/, fair /feɹ/ のように音素 /e/ を表している．しかし RP は非 R 音性的であるために，「r の前」では別の音価を持つ．すなわち，pain は /peɪn/ だが fair は /feə/ あるいは /feː/ である．この点では，多数の英語学習者にとって SSE のほうが RP にくらべて複雑でないといえ

よう．GA は複雑である．すなわち，pain は RP と同様に /peɪn/ だが，〈ai〉が「r の前」に位置する fair のような語では，/æ/ 対 /ɛ/ 対 /eɪ/ の音素対立が中和されて [ɛ] となる，「Marry Merry Mary」の中和*³ が起こる．その結果 Marry Merry Mary は [ˈmɛɹi] [ˈmɛɹi] [ˈmɛɹi] と発音され，fair は /eɪ/ の音素を持ちながら [fɛɹ] と発音されるのである．*⁴ このことは，イギリス英語のさまざまな変種の話者が米国人の発音を聞いたときに聞き違いのもとになることがある．たとえば筆者の息子が，米国の小学校に 1 学期だけ通っていたときに，新しい米国人の学校友達の名前を私に教えてくれたのだが，彼は GA 話者と同じように [fɛɹɫ] と発音したので私はその子の名前を Ferl だと思ってしまったけれども，実際には Farrel だったのである．シュワーは GA では /ɹ/ のあとでよく脱落するし，強勢のある母音（この場合は /æ/）には「Marry Merry Mary」の規則が働くためであった．かつて劇作家の George Bernard Shaw が言ったように，英国と米国は共通の言語によって 2 分された 2 つの国家なのである！

11.2.2.2 〈au〉

RP では fraud におけるように /ɔː/ か，Austria におけるように LOT の母音 /ɒ/ かのどちらかである．GA 話者の中には /ɒ/ を持たず，代わりに /ɑ/ を発音する人たちが多数存在し，その結果 Austria の強勢のある母音は /ɑ/ の音価を持つ（ただし，この発音には揺れがあるが）．*⁵

11.2.2.3 〈ee〉

SSE では see /si/, peer /piɹ/ のように /i/ の音素を表す．RP では see のような語では /iː/ の音素であるが，「r の前」の位置では peer /pɪə/ のように中向き二重母音である．GA では〈ee〉は /i/ [iː] を表すが，「r の前」の位置では /i/ と /ɪ/ の対立がしばしば中和されるので，stir it と steer it が同じ発音になることもあり得る．/iː/ と /ɪ/ の対立が中和されると，[stɪɹɪt] あるいは [stiɹɪt] のように，この母音は [ɪ] ないし [i] のような響きになる．*⁶

11.2.2.4 〈oo〉

歴史上の理由から，この二重字には RP と GA で soon の /uː/, good の /ʊ/, blood の /ʌ/ のような 3 つの主な音素的音価がある．RP では「r の前」の位置で poor /ʊə/ のように中向き二重母音が現れるが，この二重母音はだんだんと単母音 /ɔː/ に置き換えられつつあり，そうすると sure と shore が

154

同音異義語となる．GA では FOOT の母音 /ʊ/ は非円唇化することがあり，その結果現れる高後舌非円唇母音は good [gɯd] のように [ɯ] で表す．

11.2.2.5 〈ow〉, 〈ou〉

二重字〈ow〉は how のように /aʊ/ を表すか，know のように /oʊ/ を表すかのどちらかであるが，どちらが現れるかを決めるような規則は存在しないので，英語学習者には厄介である．さらに困ったことに，bow のように動詞では /baʊ/，名詞では /boʊ/ という例も存在する．

thought におけるような〈ought〉の文字列は RP では /ɔː/ の母音を含むが，GA 話者にはこのような語で /ɑ/ を発音する人たちが多数存在する．

語末の〈ough〉は複雑で，/uː/（例：through），/oʊ/（例：though），/ʌf/（例：tough），/ɒf/（例：trough），および /aʊ/（例：plough）を表す場合がある．

最後に，double, couple のように〈ouble〉，〈ouple〉を含む語では，〈ou〉は /ʌ/ を表している．*7

11.2.2.6 〈ea〉

母音の二重書記素の中で，英語を外国語として学ぶ学習者にとってもっともむずかしいものの 1 つである．RP /iː/（GA /i/）（例：sea），あるいは RP・GA で /ɛ/（例：head）を表す．*8 RP では「r の前」の位置でいくつかの音価があり，fear の /ɪə/，bear の /ɛə/（現代の RP では /ɛː/ のほうが多いが），dearth の /ɜː/，hearth の /ɑː/ のような音を表す．

GA では「r の前」の位置の音価には dearth /dɜɹθ/ におけるような /ɜ/ と hearth におけるような /ɑ/ がある．GA ではまた，bear のような語で /ɛ/ も出現する．*9

11.3 　子音書記素とその音素的音価

11.3.1 　1 文字の子音書記素
英語には，次のような単一の音素的音価を持つ，1 文字の子音書記素がある．

(12)　書記素　音素　例
　　　〈p〉　/p/　pit
　　　〈k〉　/k/　kit
　　　〈b〉　/b/　bit

⟨d⟩	/d/	din
⟨j⟩	/dʒ/	joy
⟨f⟩	/f/	fun
⟨v⟩	/v/	van
⟨z⟩	/z/	zip
⟨l⟩	/l/	lip
⟨m⟩	/m/	mind
⟨w⟩	/w/	wet

また，2つ以上の音素的（あるいは音声的）音価を持つ，1文字の書記素もある．

(13)　書記素　音素/異音　　　　　　例
⟨y⟩	/j/*10	year
⟨n⟩	/n/, [m], [ɱ], [ŋ]	nip, input, inform, unkind
⟨s⟩	/s/, /z/, /ʃ/, /ʒ/	sip, rose, compulsion, fusion
⟨g⟩	/g/, /dʒ/	got, gin
⟨x⟩	/ks/, /gz/, /kʃ/, /gʒ/	sex, exact, luxury, luxurious

書記素⟨y⟩について，本書では year のような語を子音（硬口蓋接近音 /j/）で始まる語として扱う．[j] と [w] は，調音の点では母音に近く，音節内では子音の位置，つまり頭部を占めるので，しばしば半子音（semi-consonant）と呼ばれることがある．

書記素⟨n⟩に関しては，音素 /n/ に鼻音同化が生じることをすでに述べた．すなわち，両唇音が後続すれば input のように両唇音に，唇歯音が後続すれば inform のように唇歯音に，また軟口蓋音が後続すれば unkind のように軟口蓋音として実現されるが，こうした両唇音，唇歯音，軟口蓋音としての実現形はすべて音素 /n/ の異音である．

書記素⟨s⟩は歴史上の理由から4つの音素に対応している．硬口蓋歯茎音の /ʃ/ と /ʒ/ の発音は後続子音が硬口蓋接近音（一般にはヨッド（yod）と呼ばれる）であったために生じた．つまり，[s] + [j] の連続が融合（coalescence）と呼ばれる同化を起こし，歯茎音と硬口蓋音が1つの歯茎硬口蓋音になったのである．連続した音声でも同じプロセスが見られる．すなわち語末の /s/ にヨッドが後続すると同化を起こすことがあり，これは Rolling Stones の 'Miss You' という歌で（題名を Mick Jagger が [ˈmɪʃə] と発音している）聴く

ことができる．同様に，語末の /z/ に語頭の /j/ が後続すると He's yours [hiˈʒɜːz] のように [ʒ] が生じる．rise の過去形の rose のような語は，もともとは無声の [s] を含んでいて，しばしば語末のシュワーを伴って [roːsə] のように発音されていた．無声の分節音が**母音間で**（intervocalically）有声化するのはよくあることで，母音はふつう有声であるために，同化のプロセスの結果，母音間の音が有声化するのである．こうして [roːzə] が生じ，のちに語末のシュワーが消失した．さらにずっとあとになって RP で /oː/ が二重母音化し，最終的には現代の [ɹəʊz] の発音となったわけである．

　〈g〉の書記素は /g/ を表すが，/dʒ/ を表すこともあり，これにも同化に関連した歴史的な理由がある．つまり gin, gibberish, gist のような語では後続母音が高前舌母音であるため，歴史上は /g/ であった音が硬口蓋音化して硬口蓋歯茎音になったのである．中英語では gibe や Giles のような語の母音が高前舌母音の /iː/ であったために同様の硬口蓋音化を起こした．残念ながら /g/ + 高前舌母音の連続のすべてでこのプロセスが起こったわけではないので，give や gig のような語は高前舌母音を含んでいるにもかかわらず，軟口蓋音の /g/ を保っている．固有名詞の Gill のように，/g/ と /dʒ/ 両方の発音がある語もあって，女性名は /dʒ/，男性名は /g/ で発音されている．同じように gill という語は魚のえらを指すときには軟口蓋閉鎖音，ジルという計量単位は硬口蓋歯茎音で発音される．

　〈x〉の書記素は複数の 2 音素連続を表す．/ks/ という音連続を「基本的」音価とすると，上で見てきたのと同じ歴史上の有声化と同化のプロセスが働いてほかの 3 つの音価が生じたことがわかる．exact におけるような /gz/ の音連続は母音間の有声化という同化の過程で生じた．luxury のような語では /ksj/ の音連続で /sj/ の融合が起きた結果 /kʃ/ が生じた．luxurious のような語では融合と母音間の有声化の両方が起きて /gʒ/ が生じた．ここには強勢も関与していて，sex や luxury のように先行母音に強勢があると〈x〉は無声の音価を持ち，exact や luxurious のように後続母音に強勢があると有声の音価を持つ．

11.3.2　二重字・三重字の子音書記素
　次のような単一の音素的音価を持つ，二重字・三重字の子音書記素がある．

（14）　書記素　音素　例
　　　〈ck〉　/k/　clock

⟨ph⟩	/f/	photo
⟨sh⟩	/ʃ/	ship
⟨rh⟩	/ɹ/	rhubarb
⟨dg⟩	/dʒ/	edge
⟨dj⟩	/dʒ/	adjunct
⟨ng⟩	/ŋ/	sing
⟨tch⟩	/tʃ/	itch

　1 文字の子音書記素だけでなく，二重字・三重字の子音書記素にも 2 つ以上の音価を持つものがある．

（15）　書記素　　音素　　　　　　例
⟨gu⟩	/g/, /gw/	guard, anguish
⟨qu⟩	/k/, /kw/	unique, queen
⟨ch⟩	/tʃ/, /k/, /ʃ/	chair, chaos, chic
⟨gh⟩	/g/, /f/, zero	ghoul, tough, thigh
⟨th⟩	/θ/, /ð/	think, this
⟨sch⟩	/sk/, /ʃ/	school, schmaltzy
⟨sc⟩	/s/, /ʃ/, /sk/	scene, conscious, scour
⟨gg⟩	/g/, /dʒ/	egg, exaggerate
⟨cc⟩	/k/, /ks/	account, accent
⟨ss⟩	/s/, /ʃ/	kiss, mission

　二重字の ⟨gu⟩ は guide, vague のように /g/ を表すのが通例だが，/gw/ を表すこともある．これは anguish, language, penguin のように語中で形態素の境界のない場合に限られ，たとえば vaguely などでは /gw/ とはならない．
　queen におけるような二重字の ⟨qu⟩ は，ノルマン人の征服以後にフランス人の写本筆写者によってもたらされた．それ以前は，このような語は ⟨cw⟩ で書かれていたのである．unique のような語は，フランス語のつづりのままでフランス語から借用された．
　二重字の ⟨ch⟩ は，church のような語で 1 文字の ⟨c⟩ に替わって用いられるようになった．こうした語は，それ以前は /k/ で発音されていて，現在では /tʃ/ の発音となっている．/k/ の音価はギリシャ語由来の chaos, chemist, psychology のような語に見られ，/ʃ/ の音価は近年になってフランス語から借用された chic, champagne, brochure のような語に見られる．ここに

/x/（無声軟口蓋摩擦音）の音価を含めなかったのは，英語のほとんどの変種にはこの音が現れないからであるが，この音はスコットランド英語の loch のような語に現れ，loch（/lɔx/）と lock（/lɔk/）は対立をなす．スコットランド英語の話者でない人たちの中には loch のような語を [x] の音で発音する人もあるが，ほとんどの人は Auchtermuchy（地名）のようなスコットランド語や，Bach のようなドイツ語あるいは rioja のようなスペイン語の単語*11 を発音しようとして，[k] の音を出している．

　二重字の〈gh〉は，スペイン語の ajo（ニンニク）やドイツ語の Buch（本）*12 にあるような無声軟口蓋摩擦音 /x/ を表していたのだが，今ではこの音はRP にも GA にも存在しない．thigh, daughter, thought のような多くの語でこの音は脱落してしまったので，音価を zero と示したわけである．この無声軟口蓋摩擦音は，年配のスコットランド語話者には今でも用いられていて，彼らの発音では daughter は [ˈdɔxtɪr], thought は [θɔxt] である．

　〈th〉はほとんどの語で /θ/ と読まれ，/ð/ と読まれるような語は the, this, that, these, those, then のような非辞書的範疇の語（機能語）である．機能語の常として，これらは出現頻度は高いが数は非常に少ない．

　三重字〈sch〉のつづりを持つ schmaltzy, schmuck, schmooze のような語はイディッシュ語から来ていることが多い．イディッシュ語はゲルマン系言語で（語彙はヘブライ語，アラム語およびスラブ諸語から），ドイツ・ポーランド・ロシア系ユダヤ人（Ashkenazi Jews）によって話されている．英語に入ったイディッシュ語のほとんどはニューヨークのユダヤ人社会から来たものである．中には schelp（「重いものを持ち歩く」，あるいは「のろのろとどこかへ行く」）のように米国全土に知られているわけではなくて，英国でもこれまで使われることがなかったのに，英国の新聞で使われ始めている語もある．〈sch〉を持つほかの語は schnapps（ドイツの飲料）や schnitzel（パン粉をつけて揚げた肉）のようなドイツ語からの借用語である．school のような語はラテン語からの借用語で，〈sch〉の連続は /sk/ に対応しているのだが，〈sch〉は千年以上も維持されてきたわけである．

　〈sc〉のつづりを持つ語の中にはフランス語からの借用語が多い．もともとはラテン語で /sk/ であったが，英語に借用される頃までにはフランス語の発音で /k/ が脱落してしまった．

　〈gg〉,〈cc〉の連続はそれぞれ〈g〉,〈c〉と同じ音価を表す．イタリア語では mamma や pizza のようなつづりは /ˈmam:a/ /ˈpit:sa/（/:/ は長さを示す）の発音を表すが，英語の2つ重なった書記素は長い子音音素（しばしば重複子

音（geminate）と呼ばれる）を表すわけではない．同一の子音書記素の連続が，形態素の境界をはさんで同一の2つの子音音素を表すことがあり，たとえば unnerve は /ˌʌn + ˈnɜːv/ の音素形式を持ち，[ˌʌnˈnɜːv] として実現される．2つの同一の音素の連続と，単一の長い（重複）音素とは別々のもので，英語には /nː/ というような音素はない．英語話者がイタリア語からの借用語の pizza を重複子音で発音しないことは，英語には重複子音の音素がないという事実を反映している．

⟨ss⟩ の連続は kiss, massive におけるような /s/ が「基本的」音価だが，上に述べたような硬口蓋音化の結果，歴史的にはヨッドを含んでいた mission, assure のような語で /ʃ/ が生じている．

11.3.3 発音されない子音書記素

英語の発達の過程で脱落した語頭の子音音素がいくつかある．その中には枝分かれ頭部で /n/ を伴う /k/, /g/ があり，脱落の結果 ⟨kn⟩, ⟨gn⟩ の書記素は今では頭部の音素連続とは対応していない．

(16)　書記素　音素　例
　　　⟨kn⟩　/n/　know
　　　⟨gn⟩　/n/　gnome

ギリシャ語からの借用語の例もある．ギリシャ語の音素配列制約では /ps/, /pt/ のような頭部の音連続が許されている．英語の音素配列ではこのような頭部の音連続が許されないので，次のような対応関係が生じた．

(17)　書記素　音素　例
　　　⟨ps⟩　/s/　psyche
　　　⟨pt⟩　/t/　Ptolemy

歴史上の脱落の過程を反映しているような書記素の連続には，ほかにも次のようなものがある．

(18)　書記素　音素　　例
　　　⟨wr⟩　/ɹ/　　write
　　　⟨wh⟩　/w/, /h/　whine, whole

古英語では whole のような語で頭部の音連続 /hw/ があった．RP と GA ではその後 /h/ が脱落したが，つづりは今でも2音素の連続を示している．

160

SSE や，アメリカ英語のいくつかの変種では /hw/ の連続は [ʍ] となっているが，この音は両唇と軟口蓋で調音される無声摩擦音で，われわれがろうそくを吹き消すときに出すような音である．which と witch は SSE では /ʍɪtʃ/ 対 /wɪtʃ/ のように最小対であるが，RP と GA では同音異義語である．

　さらにまた，語末の二重字の書記素で，英語の発達の過程で語末子音が脱落したために，今では単一の音素を表しているような例もある．

(19) 書記素　音素　例
　　　〈mn〉　　/m/　　hymn
　　　〈mb〉　　/m/　　comb
　　　〈gn〉　　/n/　　sign
　　　〈gm〉　　/m/　　paradigm

　上記の語と同じ形態素を含む語では，次のように語根の末尾子音が語末の位置ではなくなるために，子音連続が維持されていることが多い．

(20) つづり　　　　発音
　　　hymnal　　　　[ˈhɪmnəɫ]
　　　signatory　　　[ˈsɪgnətɹi]
　　　paradigmatic　[ˌpæɹədɪgˈmætɪk]

　語中の書記素の連続で 〈t〉 が発音されないことがしばしばある．すなわち，christen におけるように 〈st〉 に母音書記素が後続する場合や，castle のような 〈stl〉 の場合である．

11.3.4　書記音素論と対照音素論

　外国語としての英語学習者の中には，英語の書記素と音の対応関係ばかりでなく，自分の母語と英語，とりわけ RP の音素体系の違いから来る問題にぶつかる人たちがいるが，中母音に関する問題はその一例である．次のような，基幹の単母音の体系を持つ言語はよく見られる．

(21) /i/　　/u/
　　　/e/　　/o/
　　　/ɛ/　　/ɔ/
　　　　/ə/

　基幹の単母音体系 (core monophthong system) とは，たとえばフランス語

の /ẽ/, /ã/, /ɔ̃/ のような鼻音化した単母音や，フランス語の /y/ /ø/ /œ/ のような前舌円唇母音を無視した体系のことで，こうした音はすべて言語学者によれば「有標」つまり世界の言語の中では比較的特殊だとされている．

　(21)の図には2つの高母音(/i/ と /u/)，2つの高中母音(/e/ と /o/)，2つの低中母音(/ɛ/ と /ɔ/)，それに低母音が1つあり，この音は全くの前舌母音とも，また後舌母音とも言えないので，/ɐ/ を用いて表記してある．このような体系を持つ例としてはロマンス系言語のフランス語やイタリア語がある．このような体系を持つ言語の話者にとって，RP の母音音素体系は非常に厄介である．まず RP には後舌高母音が1つではなく2つ(/uː/ と /ʊ/)あるが，1つというのが世界の言語では標準的である．RP にはまた，[a] 型の母音が2つ(/æ/ と /ɑː/)ある．もしわれわれが /ʌ/ もかなり [a] 型に近く，だから /æ/–/ʌ/–/ɑː/ の対立のない言語の話者には [ɐ] で発音されることが多いのだと考えるならば，[a] 型の母音は3つもあることになる．RP には [o] 型の母音が3つ，すなわち /oʊ/(中英語では単母音の /oː/ であった)，長/緊張母音の /ɔː/ と短/弛緩母音の /ɒ/ があるために，RP の後舌中母音はとりわけむずかしい．[o] 型の母音が2つしかない言語の母語話者にとっては，音韻的な困難，すなわち，2つの知覚的範疇をいかにして3つに拡張するかという問題が生じる．

　母語の音素体系は，われわれが頭の中に持っているものであるが，これは知覚的範疇の体系であって，これを通じてわれわれは発話を解読するのである．母語では2通りの対立しかない調音領域に，外国語では3通りの対立がある場合，これを聴きとるのは困難である．たとえば英語には /s/–/ʃ/ と /z/–/ʒ/ という，歯茎摩擦音 対 硬口蓋歯茎摩擦音の2通りの対立があるが，ポーランド語には /s/–/ʃ/–/ś/ と表記されるような歯茎・硬口蓋歯茎・硬口蓋前部をそれぞれ調音位置とする摩擦音の3通りの対立があるので，英語話者がポーランド語を習得しようとすると困難が生じる．われわれ英語話者は口腔内のこの領域でたった2つの範疇の無声摩擦音を聴きとることに慣れてしまっているので，ポーランド語の3通りの対立を聴きとることも発音しわけることもむずかしいのである．

　英語を学習している数多くの言語の話者たちにとって，RP の /oʊ/, /ɔː/, /ɒ/ の対立はこれと同じようにむずかしい．そのような話者たちには標準スコットランド英語(SSE)のほうが易しいだろう．というのは，SSE では基幹の単母音体系が上記(21)に示したものと非常に似ていて，[u] 型の音は1つだけ，/e/–/ɛ/ と /o/–/ɔ/ は2項対立，そして [a] 型の音素も1つだけ(ただ

162

し SSE には音素 /ʌ/ も存在)なのである. すでに見てきたように, 3 つの異なった [o] 型の音を表すのにさまざまなつづり方があるために, [o] 型の音に関わる音韻的困難は英語のつづり字があてにならないことで一層深刻になっている. 書記素 ⟨o⟩ が /oʊ/, /ɔː/, /ɒ/ のどれを表すこともあるのはすでに見たとおりである. しかし, RP を習得中の非母語話者にとって, トンネルの先の一条の光が存在する. 上で例証したとおり, 書記素と音素の間には規則性があって, たいていの場合はどの音価であるかがわかるのである. さらに, caught, sought, lawn におけるように, ⟨aught⟩, ⟨ought⟩, ⟨aw⟩ は規則的に RP の長母音 /ɔː/ を表し, RP /oʊ/ を表すことはない. RP には loan と lawn のような /oʊ/ と /ɔː/ の最小対があるので, 英語学習者はこのことを忘れないでおくとよい. この問題を浮き彫りにしてくれるようなエピソードがある. われわれが初めてフランスで家を買ったとき, その家のことでフランス人の同僚が私に質問をした. 私は 'Do you have a loan?' と聞かれたのだと思って 'Yes, of course: we're not wealthy enough to have paid cash for the house.' と答えたのだが, 同僚は 'Do you have a lawn?' というつもりで lawn の ⟨aw⟩ を /ɔː/ でなく /oʊ/ で発音していたのだった.

　英語のつづり字と発音の対応関係についての結論として, この対応関係は全く無秩序なわけではない. このことは, 上に示してきた規則性からも明らかである. しかしわれわれの立てた「規則」には多くの例外があって, そのせいで英語の書記素と音素の関係が厄介なものになっている. たとえば, すでに見たように panel のような語は, ほんとうは channel と同じように pan-nel と 2 つ重なった子音書記素で書かれるべきだし, 私自身の名前である Philip も, 語末の前の音節の強勢母音の, 抑止母音としての音価 /ɪ/ を示すためには Phillip と書かなくてはならないはずである. しかしながら, 例外の話を延々と繰り広げるよりも, 規則性を強調するのが一番よいのかもしれない. 結局のところ, 標準形があってこそ非標準形があり得るのだから.

練習問題

1　RP 話者の吹込みによる Track 11.1 を聴きなさい. 各語(以下に示す)の母音が, 母音書記素の開放母音と抑止母音のどちらの音価にあたるかを述べ, その理由を説明しなさい. 各母音音素の記号を / / で囲んで示しなさい. 🎧 Track 11.1

　　(a) dam　　　(b) dame

　　(c) den　　　(d) dene

(e) Tim   (f) time
(g) dot   (h) dote
(i) dun   (j) dune

2　RP 話者の吹込みによる Track 11.2 を聴きなさい．各語の強勢音節につ
　いて，母音書記素が開放母音と抑止母音のどちらの音価を表しているかを
　述べ，それらの音価がつづり字のうえでどのように示されているのか説明
　しなさい． 🎧 Track 11.2

(a) taper   (b) tapper
(c) Peter   (d) petter
(e) pining   (f) pinning
(g) doting   (h) dotting
(i) astuter   (j) a stutter

3　RP 話者の吹込みによる Track 11.3 を聴きなさい．次の各語の強勢音節
　について，母音書記素が開放母音と抑止母音のどちらの音価を表している
　かを述べ，それがつづり字とどのような関係があるか説明しなさい．
　🎧 Track 11.3

(a) sanity   (b) episode   (c) citadel   (d) opera

4　RP 話者の吹込みによる Track 11.4 を聴きなさい．次の各語において，
　書記素 ⟨gh⟩ はどのような音価を表していますか． 🎧 Track 11.4

(a) rough   (b) through   (c) ghastly

訳者注

*1　書記素 ⟨o⟩ に r が後続した場合の音価は，歴史的には抑止母音 RP /ɔɛ/・GA
　/ɔɪ/（例：stork），開放母音 RP /oə/・GA /oɪ/（例：bore）のように区別があっ
　たが，RP では完全に合流して /ɔ:/ となった．GA でもこの区別はほとんど失
　われ，/ɔɪ/ となる傾向が強い．第 4 章の訳者注 *4 を参照．

*2　第 4 章の注 1 を参照．

*3　Marry Merry Mary の中和については 6.3 および第 6 章の訳者注 *1 を参照．

*4　fair, air などの GA の母音音素を /eɪ/ と解釈する場合もあるが，本書では 6.3
　(13b) の音素リストにもあるとおり /ɛ/ としている．

*5　RP で ⟨au⟩ が /ɒ/ の音価を表すのは aus- のつづり字を持つごく少数の語のみで，

基本的音価は /ɔ:/ である．また〈au〉の GA における基本的音価は /ɔ/, /ɑ/ で，たとえば Austria は /'ɔstɹiə/ ['ɔ:stɹiə] あるいは /'ɑstɹiə/ ['ɑ:stɹiə] と発音される．

*6　stir は GA で /stɜɹ/ となるので(11.2.1 参照)この記述には無理があるが，spirit と spear it がともに ['spɪɹɪt] ないし ['spiɹɪt] のように同音となるような例はある．

*7　〈ou〉の基本的な音価は /aʊ/(例: mouth)で，例外的に /oʊ/(例: soul)，フランス語からの借用語の /u:/(例: soup)などがあり，「r の前」の位置では RP /aʊə/・GA /aʊɹ/(例: sour)と RP /ɔ:/・GA /ɔɹ/(例: pour)がある．

*8　少数ではあるが break, great などの基本語で /eɪ/ もある．

*9　「r の前」の〈ea〉の，GA における代表的な音価は /ɪ/(例: fear /fɪɹ/)である．

*10　上記(11)のように，〈y〉は母音の音価も持つ．

*11　原語音でそれぞれ Auchtermuchy [ˌɔxtɹɪˈmuçi]([ç] は /x/ の異音)，Bach [bax]，rioja ['rjɔxɐ](ワインの名)．

*12　原語音でそれぞれ ajo ['ɐxo], Buch [bux].

12
英語のアクセント間の変異

12.1 序　論

　本章ではアクセント*¹ 間の変異について，いくつかの一般的な側面を考
察する．それに続いて第 13 章では，英語のいくつかのアクセント，すなわ
ちロンドン英語，タインサイド英語，標準スコットランド英語(SSE)，ニュー
ヨーク市の英語，テキサス英語，オーストラリア英語およびインド英語につ
いて手短かに概観し，時間の経過とともにアクセントの多様性が生じる原因
となったような諸現象についての概要を述べる予定である．

　本書ですでにふれた 3 つのアクセント (GA, RP, SSE)は社会的には「標準
的」アクセントとみなされている．「標準的」という概念は社会的なもので
ある．アクセントに内在する音声的あるいは音韻的優越性についての，なん
らかの明瞭な概念があるなどと主張する言語学者は誰もいないだろう．この
ような概念は音声的にも音韻的にも全く意味をなさないのである．多くの人々
があるアクセントをほかのアクセントより優れていると考えたり，あるもの
を標準的アクセント，ほかのものを非標準的アクセントとみなしているのは
疑いもない事実である．しかしそのような判断は非言語的要素にもとづくも
のであり，その社会における人々の見方に影響されている．厳密に言語学的
な見地からすれば，そのような判断が恣意的なものであることはきわめて明
白である．たとえば，イングランドの標準的アクセントである RP は非 R
音性的であり，したがって RP の非 R 音性はイングランド西部の多くの地域
に見られる R 音性的アクセントよりも地位の高いものだと考えるイギリス
人がいる(あるいはこのような人は多いかもしれない)．しかし SSE と GA
の標準的アクセントは R 音性的で，米国では R 音性的アクセントのほうが
非 R 音性的な米国のアクセントよりも地位の高いものとみなされることが
多い(スコットランドでは，この土地のすべてのアクセントが R 音性的であ
るために，このような判断が生じることはない)．

　明らかに，アクセントについてのそのような判断を決定するのは，アクセント自体の持つ音声的特性や音韻的特性というよりも，その社会の見方である．ある社会の判断によって，あるアクセントがほかのアクセントよりも「醜い」とか「耳ざわり」とされてしまうのは，よくあることである．このような判断は，音声学と音韻論に関するかぎり，完全に恣意的なものである．たとえば say という語がロンドン英語で [saɪ] と発音されると，RP の話者はこれを「醜い」と判断するが，そうであるならば RP の話者自身が sigh という語を [saɪ] と発音した場合にも，RP 話者の耳には「醜い」と響くはずである．このような例から，[saɪ] という音自体の持つ音声的特性がこうした美的判断を導いているとは決していえず，むしろこのような判断は広い意味で「生活様式」とでも呼べるような事柄に対する社会的な見方から出たもので，それを反映しているものである．英国では，「醜い」とか「粗野」だとか思われている非標準的アクセントのほとんどは，工業都市地域あるいは脱工業都市地域で話されていて，よく例にあげられるのはロンドンやバーミンガム，リバプール，ベルファスト，グラスゴー，タインサイドの労働者階級のアクセントである．米国でも，たとえば「ブルックリンアクセント」（このアクセントはニューヨーク市のブルックリンに限定されているわけではないのだが）としばしば呼ばれる，ニューヨーク市のなまりの強いアクセントについて，同じような判断が下されている．

　非標準的な田舎のアクセントは，対照的に，「醜い」というよりは「古風で趣がある」と判断されることが多い．スコットランド高地，イングランドの西部地方，あるいは米国南部のアクセントが例にあげられる．こうした美的判断は，これらのアクセントの話者たちの実際の生活様式，あるいは想像上の生活様式を，意識的にせよ無意識的にせよ，アクセント自体と結びつけて考えることから来ているというのは大いに考えられることである．そのようなわけで，われわれはそうした社会の見方からは一歩離れて，音声学者と音韻論学者の立場からアクセント間の変異を検討していく.[1]

12.2　アクセント間の体系的相違と実現上の相違

　まず，イングランド北部の多くのアクセントと，イングランド南部の多くのアクセントとの間の相違の 1 つを考察することから始めよう．後者のアクセントでは，/ʊ/ と /ʌ/ の間に音素的対立があり，このことは book/buck，put/putt などをはじめとする多くの対で観察される．多くの北部のアクセン

ト[2] ではこの区別がなく，対のどちらにも /ʊ/ が現れる．つまり，北イング
ランドの多くのアクセントにおいては /ʌ/ の音素というものが全く欠如して
いて，そのために /ʊ/ と /ʌ/ の区別も欠如している．こうした話者にとって
は put と putt の対は最小対ではなくて同音異義語なのである．話者の持つ
音韻的対立（特にこの場合は母音の）の組が異なっていることから，本書では
このような相違を 2 つのアクセント間の**体系的相違**（systemic difference）[3]
と呼ぶ．

　体系的相違の実例は広く見られる．スコットランド英語，およびスコット
ランド語の多くのアクセントにおいては，たとえば，南イングランド英語の
ant/aunt, palm/Pam などの最小対に見られるような，/æ/ 対 /ɑː/ の区別に相
当するものがない．スコットランド英語とスコットランド語のアクセントで
は，このような対のどの語にも同一の母音音素 /ɐ/ が含まれ，この音素が [ɐ]
として実現される．ここでもまた，スコットランド以外のアクセントでは最
小対であるような対が，スコットランドのアクセントでは同音異義語となっ
ている．同様に，本書ですでに述べたように，RP で /ɒ/, /ɑː/, /ɔː/ の 3 通
りの区別があるのに対して，GA では /ɔ/ と /ɑ/ の 2 通りの区別しかない．
この体系的相違の存在は，これらの音素によって区別される単語の組が次の
ように異なることを意味している．

（1）　単語の型

	RP	GA
palm	/ɑː/	/ɑ/
caught	/ɔː/	/ɔ/ または /ɑ/
cot	/ɒ/	/ɑ/
coffee	/ɒ/	/ɔ/

　体系的相違は母音体系に限られているわけではない．子音体系における体
系的相違の例はスコットランドの多くのアクセントに見られる /ʍ/ /w/ の
対立で，これは whales 対 Wales，whin 対 win，what 対 watt などの最小対
に見ることができる．スコットランド以外のアクセントのほとんどでは，
/w/ の音素はあるが /ʍ/ の音素はないので，この対立はない．これらのア
クセントでは，上に示したような対は，最小対ではなくて同音異義語である．
　アクセント間の相違の中には，音韻的対立の体系における相違をなすまで
には到っていないものもある．本書の第 7 章で，暗い l とそうでない l につ
いて論じたことを考察しなさい．本書の 7.6 でわれわれは，RP には異音規

則があって，/l/ が韻部に出現すると軟口蓋音化された（暗い）側音として実現されるが，頭部に出現すると軟口蓋音化されない（暗くない＝明るい）側音として実現されるのだと述べた．スコットランド南部の多くのアクセント，オーストラリア英語，GA,*² イングランド北部のいくつかのアクセントにおいては /l/ はすべての位置で暗い側音として実現されるので，たとえば /lʌl/ (lull) は [lʌɫ] ではなく [ɫʌɫ] として実現される．これに対してタインサイド英語では，/l/ は一貫してどの位置でも明るい側音として実現されるので，/lʌl/ (lull)⁴ は [lˠʊlˠ] として実現される．これらの場合には基底の対立体系における相違を想定することは全く考えられない．/l/ と，/ɹ/ のようなほかの子音音素との対立は，上の 3 つの系統のアクセントのすべてに存在するのだが，/l/ の実現のされ方が違っているのである．明るい側音と暗い側音の区別が対立的であるような言語もあるが，これらの英語のアクセントのどれにおいてもそのような音韻的対立を想定することは全く考えられない．スコットランド南部の英語とオーストラリア英語などの場合には暗い側音しかなく，タインサイド英語の場合には明るい側音しかない．そして RP には，暗い側音と明るい側音の両方があるものの，その区別は純粋に異音的なものにすぎない．この区別は，同一の音素の実現のレベルに存在するのである．そのようなわけで本書では，こうした相違を**実現上の相違**（realizational difference）と呼ぶことにする．

　母音に関する実現上の相違は非常に広く見られる．たとえば SSE と，スコットランド以外のほとんどのアクセントとの相違の 1 つは，SSE では母音の音長が異音的だということである．スコットランド以外のほとんどのアクセントではこのようなことはないが，この相違は純粋に実現上の相違なのである．beet, boot に見られるような，SSE における /i/ と /u/ の対立を考えてみよう．この対立は RP を含む非スコットランドアクセントにも存在している．RP では，これに対応する /iː/ /uː/ の音素はすべての環境において，geese や goose におけるように，一般にそれぞれ [iː], [uː] のように実現される．しかし SSE では，音韻的環境によって，/i/ は beet におけるように短い [i] と実現されるか，freeze におけるように長い [iː] と実現されるかのどちらかであり，/u/ は boot におけるように短い [ʉ] と実現されるか，lose におけるように長い [ʉː] と実現されるかのどちらかなのである．長いほうの実現は語末と有声の分節音 /ɹ/, /z/, /v/, /ð/, /ʒ/ の前に出現し，短いほうの実現はそれ以外の位置に出現する．

　実現上の相違が，やがて体系的相違となることもある．たとえば RP がま

だ R 音性的アクセントであった歴史上の一時期において，現在，/iː/ が尾部の /l/ の前で [iːə] として実現されるのとほぼ同じように，/iː/ の音素は尾部の /ɹ/ の前で [iːə] として実現されていた．RP の歴史上のその時期においては，feared/feed, beard/bead のような対には 2 つの相違点があった．すなわち，一方には [ɹ] があって他方にはなく，また一方には [iː] があって他方には [iːə] があったのである．尾部における [ɹ] が徐々に調音されなくなってくるにつれ，こうした対は [biːəd] (beard) 対 [biːd] (bead) のように最小対となった．この時期に，新たな音素 /iːə/（現在の /ɪə/ のもとになった）が起こったと考えてよいだろう．この過程は**音素の分裂**と呼ばれ，かつては異音的であった区別が音素的な区別となる過程なのである．アクセント間の相違に関して述べておきたいのは，RP と，たとえば SSE が，ともに R 音性的であった時点では，両方とも /iː/ の音素を持っていたが実現上の相違が存在しており，RP では /iː/ の音素の異音として [iːə] があったが SSE にはなかったのだということである．しかし現在では体系的相違が存在し，RP には /iː/ 対 /ɪə/ の対立があるが，SSE はこれを欠いている．

　RP およびほかの多くの英語の変種に歴史上に起こった音素の分裂のもう 1 つの例は，上に述べたような FOOT/STRUT の分裂である．STRUT の母音音素は，歴史的には FOOT の母音音素から来ている．英語の歴史上のある一時期に FOOT の母音は円唇で実現されていた．ところが非円唇での実現が現れ始め，やがて音素的な地位を獲得するに至り，その結果 RP およびほかの多くの英語の変種で，[ʌ] と発音される STRUT の母音音素が生じたのである．イングランド北部の多くのアクセントではこの FOOT/STRUT の分裂が起こらなかったので，strut のような語は [ʊ] で発音される．したがって，イングランド北部のこれらのアクセントと RP との違いは体系的相違であり，RP にはイングランド北部の変種にはない音素対立が存在する．その結果 RP では最小対の put([pʰʊt]) と putt([pʰʌt]) のような対はイングランド北部の変種では同音異義語で，両方とも [pʰʊt] と発音される．

　ある相違が体系的なものか，それとも実現上のものか，どうしたらわかるのだろうか．ロンドン英語の，ある特定の場合を考えてみよう．「ロンドン英語」(London English: 以後，LE とする）というときには，すべてのロンドン住民の話すアクセントという意味ではなくて，必要上，きわめて単純化した言い方ではあるが，ロンドンの労働者階級の住民の音声を指す．[5] LE の話者はふつう，lay, pay, say のような語で [aɪ] の二重母音を発音するというのは，広く指摘されていることであり，また RP ではこれらの語に [eɪ] が現

れることもわかっている．これは体系的相違だろうか，それとも実現上の相違なのだろうか．

　答えは，これだけの証拠からでは何とも言えないということである．アクセント間に体系的相違があるかどうかを確認するためには，それぞれのアクセントにおける対立の体系をよく検討しなくてはならない．特に，次のようなことを問わなければならない．すなわち，どちらかのアクセントに [eɪ]/[aɪ] の区別があるか．あるなら，それは対立的なのか．われわれはすでに，RP にはそのような区別があって，しかもそれは対立的であることを確認した(bay 対 buy, Tay 対 tie, say 対 sigh などの最小対を参照)．そうであるなら，次に問わなければならないのは，これらの対が LE においても最小対かどうかである．仮にこれらが LE では同音異義語だということになって，ほかの条件が同じなら，RP にはイングランド北部の多くのアクセント(/ʊ/ しか持たない)には見られないような /ʊ/ 対 /ʌ/ の対立が存在するということを，最小対と同音異義語の証拠にもとづいて結論づけたのと全く同じやり方で，RP と LE の間には体系的相違が存在すると結論づけてよいことになるだろう．

　だが実際には，LE にも最小対が存在するのである．LE では bay, Tay, say などが [aɪ] の二重母音を含むのに対して，buy, tie, sigh などは [ɔɪ] の二重母音を含む．反証となるようなほかの証拠がないので，体系的な相違はここには存在しないと結論づけてよいだろう．RP に認められる対立が LE においても保たれているのである．

　しかし，RP には buy, tie, sigh 対 boy, toy, soy に見られるような /aɪ/ 対 /ɔɪ/ の対立があることがわかっているので，問題はこれで終わりというわけではない．今度問わなければならないのは，この対立が LE でも保たれているかどうか，すなわち RP のこれらの最小対が LE では同音異義語であるかどうかである．答えは，この対立が LE で保持されているということである．つまり，buy, tie, sigh などは [ɔɪ] を含むのに対して boy, toy, soy などは [oɪ] を含むからである．

　ここまで，RP と LE の間の非体系的(非対立的)な，純粋に実現上の相違が相互に関連し合っている例について述べてきたのであるが，ある音素の実現をその中に位置づけることができるような，知覚上および調音上の空間を考えることによって，これらの相違を把握することができるだろう．これは，母音空間図を用いて示すことができる．RP の母音音素 /eɪ/, /aɪ/, /ɔɪ/ の音声的実現を考えてみよう．RP の話者はふつう，これらの音素を二重母音として実現していて，二重母音の出発点は母音空間における以下のような調音

上の「区域」の範囲内にあると想像してみよう.

(2)

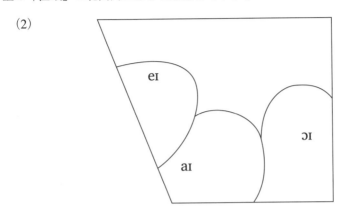

　これらの音素の実現には，話者の間で当然かなりの幅があるはずである．しかしながら，特定の母音の調音がほかのどの母音の空間も侵害しないかぎりは，bay は buy と区別ができるだろうし，buy も boy と区別できよう．もし，そのアクセントの歴史的発展の過程において，/eɪ/ と /aɪ/ の実現が非常に接近して，聞き分けられないほどになり，bay 対 buy の対がどちらも [baɪ] と発音されるようなことがあれば，対立は失われるだろう．この現象は，人類の言語の歴史において広く立証されているもので，**音素の合流**（phonemic merger）と呼ばれる．かつては音素的対立が存在した場所で，その対立が消滅してしまった[6] ことをいうのである．

　明らかに，上に示したような LE の例では合流は全く生じていない．/eɪ/ の実現が [aɪ] に「移動」したその一方で，今度は /aɪ/ の実現が [ɔɪ] に移動し，こうして対立が維持されてきた．同様に，/aɪ/ の実現が [ɔɪ] に移動したその一方で，今度は /ɔɪ/ の実現が [oɪ] に移動し，こうしてここでも対立は維持されてきた．[7] このような現象はかなり広く見られるのであるが，しばしば**母音推移**（vowel shift）と呼ばれる．類似の推移がオーストラリア英語において明らかである．/iː/ の音素が二重母音化して [ɪi] となった結果，/eɪ/ の空間をいくぶん侵害することとなり，今度は /eɪ/ の音素が [ɐɪ] に移動したが，この出発点はかなり低く，中舌寄りで非円唇であるために /aɪ/ の知覚上の空間を侵害することになった．今度は，/aɪ/ が [ɒɪ] に移動し，その結果 /ɔɪ/ の空間を侵害した．しかし，この /ɔɪ/ の音素は「回避行動」をとらなかったとみえて，そのため [ɒɪ] と [oɪ] は対立している．留意すべき点は，

172

母音推移とは純粋に実現上のものだという点である．母音推移によって音韻
的対立の数が増えたり減ったりすることはない．われわれは，LE で /aɪ/ が
[ɔɪ] として実現されるようになったために，RP には現存しているような対
立が LE では崩れてしまうような結果が生じたのかどうかを問うてみた．同
様に，もし RP で /ɔɪ/ を LE におけるように [oɪ] として実現すれば，RP に
現存する対立が崩れてしまうのかどうかを問うてみるのもよいだろう．答え
は，RP の話者は [ɔɪ] と [oɪ] の両方を発音することができるだろうが，この
2 つの音の音声的相違は，知覚可能ではあるが対立的ではないということで
ある．この 2 つの音を含む最小対をあげることはできない．したがって，
/ɔɪ/ を [oɪ] と発音することによって崩れてしまうような音素的対立はない（RP
の話者は，そのように発音しても対立を合流してしまう心配はない）．LE
の話者では /eɪ/ の実現が /aɪ/ の「空間」を侵害し，/aɪ/ の実現が /ɔɪ/ の「空
間」を侵害したのだが，最後の /ɔɪ/ はほかのいかなる音素の空間をも侵害
してはいないからである．

12.3　知覚的および調音的な空間

　世界の諸言語の中で最も単純な母音体系[8] は /i/, /u/, /a/ の 3 音素の体系で，
ふつうは母音空間内に次のように示される．

（3）

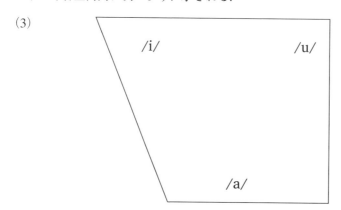

　このような体系における母音音素の実現には，かなりの変異があり得る．
聞き手の側では，ある音素を聞き分ける際にはこのことはほとんど問題にな
らず，たとえ /i/ が [e] 型の母音として実現されようとも，比較的前舌寄りで，
非円唇で，比較的高い母音でありさえすればよい．また，たとえ /u/ が [o]

型の母音で発音されようとも，比較的高くて，比較的後舌寄りで，円唇であ
りさえすればかまわない．同様に，/a/ の実現が（[a] のように）前舌音であ
ろうと（[ɑ] のように）後舌音であろうと，あるいは（[ɐ] のように）中舌音で
あろうと，比較的低くて非円唇でありさえすればよい．つまり，各母音音素
の持つ知覚的および調音的空間が非常に広いのである．

　もう少し大きな母音体系が，世界の諸言語ではよく見られるのであるが，
こうした体系には中母音がある．

(4)

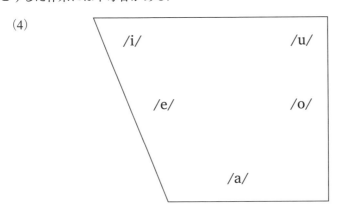

　このような体系では，母音空間はもう少し混みあっている．/i/ の実現が [e]
のようだったり，/u/ の実現が [o] のようだったりすれば問題になるのであ
る．しかし /e/ の実現が [ɛ] のようであっても，[a] のような音でないかぎ
りはかまわないし，/o/ の実現が [ɔ] のようであっても差しつかえない．

　もうすこし大きな体系では高中母音と低中母音の間に対立がある．

(5)

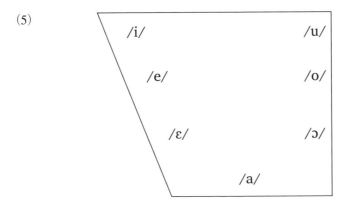

　このような体系では，各母音音素の持つ知覚的および調音的空間はさらに狭くなる．たとえば /e/ の実現が [ɛ] のようになったら問題になるのである．

　英語のアクセントには比較的大きな母音音素体系を持っているものが多く，たとえば RP の前舌の /æ/，中舌の /ʌ/，そして後舌の /ɑː/ に見られるとおり，[a] 型の音素だけでも 3 つないし 4 つあることもしばしばである．このことは，実現における移動によって，ある音素が別の音素の空間を侵害するという結果が容易に起こり得ることを意味する．そして，この知覚的および調音的「空間」という概念に関わる問題として，ある母音間の相違が体系的であるかどうかを判断するのに，どの母音音素の組を検討したらよいのかという疑問がある．これに対する 1 つの答えは，知覚と調音の両方，あるいはどちらか一方の点で，ある意味で「隣接」している母音音素同士を検討しなさいということである．これは，われわれが [eɪ] 対 [aɪ] の区別を検討したときに行なったことである．これら 2 つの二重母音は出発点が前舌で，非高母音で非円唇であるという点において隣接している．[eɪ] の出発点である [e] は調音の面では [ɛ] に近いので，われわれは，[ɛ] 対 [eɪ] の区別を同じように検討してもよかったわけである．実際，LE では /ɛ/ の音素がしばしば [eɪ] として実現されている（そのため，well は [weɪw] と発音されることがある）．このことはしかし，/ɛ/ 対 /eɪ/ の対立の合流を引き起こしたりはしない．なぜなら，すでに見たように，/eɪ/ が [aɪ] として実現されるからである．

　互いに隣接した母音を検討する際に出会うおもな問題点は，その母音が特定のアクセントに見られる多くの（あるいはほとんどの）ほかの母音と隣接し得るということである．今見てきたように，[eɪ] は [aɪ] とも [ɛ] とも隣接している．さらに，[eɪ] の出発点が前舌で中母音で非円唇であって，[ɜː] は中舌で中母音で非円唇であるので，[eɪ] は [ɜː] とも隣接している．たまたま，LE では [ɜː] は移動していないが，[ɜː] が移動したアクセントもある．たとえばリバプールのアクセントでは，[ɜː] は前寄りになって [ɛː] となり，その結果 RP では [wɜːk] と [bɜːd] のように発音される work と bird は，リバプールでは [wɛːx]，[bɛːd] のように発音される．このことは /ɜː/ の実現が母音音素 /ɛ/ の知覚的および調音的空間を侵害したことを意味する．しかしながら，リバプールでは /ɜː/ と /ɛ/ の音素対立は維持される．なぜなら bird 対 bed（[bɛːd] 対 [bɛd]）に見られるように，前者は後者にくらべて長く，それで両者の区別がつくからである．タインサイドの話者には，いくつかの語において /ɜː/ が後寄りになって円唇化し，/ɔː/ の空間を侵害しているような者も多い．このようなわけで，work を [wɔːk] と発音する話者がたくさんい

るのである．この結果，特定の単語の組においては /ɜː/ 対 /ɔː/ の対立が失われて，work/walk と bird/bored のような組は最小対でなく同音異義語となっている．

　母音の調音にはこの「くるくる移動する」現象がとりわけ起こりやすいように思われ，そしてアクセント間の相違の大半が，子音ではなくて母音の調音における相違であるのは，このためなのである．これはあるいは，つねに広い接近を伴うという，母音の調音の性質によるものかもしれない．*3 さらにまた，開母音であればあるほど，接近も広い接近となり，舌と口腔のほかの部分との接触も少なくなる．どのような分節音についても，われわれがその音を発音しようとするたびごとに全く同じ調音を繰り返すというのは，明らかにありそうにもないことである．われわれが発音するどの [d] も，舌の全く同じ箇所が歯茎の全く同じ箇所に対して，全く同じ長さだけ閉鎖を作り，声帯振動の強さも全く同じで，振動の始まりと終わりの時期も全く同じであるなどというようなことはない．つまり，変異は音声に本来そなわった要素なのである．

　しかし，変異はたとえば閉鎖音などとくらべると，母音のほうにさらに根強くそなわっているように思われる．これは，母音を発音するときのほうが，たとえば閉鎖音を発音するときなどよりも，自分の舌が口の中のどこにあるのか，感じとることがむずかしいためである．両唇閉鎖音の調音では，両唇が閉じているのを感じることができるし，歯茎閉鎖音を発音しているときには舌が歯茎に当たっているのが感じられて，両者の違いは話者によってたやすく識別される．しかし，たとえば [ɛ] とは異なる音としての [eː] を発音するときに自分の舌がどうなっているのかを感じとることは，これよりはるかにむずかしい．そのため，簡単に「行き過ぎ」たり「届かない」ということになって，隣接するほかの母音の空間を侵すような調音になってしまうのである．母音の調音は，簡単に言うと，1 つの連続体をなしている．つまり，母音と母音の間には，はっきりした分かれ目がないのである．

　この調音の連続体と並んで，知覚の連続体も存在する．「基本母音」というものは，使用可能な母音空間と，舌の高さ，前舌性/後舌性と円唇性という利用しやすい変動要素を任意に切り取って作られた，単なる参照点であって，これらの変動要素はどれも絶対的なものではなく，程度の問題であることを思い起こしなさい．いったん [e] 型の母音の位置が下がり始めると，どこの地点でそれは [ɛ] 型の母音となるのか．いったん [æ] 型の母音の位置が上がり始めると，どこの地点でそれは [ɛ] 型の母音となるのか．これに対す

る答えは，確信を持って言うことはできない．それだから，アメリカ英語の話者が bad と言ったのを，イギリス英語の多くのアクセントの話者が bed だと思うことがあるのには，何の不思議もない．アメリカ英語の [æ] 型の母音の舌の位置が上がって，[ɛ] 型の音として知覚されるほどになってしまったのである．われわれは色を知覚するのと同じように母音を知覚する．典型的な緑色のものを見せられたら，それが緑色だと識別するのは簡単で，典型的な青色でも同じことである．けれどもこの 2 色の真ん中の色を見せられたら，緑がかった青だと思うか青みがかった緑だと思うか，答えられないことが多い．このように中間的な場合，ある人はたとえば服の色を緑色だと言い，またある人は青いというだろう．母音の場合も同様で，[e] と [ɛ] の真ん中の音をどちらに属するか判断するのはむずかしい．もし，かつては基本母音の [ɛ] に近かった母音が [e] に近く発音され始めたら，聞き手はそれを [e] のほうに属すると判断して，今度は [e] で発音し始めるかもしれない．

　なによりも大切なのは，音響的なできごとに対する知覚は，自分のアクセントの中に持っている音韻的対立の体系の心的表示に大きく依存しているということである．そしてまた，音素的対立が存在するためには，それが人間が知覚することのできるような音声的区別にもとづいたものでなくてはならないということも非常に重要である．そうした音声的相違は非常に細かいものであってもよいが，聞き分けられるものでなければならない．もし，ある言語にそれほど母音音素の数がない場合には，それぞれの母音音素の実現は，出現可能な知覚的および調音的空間の中を「自由にさまよう」ことが許される．

　子音の連続体もまた存在するのだが，母音間におけるよりも子音間におけるほうがもう少しはっきりした区分がある．たとえば両唇の調音は，歯茎の調音とは根本的に異なっている．前者では舌は無関係であるし，後者では唇は何もしなくてよいからである．しかしそれでも，/l/ の [w] としての実現におけるように，より母音的な子音の調音においては特に，歯茎音から両唇音へのゆるやかな移行が実際にあり得ることを本書では見た．歯茎側音の発音にいったん軟口蓋の副次的調音が加われば，こちらのほうが主調音となって，もとの歯茎における狭めが全く失われ，新たに両唇における狭めが生じるかもしれないのである．

12.4　音素の語彙的分布における相違

　アクセント間の変異にはさらに，語の音韻表示に関わってはいても体系的とはいえない相違がある．たとえば，イングランド北部の多くのアクセントでは，RP に見られるような /æ/ 対 /ɑ:/ の区別がなんらかの形で存在する．「長い a」の実際の音質は，しばしば RP の場合とは異なっている．西ヨークシャーの話者には，「長い a」に RP の話者よりもずっと前舌寄りの調音をする者も多い．その結果，この /æ/ 対 /ɑ:/ の違いは短い [a] と長い [a:] の違いとなり，これらは音質的には同じであるために，音長によってのみ区別されるという場合が非常に多い．それでもなお音素的区別は存在していて，ant/aunt, Sam/psalm のような最小対はこれにもとづいている．西ヨークシャーの /a/ 対 /a:/ の区別は RP の /æ/ 対 /ɑ:/ の区別に相当する，あるいは等しいものであるということができる．

　しかし，そのようなイングランド北部のアクセントの話者（さらに GA の話者も）は，RP の話者なら長母音を伴って発音するような語，すなわち BATH の語群で短母音を発音する．イングランド北部の多くの話者の場合，bath, class, glass がその例で，すべて無声摩擦音で終わる語である．この語群にはほかに France や dance のように鼻音プラス子音の連続を含むものがある．この種の相違について述べておきたいのは，イングランド北部の話者が（スコットランドの話者のように）「長」対「短」の音素対立を欠いているのではなく，それら特定の語の音韻形式が長母音音素ではなくて短母音音素を有しているということなのである．これを次のように示すことができる．

　　(6)　体系的相違 対 語彙的分布の相違

	長い a 対短い a の 音素対立の有無は？	ant, aunt, bath の 音韻形式
RP の話者	有	/ænt/, /ɑ:nt/, /bɑ:θ/
イングランド北部の話者	有	/ant/, /a:nt/, /baθ/
スコットランド英語の話者	無	/ɛnt/, /ɛnt/, /bɐθ/

　こうした相違は，音韻形式においてアクセントが違うと別の音素が出現する語の範囲が変わってくることから生じる．したがってこうした相違は体系的相違や実現上の相違ほど一般的な性質を持たず，より個別的である．しかし，こうした相違は別々のアクセントの話者の間での相互理解をさまたげる大きな問題の原因となることがある．*⁴

　本書ではアクセント間および方言間のいくつかの相違についての記述を始めたところであるが，単に異なった発音について述べるだけではなく，そのような相違の性質についてより深い理解をもたらすような，そしてわれわれの分析において理論的考察がどれほどの役割を果たすかを示すような方法でこれを行なってきた．イングランド北部の話者が bus のような語を [bʊs] と発音し，LE の話者は say のような語を [saɪ] と発音する，あるいはまた，一定の前後関係においてのみ [ɹ] を発音するような話者がいるなどということは情報としては有意義だが，本書では単にそれだけのことを述べてきたわけではない．異なったアクセントの話者が所有する音韻知識の性質について，いくらかでも理解できるよう努めてきたのである．

注

1　これは，アクセントに対する社会の見方がアクセントの変異に影響を与えることを否定するものではない．人々の話し方を調査しているのであれば，そして人々の話し方がアクセントに対する社会の見方に影響を受けているのであれば，全体的状況の一部をなすものとして，そうした要素を認識しなければならないのは明らかである．

2　多数ではあるが，全部ではない．北部のアクセントの中には /ʊ/ と /ʌ/ が区別されるものもあり，そのような場合には /ʌ/ は非円唇の [ʊ] として実現される．これは [ɪ] と表記するのが妥当であろう．

3　「対立的相違」(contrastive difference) と呼ぶこともできよう．

4　タインサイドの話者には /ʊ/ 対 /ʌ/ の区別をしない者も多い．

5　「労働者階級」という用語はあいまいで，定義することは非常にむずかしい．それでもなお，この語は意味をなしており，複雑ではあるにせよ現実に存在している社会階層（「社会階層」というあいまいな概念にどのような問題点があろうとも）の相違を認定するのに，確かに役立つのだと考えることにする．「ロンドン」という語も，同じようにあいまいである．それでもなおこの語も，定義するのはむずかしいにせよ現実に存在している，地理的な，そしておそらくは文化的ともいえる実体を認定する助けとなるので，有用な機能を果たしている．

6　2 つの実現の間に変異があって，しかもそのことが言語学者たちによって指摘されていないのだとすると，合流したと誤って見なされたのかもしれない対立が，再び出現する可能性があるのは明らかである．さらにまた，ある対立がいくつかの音声的環境では合流しても，ほかの環境では合流せず，その結果，そのまま残る最小対と消滅してしまう最小対が生じるという場合もある．以下 12.4 の

語彙的出現の項を参照.

7 LE と RP は共通の起源を持っており，LE は歴史上，とりわけこれらの音素の実現において，RP には見られなかったような新たな変化をとげたのだとわれわれは想定している．たまたまこの場合においては，この想定が正しいことが証明されるのだが，類似の場合に対してつねに同じ想定を行なってよいわけではない．新しい変化が起こったのは RP のほうだという場合も存在するのである．/ʌ/ 対 /ʊ/ の対立がその例であり，これは南部における変化であって，北部のアクセントではこの変化は起こらなかった.

8 ここでいう「母音体系」とは「単母音の体系」という意味であって，二重母音は考慮されていない．概して，単母音のほうが二重母音より「基本的」だといえるが，二重母音も広く見られ，世界の諸言語で最も広く見られるのは，中でも [aɪ] 型と [aʊ] 型の二重母音である.

練習問題

1 Track 12.1, 12.2, 12.3 を聴き，各音声ファイルについて次の問に答えなさい．吹込み者は以下の単語リストを読んでいる． 🎧 Track 12.1–12.3

(1) pat	(19) run	(37) middle
(2) bat	(20) rung	(38) metal
(3) tuck	(21) lack	(39) medal
(4) duck	(22) rack	(40) bicker
(5) carter	(23) wet	(41) bigger
(6) garter	(24) yet	(42) degree
(7) fan	(25) witch	(43) decree
(8) van	(26) which	(44) betting
(9) this	(27) lock	(45) bedding
(10) thick	(28) loch	(46) written
(11) seal	(29) earthy	(47) ridden
(12) zeal	(30) worthy	(48) singer
(13) bishop	(31) sinner	(49) stronger
(14) leisure	(32) simmer	(50) fat
(15) heart	(33) singer	(51) fad
(16) batch	(34) supper	(52) wrap
(17) badge	(35) rubber	(53) rab
(18) rum	(36) little	(54) sack

180

(55) sag	(59) bet	(63) graze
(56) belly	(60) chutney	(64) behave
(57) berry	(61) kidney	(65) anyhow
(58) bell	(62) grace	

(a) 話し手は R 音性的ですか，非 R 音性的ですか．（第 7 章を参照.）あなたの答えの証拠になることは何ですか．

(b) 話し手の LOT のような語の母音は円唇ですか，非円唇ですか．

(c) ⟨wh⟩と⟨w⟩のつづり字を持つ語はどのように発音されていますか．

(d) 話し手の発音に，弾音化は見られますか．（第 9 章を参照.）話し手の一人は RP 話者，一人は GA 話者，そしてもう一人は SSE 話者です．誰がどの音声ファイルの話者ですか．上の質問に対するあなたの解答と関連づけて答えなさい．

2 上の(a)から(d)までの項目に関して，話者の間で相違がある場合には，それが体系的相違であるか実現上の相違であるかを述べ，理由を説明しなさい．

訳者注

*1 本書で使用している「アクセント」という用語の意味については「訳者まえがき」および6.1を参照．

*2 GA における /l/ の実現には、全体的に多少とも軟口蓋音化が見られるものの，すべてが「暗い」側音というわけではなく，音節の頭部で前舌高母音にはさまれた場合には軟口蓋音化されない側音が現れる．

*3 それよりも，英語の母音音素の空間が混みすぎていることによるであろう．日本語のように上述の(4)の 5 母音の言語では母音音素の空間が適当な距離に保たれ，歴史的にも，またアクセント別に見ても母音空間同士の距離がかなり安定している．これについては，著者自身が p. 176 で言及している．

*4 GA の話者が impossible /ɪmpɑsəbl/ と発音すると，RP の話者には impassable /ɪmpɑːsəbl/ と聞こえる，などはその一例である．

13
英語のアクセントの概要

13.1　英国のアクセント

13.1.1　ロンドン英語(🎧 Track 13.1　および練習問題 1)
13.1.1.1　ロンドン英語のアクセントの定義
　「ロンドン英語」(LE)という用語は，本書ではロンドンの土地ことばのアクセントという意味で用いる．この中には，コクニーからはじまって，いくつかの点でむしろ RP のほうに近いものに至る両極端の間の，広範囲にわたるアクセントが含まれる.*1

13.1.1.2　ロンドン英語の母音
　LE の母音体系は，RP の母音体系と完全に対応しているのだが，大きな実現上の相違がたくさんあり，そのほとんどは第 12 章で論じたような「母音推移」によるものだということを前提としておく．

/ʌ/, /æ/, /ɛ/, /eɪ/, /aɪ/ および /ɔɪ/ の実現
　LE では，音素 /ʌ/ がしばしば，短い [a] 型の音として実現されることがある．そうするとこれが音素 /æ/ を侵害し，/æ/ はしばしば [ɛ] に近い音として実現されることになる．今度はこれが /ɛ/ を侵害し，それによって /ɛ/ が [eɪ] に近い二重母音として実現され，この実現が今度は /eɪ/ の知覚的空間を侵害する．すでに見てきたように，/eɪ/, /aɪ/, /ɔɪ/ の音素もこの母音推移に関わっており，それを次のように示すことができるだろう.

/ʌ/	/æ/	/ɛ/	/eɪ/	/aɪ/	/ɔɪ/
|	|	|	|	|	|
[a]	[ɛ]	[eɪ]	[aɪ]	[ɔɪ]	[oɪ]

/aʊ/, /ʌ/, /æ/ および /ɑ:/ の実現

これに加えて，コクニー型の LE では，sound（[sa:nd]），¹ pout（[pʰa:t]）におけるように音素 /aʊ/ はしばしば長い [a:] として実現される．この母音は（putt [pʰat] におけるような）/ʌ/ の実現や，（pat [pʰɛt] におけるような）/æ/ の実現とも異なるので，これら 3 音素の区別は維持されている．さらに，LE における /ɑ:/ の実現は移動していないので，この音と /aʊ/ の実現である [a:] とははっきり違っている．

/ɔ:/ と /oʊ/ の実現

/ɔ:/ は一般に開音節では（war [wɔɐ] におけるように）[ɔɐ] として実現され，それ以外の位置ではどこでも（short [ʃoʊʔ] におけるように）[oʊ] として実現される．これはすなわち，音素 /ɔ:/ の実現の 1 つが音素 /oʊ/ を侵害し，そのために音素の重複が起こる可能性が生じることを意味している．しかし音素 /oʊ/ のほうもまた，[oʊ] の実現を持たないのがふつうで，同音節的な /l/ の前では [ɒʊ]，それ以外の位置ではどこでも [ʌʊ] として実現されることが多い．

音素の重複: /i:/ 対 /ɪ/

音素 /ɪ/ は，fill [fɪiw] に見られるように，同音節的な /l/ の前ではしばしば [ɪi] として実現される．

同様に音素 /i:/ も，feel [fɪiw] に見られるように，同音節的な /l/ の前ではしばしば [ɪi] として実現される．そのようなわけで，こうした対は LE では同音異義語であるのだが，RP では最小対である．LE において音素の合流が起こり，それゆえに両者のこの相違は体系的な性格であると結論づけるよりも，これは 2 つの音素の重複の問題だとしたい．ほかの前後関係では，beat [bi:ʔ] と bit [bɪʔ] に見られるように，/i:/ は [i:] の，/ɪ/ は [ɪ] の実現をそれぞれ維持しているからである．feel と fill の語末の /l/ が，feeling や filling におけるように，後続の頭部に音節化されるような場合には，この /l/ はもはや先行母音と同一音節にはないので，先行母音は通常の形で実現されて，[fi:lɪn] および [fɪlɪn] のようになることに注意しなさい．

語末のシュワーの低舌化

RP では cinema や letter のような語の語末はシュワーであるが LE ではこの母音の舌の位置が下がって中舌母音の [ɐ] となり，letter はしばしば [ˈlɛʔɐ]

と発音される.

13.1.1.3　ロンドン英語の子音

　LE は子音音素の実現，それにおそらくは子音音素体系に関しても，RP とは異なっている.

無声閉鎖音音素

　無声閉鎖音音素である /p/，/t/，/k/ は，第一強勢を持つ母音の前では強い気音を伴って実現されることがよくあり，さらに少なくとも /t/ の場合には，cup of tea [ˌkʰaʔpəˈtsʰɪi] のように，しばしば破擦を伴う.　これらの閉鎖音の声門発音としての実現である [ʔ] の起こる位置が RP よりも広範囲であることに注意しなさい.　そのような位置の 1 つの例は，matter [ˈmɛʔɐ] に見られるように，母音間で，しかも最初の母音に強勢のある場合である.　こうした語では最初の母音に強勢があるので，声門発音は脚の内部で起こっている.

コクニーにおける /θ/ 対 /f/ および /ð/ 対 /v/

　これまでにしばしば指摘されてきたように，RP における thin/fin のような最小対は，多くのコクニーの話者にとっては両方とも [fɪn] なので，同音異義語である.　このことを Wells (1982; 参考文献案内を参照) は「TH 音前方化」(TH-fronting) と呼んでいる.　/θ/ がコクニー英語に存在しないかどうかを判断するには，コクニーの話者はいかなる位置においても [θ] を発音することがないのかどうかが非常に重要である.　もし仮に，ほかのすべての位置において(たとえば Cathy のような母音間や，moth のような語末でも)つねに [θ] でなく [f] が現れるということがわかったとなれば，コクニーの話者はこの対立を全く欠いていて，コクニーと RP の間には体系的相違が存在するのだと結論づけてもよかろう.　しかしこの現象については一定していない話者が多数存在するので，彼らが /θ/ の音素を欠いていると結論づけることはできない.　/v/ と /ð/ に関するかぎり，両方の音素を含むような最小対 (たとえば vat/that, live/lithe) をたくさん見つけることはかなりむずかしい.　しかし，それぞれ母音間の /ð/ と語末の /ð/ を含む feather や with のような語が，コクニーでは [v] を用いて発音されることが指摘されている.　けれども，the, that, there, their, this などにおけるような語頭の /ð/ がコクニーで [v] と発音されているかどうかは明らかでない.　もしこれらの語で [ð] が発音されているのだとすれば，ここでは純粋に実現上の相違が存在し，コク

ニーの /ð/ は母音間と語末で [v] として実現されるのだと言わなければならないだろう.

/l/ の母音化

　音素 /l/ はしばしば有声歯茎接近音として実現されるが, これに軟口蓋音化のような副次調音が加わっていることがある. 軟口蓋音化は RP では音節の韻部に見られ, スコットランド英語, GA, オーストラリア英語のようなアクセントでは頭部にも韻部にも見られる. この副次調音のほうが優勢になると, 歯茎での調音が失われて, 母音に近い調音となることがある. これに円唇化が加わると, 音節の尾部では [w] に非常によく似て聞こえるような実現となる. これはコクニーの girl ([gɛːw]), Bethnal (['bɛfnəw]), healthy (['ɛwfi]) のような発音に見ることができる. /l/ が母音的な音で実現されることから, これは「l の母音化」(l vocalization) と呼ばれる. l の母音化はコクニーから英国の他の都市にも広がりつつあるようだ.

コクニーには /h/ がない?

　広く指摘されているように, hair/air のような RP の最小対はコクニーでは同音異義語であり, これはあるいは LE 全般にいえることなのかもしれない. コクニーでは behold におけるような語中の /h/ でさえ存在しないと見られるので, これはいかにも体系的相違であるかのように思われる. コクニーに /h/ が全く欠けているという証拠は 2 つのところから出てきている.

　第一に, [æn] (あるいは [ən]) が英語では, an ear, an oar などに見られるように, 母音で始まる語の前における不定冠詞の音声形式であり, これに対して [æ] (あるいは [ə]) は a boat, a house などに見られるように, 子音で始まる語の前における音声形式であるということは知られている. コクニーの話者は house, hair などのような語の前でも [æn] (あるいは [ən]) を選び, このことはこうした語がコクニーでは音韻的に母音で始まる語なのだということを示唆している.

　次に, **過剰矯正** (hyper-correction) の現象にもとづく証拠も, 説得力がある. 過剰矯正とは, (地位の高いアクセントで聞かれるような, 「正しい」発音とされるものに近づけようとして) 矯正しなくてもよい語を「矯正」することである. たとえば, 接尾辞の -ing に対していつも [ɪŋ] ではなく [ɪn] の発音をするような話者の多くは, それにもかかわらず [ɪn] よりも [ɪŋ] のほうが「正しい」発音だということを意識しているとも考えられる. こうした話者

はしばしば，kicking を [kʰɪkɪn] から [kʰɪkɪŋ] に「矯正」するのだが，間違って badminton のような語も [bædmɪŋtən] と「矯正」することがある．この現象が意味するのは，話者は -ing の形態素に対する音韻形式として /ɪn/ を持っており，接尾辞 -ing を含まないような場合についても，自分の実現に対する「矯正」を過度に一般化してしまうということである．同じように，フランス語の話者は，/h/ の音素を欠いているので，英語を過剰矯正してしまい，hair と air どちらに対しても [hɛə] と発音するような結果となる．フランス語話者にとっての問題は，/h/ の音素を持たないために，/h/ を伴わない心的表示のうちの，どれに /h/ をつけなければならないか，どれにはつけなくてよいかがわからないことである．コクニーの話者も，フランス語話者と全く同じように，air を [hɛə]，ear を [hɪə] などのように過剰矯正することが観察されている．このことは，コクニーの話者はフランス語話者と同じように，音素 /h/ を全く持たないことを強く示唆している．しかしながらこの現象は LE で減少しつつあるとも見られ，これは音素 /h/ に対する認識が LE 話者たちの間でこれまでずっと存在してきたことを意味するのかもしれない．

13.1.2　タインサイド英語（ 🎧 Track 13.2 　および練習問題 2）
13.1.2.1　タインサイド英語アクセントの定義

　ここでいう「タインサイド英語アクセント」（またの名を「ジョーディアクセント」（the Geordie accent）という）は，タイン川が北海に注ぐ河口から数マイル以内の，川をはさんで南北に位置する都市地域で生まれ育った人々によって用いられるアクセントのことである．おもな地域としては，北岸のニューキャッスル・アポン・タイン，南岸のゲーツヘッドが含まれている．

13.1.2.2　タインサイド英語の母音
/ʊ/ 対 /ʌ/

　ほとんどのタインサイドの話者は，/ʊ/ 対 /ʌ/ の区別を欠いており，これは北部イングランドの典型的な特徴といえる．彼らには /ʊ/ はあるが，/ʌ/ がないのである．[2] この対立が存在するようなアクセントは，FOOT/STRUT の分裂と呼ばれる歴史上の音変化を経てきている．すなわち，音素 /ʊ/ の非円唇での実現が起こり，やがて音素的地位を獲得した結果，putt /pʌt/ と put /pʊt/ が最小対となったのである．ジョーディのようなイングランド北部のアクセントでは，これらはふつう同音異義語であって，どちらも [pʰʊt]

と発音される.

/e/ と /o/

RP の音素 /eɪ/ および /oʊ/ に相当するタインサイド英語の音素は /e/ および /o/ である. 多くのタインサイドの話者の発音で, この音素 /e/ は長い単母音の [eː] として実現されるが, この実現と, シュワーで終わる二重母音 [eːə] としての実現との間で変動が見られる. タインサイド英語の音素 /o/ もまた, 多くの話者の発音で, 長い単母音の [oː] として実現されると考えられるが, 話者によっては [øː] に類した前舌寄りの [oː] として実現される.

/ɔː/, /ɜː/ と非 R 音性

タインサイド英語は非 R 音性的であり, このことが母音体系の発展に影響を及ぼしたのはもちろんである. タインサイドの話者の中には一定の単語で /ɔː/ と /ɜː/ の対立を持たず, その結果 walk と work が [wɔːk] のように同音異義語となっているような者もいる. タインサイドのもっと「なまりの強い」アクセントの話者は, walk と work のような語における /ɔː/ と /ɜː/ の区別を維持しており, その結果 /ɔː/ は [ɛː] として, また /ɜː/ は [ɔː] として, [wɛːk] (walk) 対 [wɔːk] (work) のように実現される.

シュワーおよび非 R 音性

タインサイド英語の中向き二重母音のうち, 音素 /ɪə/ は一般に, [ɪʌ] あるいは [ɪɐ] として実現される. 似たような現象が /ʊə/ の実現に見られ, poor は [pʰʊɐ] のように発音される. タインサイド英語の音素 /ɛə/ は, 長い単母音の [ɛː] として実現されるのがふつうである.

中向き二重母音 /ɪə/ と /ʊə/ に関連して, タインサイド英語では, シュワーの音素 (/ə/) が [ʌ] あるいは [ɐ] に近い音 (低中舌非円唇母音) となることがあるが, これはそれぞれの語の歴史によっている. 歴史上, シュワーに /ɪ/ が後続していた場合には, dresser のように [ʌ] あるいは [ɐ] となりやすい.

非円唇の低母音

タインサイド英語の音素 /æ/ は [ɐ] として実現されるのがふつうだが, 有声の語末子音が後続するときには, しばしば長い [ɐː] として実現される. たとえば lad では [lɐːd] のように [ɐː] となるが, lass [lɐs] ではそうはならない.

/ɑ:/

タインサイド英語の話者たちは，北部イングランドの多くの話者たちと同じように，ある種の語(例: bath)では /ɑ:/ ではなくて /æ/ を発音するが，このことは体系的相違や実現上の相違の現れではない．これは語彙的分布における相違，つまりある語において2つの音素のうちのどちらが現れるかの問題である．こうした語は Wells (1982) が BATH の語群と呼んでいるものに属しており，この母音に無声摩擦音が後続する bath や class のような語と，この母音に鼻音プラス子音の連続が後続する grant や France のような語が含まれる．

/aɪ/ の実現

/aɪ/ は，(語彙的にも社会言語学的にも)変異はあるものの，語末および有声摩擦音の前ではしばしば [aɪ] あるいは [eɪ] として，しかしそれ以外の位置ではもっと中舌寄りの出発点を伴う [ʌɪ] として実現される．音長に関しては，スコットランド英語の音長の一般的な変化を受けた SSE の /aɪ/ の場合と同様である．

13.1.2.3 タインサイド英語の子音
タインサイド英語の /h/ と /l/

強勢を受けない語(he, him など)において /h/ を実現しないことは，ほとんどあらゆる英語のアクセントで許容されるが，強勢を持つ音節で /h/ を実現しないことが許容されているアクセントは限られている．そうしたアクセントはイングランドの多くの地域に見られるが，タインサイドにはそのようなアクセントはない．タインサイドでは，強勢のある音節では /h/ がほとんどいつでも実現される．

タインサイド英語の /l/ はすべての位置で [lʲ] と表記されるような「明るい l」として実現される．ここで「明るい l」というのは前舌面と硬口蓋での副次調音を伴う歯茎側音を指す．

声門閉鎖音と /p/ /t/ /k/ の声門音化

無声閉鎖音 /p/, /t/, /k/ は，clipper, fitter, hacker におけるように母音間で，とりわけ最初の母音に第一強勢あるいは第二強勢がある場合に，しばしば声門音化される．その結果生じる実現は [ʔp], [ʔt], [ʔk] のように表記することができる．口腔内での調音が声門閉鎖と同時に起こる．声門音化した /t/ の

実現には [ʔt] と [ʔɾ]（声門音化した弾音）との間で変動がある．「声門補強」
（glottal reinforcement）という用語がこの種の調音を表すのに使われること
がある．母音と声門閉鎖音との間に，grumpy, auntie, hankie に見られるよ
うに共鳴音*² が入る場合もある．

　ここにあげたような語においては，この声門音化の生じる位置を脚の内部
（つまり，第一強勢あるいは第二強勢を持つ母音と強勢のない母音との間）と
限定することができるだろう．したがって，/p/, /t/, /k/ は強勢のある音節
のはじめでは気音を伴うが，脚の内部に出現する場合には声門音化すること
になる．

　タインサイド英語の話者には声門発音も見られる．無声閉鎖音，とりわけ
/t/ が声門閉鎖音 [ʔ] で実現されるのである．この際の調音は声門閉鎖で，
他に口腔内での閉鎖は起こらないので，上で述べた声門音化とは異なる．声
門発音は RP を含む多くの英国のアクセントに見られるが，より知覚的に目
立つのは butter のように母音間で，強勢のある母音が先行している場合であ
る．タインサイド英語では，butter は /t/ が声門音化された [ˈbʊtʔə]，ある
いは声門発音となった [ˈbʊʔə] のどちらの発音もある．この位置での声門発
音は英国では社会的に非難されるが，ジョーディ，ロンドン英語，労働階級
のスコットランド英語，およびブリテン諸島のたくさんのアクセントではご
くふつうに聞かれる．声門発音を「無精」「不明瞭」「だらしない」などとけ
なす RP 話者たちは，面白いことに自分たちも声門閉鎖音をしょっちゅう使っ
ていることに気づいていない．ただし彼らが声門閉鎖音を使うのは，無強勢
機能語の語末で後続語が子音で始まるような前後関係の，知覚的にあまり目
立たない位置である場合が多い．たとえば I didn't know that she was here.
のような文の that の語末の /t/ は，RP 話者でさえもまず間違いなく声門閉
鎖音で発音するのである．皮肉なことに，butter のような語の /t/ の発音が
不明瞭だとけなされるのは，この母音間の，脚の内部の声門閉鎖音が非常に
明瞭である（すなわち，はっきり聴こえる）せいなのである．

/t/ の「r」のような実現

　北部イングランドの多くのアクセントと同様に，タインサイドのアクセン
トにも [ɹ] 型あるいは [ɾ] 型の調音であるような /t/ の実現が存在する．こ
の現象は 'T-to-R' とも呼ばれている．この実現の出現するような前後関係を
はっきりと述べることができるのかどうか，あるいはまた，この実現は単に
ある種の単語，ことによるとある種の句によく出現するだけなのかどうかも

明らかではない．この現象にはおそらく，社会言語学的な変動があると考えられる．この実現は母音間に出現するという点で GA における弾音化を思わせるが，タインサイド英語におけるこの現象は語彙的にずっと散発的である．代表的な例では，got a light, get off, put it down, but he does, shut up の場合のように，短母音に先行された語末の /t/ に，母音で始まる語が後続していると見られる．しかしながら，これは better におけるように語中でも，さらに I thought he did におけるように長母音のあとでも出現している．この「r」のような実現はまた，声門音としての実現および声門音化した実現との間でも変動を示すようで，その結果，たとえば get off に対する発音には，get の /t/ の実現として [t], [ʔ], [ʔt], [ʔr], [r] あるいは [ɹ] が含まれている可能性がある．

13.1.3　標準スコットランド英語（🎧 Track 13.3　および練習問題 3）
13.1.3.1　標準スコットランド英語アクセントの定義
　標準スコットランド英語（SSE）は多くのスコットランド人が標準英語を話すときの標準的なアクセントで，大学教育を受けた中流階級のスコットランド語話者に特徴的なアクセントである．これは古英語のノーザンブリア方言を起源とする，スコットランド語（Scots）と呼ばれるものとは異なる．スコットランド語はスコットランドの労働者階級によって話され，Irvine Welsh の小説『トレインスポッティング』（Trainspotting）や同名の映画に登場する．スコットランド語の痕跡を全く見せずに標準英語を話すことのできるスコットランド語話者も多いが，彼らは bairn（子供）や kirk（教会）のようなスコットランド語の単語を標準英語に混ぜることもある．

13.1.3.2　標準スコットランド英語の母音
スコットランド英語母音音長規則
　SSE の主要な特徴の 1 つは，母音の音長が音素的であることを示す証拠がほとんどないことで，/uː/ 対 /ʊ/，/ɑː/ 対 /æ/，/ɔː/ 対 /ɒ/ のような対は SSE の母音の音素体系には存在しない．これに対して，母音の音長が異音的であることを示すかなりの証拠が存在する．すでに見たように（p. 59），形態素の末尾や有声の継続音*3 の前では長い異音を持つ母音音素がいくつかあり，そのために [ɫif]/[ɫiːv]（leaf/leave）や [hʉf]/[mʉːv]（hoof/move）のような短/長の異音的相違が生じている．この現象はスコットランド英語母音音長規則（Scottish Vowel Length Rule: SVLR）と呼ばれ，SSE と RP の主要

190

な実現的相違の1つである．どのような母音に，このSVLRが働くかには議論の余地があるが，/i/, /u/ と /ai/ については，ほとんどすべてのSSE話者でこの規則どおりであるように思われる．/ai/ には eye, wise におけるような [ɐe] と right, ice におけるような [ʌi] の2つの実現形がある．/ai/ のこれらの異音は /i/ と /u/ の長い異音と短い異音が出現する前後関係と全く同じ位置に出現するのだが，「短い」[ʌi] と「長い」[ɐe] という2つの異音の違いは母音の音長ではなくて音質であると考えられる．

/ʊ/ 対 /uː/ および /ʊ/ 対 /ʌ/ の区別

RP と SSE の大きな体系的相違の1つは，SSE には pool/pull (/uː/ 対 /ʊ/)型の区別がないことである．SSE には音素としての長母音がないため，/uː/ も /ʊ/ も存在せず，代わりに /u/ という単一の音素が存在する．SVLRの働く位置では，この音素は長母音の [ʉː] として，それ以外の位置ではどこでも短母音の [ʉ] として実現される．SSE以外のスコットランド英語のアクセントでは，この母音の実現は中舌の [ʉ] よりもさらに前舌寄りとなって，ときにはフランス語の [y] のような音（高前舌円唇母音）に近づくことさえある．

SSE には，北部イングランドの多くのアクセントとは異なり，put/putt (RPでは /ʊ/ 対 /ʌ/)型の区別が存在する．したがって put, putt, pool, pull は [pʰʉt] (put), [pʰʌt] (putt)，および [pʰʉɫ] (pull/pool)のように実現され，poor のような語には SVLR が働いて [pʰʉːɹ] と，長母音を伴って実現される．

/ɔː/ 対 /ɒ/ の対立の欠如

RP と SSE の間の，もう1つの著しい体系的相違は，SSE には /ɔː/ 対 /ɒ/ の対立が欠如していて，代わりに /ɔ/ という単一の音素が存在することである．このことは，cot/caught, not/nought のような最小対が，SSE の多くの話者にとっては同音異義語であることを意味している．さらにまた，SSE の話者の中には /ɔː/ 対 /ɒ/ の対立をイングランドの英語から取り入れたために，caught や nought のような語では /ɔː/ だが cot や not のような語では /ɔ/ を発音する人たちがたくさんいるという事実によって，状況がいっそう複雑になっている．

RP では Wells (1982)が THOUGHT, NORTH, FORCE の語群と呼ぶような語群で /ɔː/，LOT の語群では /ɒ/ が現れる．すでに述べたように，RP の影響を受けていない SSE 話者では /ɔː/ 対 /ɒ/ の対立がないので，caught

（THOUGHT の語群）と cot（LOT の語群）は同音異義語である．これらの語群に関連した RP と SSE のもう 1 つの違いは SSE では FORCE の語群に /o/，NORTH の語群では /ɔ/ が現れることで，そのため SSE では horse [hɔɹs]（NORTH の語群）と hoarse [hoɹs]（FORCE の語群）は最小対だが，RP では両方とも [hɔːs] で同音異義語である．

/æ/ 対 /ɑː/ の区別の欠如

　RP と SSE の間のもう 1 つの大きな体系的相違は，SSE には /æ/ 対 /ɑː/ の区別が欠如していることにある．代わりに [a] 型の音素が 1 つだけ存在し，この音素は低中舌非円唇母音の [ɐ] として実現されるので，ant と aunt のような対は SSE では同音異義語で [ɐnt] と発音される．もちろん RP ではこれらの語は異なっていて，ant は [ænt]，aunt は [ɑːnt] と発音される．教養のある SSE 話者の中にはこの区別を RP から習得した人もいるが，実際そのように発音するかどうかは一定していないことが多い．

/eɪ/ 型および /oʊ/ 型の音素

　RP の音素 /eɪ/ に相当する SSE の音素は /e/ で，[bet]（bait）と [beːɹ]（bare）に見られるように，SVLR の働く位置では長い単母音の [eː]，それ以外の位置ではどこでも短母音の [e] として実現される．

　RP の音素 /oʊ/ に相当する SSE の音素は /o/ で，[bot]（boat）と [boːɹ]（boar/bore）に見られるように，SVLR の働く位置では長い単母音の [oː]，それ以外の位置ではどこでも短母音の [o] として実現される．

二重母音

　すでに見てきたように SSE の二重母音 /ai/ には SVLR が働き，長い異音の現れるような位置では [ɐe]，それ以外の位置ではどこでも [ʌi] として実現される．SSE の二重母音 /au/ は mouth [mʌʉθ] におけるように [ʌʉ] として実現される．

/ə/, /ʌ/ および /e/

　RP では語末にシュワーが現れ，歴史的にも /ɹ/ で終わっていたことのない cinema, comma, America のような多数の語が，SSE では [ʌ] 型の母音を伴って発音される．RP の語末のシュワーに歴史的には /ɹ/ が後続していた，better や seller のような場合には，SSE は /ɹ/ を維持しており，その前にシュ

ワーか /ɪ/ のどちらかの母音が現れる.

RP その他のアクセントで very, happy, lucky のような語の語末に見られる短母音の [i] は, SSE では通常 [e] である. 以前この母音は RP では [ɪ] であったが, Wells (1982) が happY の緊張化*4 (happY Tensing) と呼ぶ現象, すなわち語末の [ɪ] の舌の位置が上がって, つまり緊張化して, [i] となる変化を受けた. happY の緊張化は英語の多数の変種で見られるが, SSE では起こっていない.

13.1.3.3 標準スコットランド英語の子音
R 音性

SSE は R 音性的である. SSE の /ɹ/ は尾部も含めて音節中のどの位置でも実現されるので, far や farm のような語は「r」の音を伴って発音される. この音素は [ɹ] として実現されるのがふつうだが, ときには [ɾ], ごくまれに [r] としても実現される. 話者によっては [ɹ] と [ɾ] の異音を区別して, bring, trip, creep などの語の枝分かれ頭部では [ɾ] を実現するような人たちもいる. われわれが R 音性的アクセントと言うときには, 話し手が発音する「r」の種類のことを言っているわけではないことに注意しなさい. われわれは「r」が尾部において実現されるようなアクセントを意味しているのであって, どのような音声的実現であるかは無関係なのである.

/ʍ/ 対 /w/ の区別

つづり字からうかがえるような, which/witch, wheels/weals, what/watt における /ʍ/ 対 /w/ の区別は, RP ではかなり失われてしまっているが, SSE とほかのいくつかのイギリスおよびアメリカのアクセントには現存している. 音素 /ʍ/ は, 軟口蓋の副次調音を伴う無声両唇摩擦音として実現される.

/h/ 対 /x/ 対 /k/ の区別

RP と SSE のおもな体系的相違点の 1 つは, SSE が /k/ と /x/ の音素的区別を維持してきたことである. 音素 /x/ は韻部で, 低母音および後舌母音のあとでは loch (湖) に見られるように無声軟口蓋摩擦音([x])として実現される. この音は Auchertmuchty や Lochalsh のような, 数多くのスコットランドの地名に現れる. 前舌寄りの異音 [ç] が前舌高母音のあとに現れることがあるが, これはスコットランド語から SSE 話者の話しことばに取り入れられた語に限られる傾向がある. 寒くて灰色の, 湿気の多い天候を意味する

dreich はその 1 例で，[dɹɪç] あるいは [driç] と発音される．/ʍ/ の音素と同様，/x/ の音素も RP では消失しており，RP 話者は loch のような語で [x] の代わりに [k] を発音することが多い．イングランドのいくつかの変種の話者たちとは違って，SSE の話者は強勢のある母音の前の /h/ を脱落させることはない．

暗い l

SSE の音素 /l/ は，すべての位置で暗い l，すなわち [ɫ] として実現される．「暗い l」とは，軟口蓋音化という副次調音を伴った歯茎側面接近音を指す一般的な呼び名であることを思い出しなさい．そしてまた，RP では「暗い l」の実現は音節の韻部でのみ生じるので，lull のような語は [lʌɫ] となって 2 つの /l/ の実現が異なるのに対して，SSE ではこの語は [ɫʌɫ] であることも思い出しなさい．

13.2 米国の 2 つのアクセント

13.2.1 ニューヨーク市英語
13.2.1.1 ニューヨーク市アクセントの定義

ニューヨーク市英語のアクセントは，ニューヨーク市の自治区（以下，ニューヨークと呼ぶ）に限られているので，地理的にかなり明確に定義される．しかしながらニューヨークの中には社会的に決定されるかなりの変異があり，この変異は社会言語学の多数の研究の対象となってきた．ニューヨークのアクセントは，広く米国中でそれとわかるものであり，多くの都市型アクセントと同じように，主として否定的な反応を引き起こす．ニューヨークで行なわれる社会言語学研究で扱われている問題の 1 つは，R 音性についてのものである．このアクセントには，非 R 音性的アクセントに特有の，シュワーで終わる二重母音の組（のほとんど）が存在していることから，R 音性から非 R 音性への歴史的移行があったのは明らかであると見られる．けれども，R 音性に関してはかなりの社会言語学的変異が認められ，尾部における [ɹ] が再出現しつつあると考えられる．米国の標準発音である一般米語は R 音性的であって，R 音性は非 R 音性よりも地位が高いと見なされていることを思い出しなさい．

13.2.1.2　ニューヨーク市英語の母音
[ɜɪ] の母音*5

　[hɜɪd]（herd）に見られるような，/ɜɪ/ の [ɜɪ] としての実現は，ニューヨーク発音に特有のものと広くみなされており，しばしば「ブルックリンのアクセント」の特徴だといわれる（すでに述べたように，決してブルックリンに限られているわけではないのだが）．しかしこれは非常に非難される発音で，おそらく消滅しつつあると見られる．この実現は尾部子音の前で出現するので，非 R 音性的な purr の発音では起こらない．話者によっては，音素 /ɔɪ/ の実現としてもまた [ɜɪ] を用いるような人があり，その結果 voice と verse の場合のように，同音異義語となってしまった最小対もある．

音素 /æ/ の異音

　一定の環境，すなわち語末の尾部では hash, past, bad, stabs, man, damp におけるように無声摩擦音，有声閉鎖音，あるいは鼻音の前（/ŋ/ の場合には変異があるが）において /æ/ は [ɛːə] および [æ:] のようにさまざまに実現されるが，pal のような語末の /l/ の前や，hat のような語末の無声閉鎖音の前ではそのようなことはない．こうした二重母音，あるいは長母音としての実現は，この音素の「緊張した」実現だと言われることがある．この位置における特定の子音が，なぜ緊張化の過程3 を引き起こすのかは明らかでない．これらの異音の実際の音声形式にはかなりの社会言語学的変異が見られ，さらに，話者によっては [ɛːə] の実現が音素 /ɛə/ の実現と合流し，bad/bared のような最小対の対立が消失してしまったような場合もある．

/ɔ/ の実現

　ニューヨークの話者は，[pʰɔə]（paw/pour/pore）に見られるように，音素 /ɔ/ の実現として [ɔə] および [oə]，あるいはまた，さらに高い出発点を持つ [ʊə] をよく用いるので，音素 /ʊə/ との部分的合流の可能性が生じる．

13.2.1.3　ニューヨーク市英語の子音
R 音性と非 R 音性

　上で行なったような議論は，ニューヨークの発音で R 音性から非 R 音性への移行が起こり，現在では，多数の話者において R 音性への逆戻りが起こっていることを示すものであった．この現象が，割り込みの [ɹ]（intrusive r）*6 の出現を大幅にふやす結果になることがおおいに考えられる．というの

は，これまで非 R 音性的な発音であった話者が R 音性的な発音に変えよう
として，どこでも [ɹ] を発音しようとするために，本来 [ɹ] がないかもしれ
ない位置でもこれを行なうので，割り込みの [ɹ] をはさんでしまうというの
は無理もないことだからである．

/θ/ と /ð/ の実現

　/θ/ と /ð/ の音素はしばしば，破擦音（[t̪θ]，[d̪ð]）あるいは歯閉鎖音（[t̪]，[d̪]）
として実現されることがある．この変異は社会言語学的に決定されている．
歯閉鎖音を用いる話者でも，[t̪ʰɪn]（thin）対 [tʰɪn]（tin）におけるように，歯
閉鎖音と歯茎閉鎖音の区別は維持されることに注意しなさい．英語のほかの
変種の話者の中には，この区別が聞き分けられない人たちも多いであろう．

/t/ の実現

　ニューヨークの発音では，GA の場合と同じように，母音間の位置で（最
初の母音に強勢がある）/t/ の弾音化が起こるが，しかしまた GA より広範
囲にわたって，尾部における /t/ の声門閉鎖音としての実現が見られる．音
素 /t/ は強い気音を伴うことがしばしばあり，ときには音節の始めで [tsɪn]
（tin）のように破擦音化してしまうことさえある．

13.2.2　テキサス英語（🎧 Track 13.4　および練習問題 4）
13.2.2.1　テキサス英語アクセントの定義

　テキサス州は広大で，フランスより大きいと言われている．したがってテ
キサス英語が非常に多様であることも驚くにはあたらない．発話の場面に応
じてテキサス英語と GA の両方を話す，教養あるテキサス州住民が多数存
在する．州内の多くの地域でテキサス英語は R 音性的であるが，東のルイ
ジアナ州との州境に近づくにつれて，変動的な非 R 音性が見られる．テキ
サス英語の各変種をアメリカ英語の南部の変種とみなすかどうかは，アメリ
カの南部の英語がどのようなものであると考えるかによっており，方言地図
の中にはテキサス州を南部に含めないものもあれば，テキサス州の東部の諸
地域を南部に含めているものもある．テキサス州で聞かれる発音の特徴の中
には周辺諸州と共通しているものも多いが，テキサス特有といわれる発音の
特徴もいくつか存在する．

196

13.2.2.2　テキサス英語の母音

PRICE の語群の音素 /aɪ/ はテキサス英語ではしばしば単母音化される.
Wells（1982）によって PRICE の平滑化（PRICE smoothing）と呼ばれている
この現象は，たとえば price が [pʰɹaːs] となるように，長い単母音を生じさ
せる．PRICE の平滑化は近隣の諸州でも聞かれる.

単母音化は CHOICE の語群の音素 /ɔɪ/ にも見られ，oil のような語は [ɔːɫ]
と発音されるが，出わたり音*7 のシュワーを伴って [ɔəɫ] のようになること
もある.

単母音化に加えて，テキサス州および多くの南部諸州では KIT, DRESS,
TRAP の語群に属する単語において /ɪ/, /ɛ/, /æ/ の音素の二重母音化が見ら
れる．そうした二重母音は出わたり音のシュワーを含み，kit は [kʰɪət],
dress は [dɹɛəs], trap は [tʰɹæəp] のように発音される．TRAP の語群に属す
る語では，三重母音を含んでいるか，あるいは 2 音節語であるのかのどちら
かであるような発音（例：band [bæjənd]）を時折耳にすることもある．2 音
節語である場合，このような発音では二重母音 [æj] に第 2 音節のシュワー
が後続しているのだということもできる.

/ʃ/, /ʒ/, /g/ および /ŋ/ の音素の前では DRESS の語群の音素 /ɛ/ にも二
重母音化が起こって [ei] となるので，special は [ˈspeiʃəɫ] と発音されて，
spatial とそっくりに聞こえる.

多数のテキサス州人の発音では，DRESS の語群の /ɛ/ と KIT の語群の
/ɪ/ の音素対立が尾部の /n/ の前で中和されて，Ken と kin が両方とも [kʰɪn]
となる．中和とは，前にも見たように，特定の音韻環境（ここでは尾部の
/n/ の前）における音素対立の消失と定義される．このような中和を示す話
者が /ɛ/ と /ɪ/ の対立を全面的に失ってしまったのかというと，そのような
ことはない.

以上のように，テキサス英語の話者たちの間で音素 /ɛ/ には [ɛə] から [ei],
さらに [ɪ] にわたるさまざまな実現形が存在する.

MOUTH の語群の二重母音 /aʊ/ はテキサス州および近隣の諸州では出発
点が高めで，mouth は [mɛʊθ] と発音される.

LOT の語群の母音音素はテキサス英語ではしばしば二重母音として実現
されるので dog は [doʊg] と発音され，よく dawg などと書かれたりする．
このことと MOUTH の母音が [ɛʊ] となることから，cow dogs（牛追いの犬）
という複合語が [ˈkʰɛʊdoʊgz] と発音されることもある.

テキサス英語では /uː/ 対 /ʊ/ の対立が尾部の /l/ の前でしばしば中和さ

れて，pool と pull の発音が両方とも [pʰʊɫ] となることがある．

13.2.2.3 テキサス英語の子音

　テキサス英語の子音は全般的に GA の子音と同様で，すべての位置での「暗い l」，弾音化，R 音性といった特徴を持っている．しかしテキサス州以東の南部英語のアクセントは主として非 R 音性的であるために，ルイジアナとの州境に近い地域では変動的な非 R 音性が観察される．

　すでに見たとおり，SSE 話者は witch/which, Wales/whales に見られるような /w/ 対 /ʍ/ の対立を維持してきたのだが，テキサス英語の話者の中にもこの対立を維持している人たちがいる．

13.3　南半球の2つのアクセント

13.3.1　オーストラリア英語（🎧 Track 13.5　および練習問題 5）
13.3.1.1　オーストラリア英語アクセントの定義

　オーストラリア英語についての記述では，社会的に規定された3つのアクセントが区別されていることが多い．すなわち，教養型（Cultivated），一般型（General），および庶民型（Broad）のオーストラリア英語である．これら3者の相違は主として母音の調音に関するものであるが，本書では詳しい検討は行なわない．しかし一般オーストラリア英語については手短かに概観しておこう．一般オーストラリア英語はオーストラリア全土で話されており，その発音は19世紀初期の，イングランド南東部出身の労働者階級の発音に起源を持っており，そのためにいくつかの点で現在のロンドン英語と類似している．

13.3.1.2　一般オーストラリア英語の母音

　一般オーストラリア英語の主要な特徴は母音の調音に見られる．一般オーストラリア英語の母音体系は RP の母音体系に対応しているが，大きな実現上の相違が数多く存在し，そのほとんどは第12章で述べたような「母音推移」によるものである．

/iː/ /eɪ/ /aɪ/ /ɔɪ/ の母音推移

この母音推移については第12章で述べたが，次のように示すことができる．

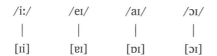

/iː/	/eɪ/	/aɪ/	/ɔɪ/
|	|	|	|
[ɪi]	[ɐɪ]	[ɒɪ]	[ɔɪ]

/uː/ /oʊ/ /aʊ/ の母音推移

高前舌非円唇母音音素 /iː/ と同じように，高後舌円唇母音音素 /uː/ も二重母音化して，高前舌非円唇母音の出発点と高後舌円唇母音の到達点を持つ二重母音となることがしばしばあり，本書ではこれを [ɨɯ] と表記する．この実現は音素 /oʊ/ の [əʊ] 型の実現の領域を侵害する可能性があるかもしれないが，この /oʊ/ の実現のほうが低中舌非円唇母音の出発点と高中舌円唇母音の到達点を持つ [ɐʉ] に移動してしまい，そのため /aʊ/ の空間に入り込む結果となった．/aʊ/ の実現は [æo] に移動したのであるが，これは [ɐʉ] よりも出発点は前舌寄りで，到達点は低くて後舌寄りである．この一連の推移を次のように示すことができる．

/uː/	/oʊ/	/aʊ/
|	|	|
[ɨɯ]	[ɐʉ]	[æo]

/ʌ/, /æ/, /ɛ/, /ɪ/ の母音推移

短母音 /ʌ/, /æ/, /ɛ/, /ɪ/ に影響を与えた母音推移もあって，/ʌ/ が [a] の領域で低前舌母音として調音されるが，これは音素 /æ/ の空間に近く，/æ/ は [ɛ] のような音として実現される．今度は /ɛ/ が [e] のような音として実現され，そのため /ɪ/ の空間に接近して，/ɪ/ はかなり [i] に近づいている．この発音は，むろん /iː/ の発音とは区別される．というのは，/iː/ はすでに見たように二重母音的になっているからである．この一連の推移を次のように示すことができる．

/ʌ/	/æ/	/ɛ/	/ɪ/
|	|	|	|
[a]	[ɛ]	[e]	[i]

/ɑː/ 対 /ʌ/ の区別

　/ɑː/ の一般オーストラリア英語における実現は，/ʌ/ の実現と同様に前舌寄りであるが，[pʰɑːt]（part）対 [pʰat]（putt）に見られるように音長の違いがあるために，両者の区別は合流してはいない.

13.3.1.3　一般オーストラリア英語の子音

　すでに指摘したように一般オーストラリア英語では，SSE と同じように，どの位置においても暗い l が現れる. その「暗さ」の厳密な性格は，どちらの場合でも軟口蓋音化そのものではなくて，舌全体が後ろに引きつけられて下がっていることによるものであろう.

　一般オーストラリア英語は非 R 音性的である. 北米の英語における弾音化に近い現象も見られ，/t/ が母音間では有声で実現されることがよくある.

13.3.2　インド英語（🎧 Track 13.6　および練習問題 6）
13.3.2.1　インド英語の定義

　インド亜大陸においては多数の言語が話されている. それらの言語は2つの語族に分けられる. 北部の諸言語は印欧語族に属している. 印欧語族は歴史上，親戚関係にある膨大な語族である. 19世紀に，言語学者たちはインド北部の古代の言語であるサンスクリット語が，突き詰めていくと古代ギリシャ語およびラテン語と親戚関係であることを示すことができた. この発見によって，インド北部の諸言語がロマンス系諸語（フランス語，スペイン語，ポルトガル語，イタリア語を含む）およびゲルマン系諸語（英語，ドイツ語，オランダ語，スウェーデン語を含む）のようなヨーロッパで話されている多数の言語と親戚関係にあることを示すことが可能になった. インド北部の印欧語族にはヒンディー語，マラティ語，グジャラート語，パンジャビ語が含まれる. これらの言語を聴いていると，歴史的には英語と親戚関係だったなどとは信じ難いが，それは事実なのである. これらの言語は膨大な年月をかけて進化してきたのだということを念頭に置く必要がある. インド南部で話されている諸言語は全く別の，ドラヴィダ語族と呼ばれる語族に属しており，タミル語，マラヤーラム語，カンナダ語，テルグ語，トダ語がここに含まれる. インドの諸言語は，印欧語族であれドラヴィダ語族であれ，互いに通じない. それで英語が，インドにおける**リンガフランカ**（lingua franca）の地位を得たわけである. リンガフランカとは，それぞれの母語では互いに通じないような人々の間で，1つのコミュニケーションの形として用いられるよう

な言語のことである．多数の教養あるインド人は英語を第二言語としているので，英語をリンガフランカとして使うわけである．

13.3.2.2　インド英語の母音

FACE と GOAT の語群の母音は RP と GA では二重母音だが，インド英語では単母音の [e] と [o] で実現されるのがふつうで，FACE は [fes]，GOATは [got] のようになる．

全員ではないが，多数のインド英語話者は R 音性的で，このことが母音体系に影響している．すでに見たように /ɪə/, /ɛə/, /ʊə/ のような中向き二重母音は英語の R 音性的アクセントには存在しない．NURSE の語群の母音 /ɜ:/ はインド英語の R 音性的な変種にも非 R 音性的な変種にも存在しないことが多い．非 R 音性的なインド英語話者の場合でも，STRUT の語群の母音 [ʌ] のような母音が NURSE の語群で使われていることがあり，merlot（フランス語由来の単語で，同名の赤ワインの材料となるぶどうの種類を指す）のような語（RP では [ˈmɜ:ləʊ]）は [ˈmʌlo] と発音される．

RP における長母音の /ɔ:/（THOUGHT, NORTH, FORCE の語群）と短母音 /ɒ/（LOT の語群）の対立は，インド英語の諸変種では見られないことが多い．したがって 'There's an awful lot of offal being thrown away in British kitchens.' のようなことば遊びの文句に出てくる awful と offal は，RP では awful（[ˈɔ:fəɫ]）と offal（[ˈɒfəɫ]）で最小対だが，多くのインド英語話者の話しことばでは同音異義語で，両方とも [ˈɔfəɫ] のように短母音の [ɔ] で発音される．

インド英語にも happY の緊張化が見られ，happy は RP と同様に [hæpi] と発音される．

13.3.2.3　インド英語の子音

北インドの印欧語族の言語の中には，無声非帯気閉鎖音・無声帯気閉鎖音・有声閉鎖音・有声気息閉鎖音の 4 通りの音素対立を持つ言語がある．われわれはすでに無声非帯気閉鎖音は英語の spit, stick, skin などの語で見てきたし，帯気無声閉鎖音は英語の pit などの [pʰ] で見てきた．tip や king の語頭の閉鎖音もまた帯気音である．有声閉鎖音は labor, ladder, wriggle のような語に現れる．有声気息閉鎖音はこれまで見てきた中には含まれない．有声音では，声帯はほとんど閉じるほど接近した状態で振動している．これに比べて気息閉鎖音では声帯はもっと開いているが，声門を通過してくる呼気の量が多いのでやはり声帯振動が起こる．両唇・歯茎・軟口蓋の有声気息閉鎖音はそれ

ぞれ [b̰], [d̰], [g̰] と表記される．有声気息閉鎖音は，インド料理では重要な
bhindi(オクラ)，dhania(コリアンダーシード)，ghee(精製されたバター)の
ようなヒンディー語の単語に現れる．この4通りの音素対立を示す最小対の
例としては，[bal](髪)対 [pal](世話をする)対 [pʰal](ナイフの刃)対 [b̰al](額)
がある．*8

　インド英語の話者は pit, tip, king などの語頭で非帯気無声閉鎖音を発音す
るのがふつうである．母語であるインドの言語に帯気無声閉鎖音があるよう
なインド英語話者は多いのだから，これは一見不思議なことである．彼らは
なぜ pit, tip, king のような語を発音するときに，自分の母語にある帯気無声
閉鎖音を使わないのだろうか．現地のインドの諸言語の多くに歯摩擦音が欠
如していることを考慮すると，この現象のわけがわかるかもしれない．歯摩
擦音が欠如しているために，インド英語の話者たちは「TH 音閉鎖音化」
(TH-stopping)を行なって，/θ/ の代わりに帯気無声歯閉鎖音の [tʰ]，/ð/ の
代わりに気息有声歯閉鎖音の [d̰] を用いるが，RP なら帯気無声閉鎖音が現
れるはずの語に非帯気音が用いられるのは，母語にある一連の帯気無声閉鎖
音のうちの1つである [tʰ] を /θ/ の代わりに使ってしまっているせいとも
考えられるのである．

　インドの現地語で，一連のそり舌閉鎖音がある言語はたくさんある．そり
舌音は舌尖と舌端が後ろに巻き上げられ，舌の裏側と歯茎との調音によって
発音される．こうして生成された閉鎖音には，無声そり舌閉鎖音 [ʈ] と有声
そり舌閉鎖音 [ɖ] が含まれる．インド英語の話者は /t/ と /d/ をそり舌で実
現することが多い．これはインド料理店のウエイターの発音にしばしば見ら
れ，彼らは chapati(インドの平たいパン)にそり舌音の [ʈ]，poppadum(薄く
てパリパリしたインドのパン)にそり舌音の [ɖ] を使うことがよくある．

　ほとんどのインド英語では，音素 /l/ が「暗い」(軟口蓋音化された)側音
で実現されることはない．音素 /r/ はしばしば歯茎単顫動音として実現され
て，rap は [rap] と発音される．インド英語の話者は /v/ と /w/ の音素を必
ずしも一貫して区別しているわけではない．インドには，接近音 [w] と摩
擦音 [v] の中間の接近音がある現地語が多数存在している．この音は唇歯接
近音で，下唇が上の歯と広い接近をなしており，[ʋ] と表記される．この音
は接近音であるという点で [w] に似ており，唇歯音である点では [v] に似
ている．インド英語の話者は /v/ 対 /w/ の対立がないために [v] の代わり
に [w]，あるいは [ʋ] を発音することがよくある．

　インドの現地語には強勢拍ではないものが多く，そのためにインド英語は

英語の多数の変種で一般的である強勢拍リズムを伴わずに話されることがよくある．これに関連して，インド英語ではしばしば誤った音節に語強勢が置かれることが多い．

13.4　アクセント間の変異に見られる一般的現象

　口語英語の変種についての，上の簡単な記述からもわかるように，いかなる言語社会の話しことばも，そして実際，ある社会における任意の話者の話しことばも，変異のあるのがふつうなのだということは明らかである．そのような変異こそが，時間のたつうちにやがて，別々の社会の間における話しことばの相違をもたらすのである．こうした変異には，いくつかの異なった要素が関係している．非常に多くの社会言語学的要素がこれに関わっているのである．その中には話者の性別，年齢，あるいは社会階級や，話者の社会的向上心，話者の住む社会の構造，さらに連帯意識，集団意識，個人の自己認識といったことがらに関わるような，話者がその中に住んでいる社会的ネットワークの複雑な諸側面が含まれているかもしれない．本書ではこのような要素を検討はしなかったが，ある言語社会における発音の変異を幅広く理解したいのであれば，このような要素についての理解がきわめて重大だということを指摘しておく．

　発音の変異は，社会に関する要素以外のものによっても制約を受けている．たとえば声道の性質や，音素体系における音素間の相互関係と，ある音の前後にどのような音があるか，音節構造におけるどのような位置にその音が出現するか，そしてその音が強勢のある音節にあるか無強勢音節にあるかによって左右される，音の相対的な知覚的強さに関係する要素などである．以下に示すのは，本書でアクセント間の変異を記述する際に，これまで論じてきたような諸現象の要約である．

13.4.1　母音に見られる現象
13.4.1.1　二重母音化

　母音音素の二重母音としての実現は，「暗い l」の前の /iː/ の実現 [iːə] のように，隣接する子音によって誘発されることもあり，また「自動的」に起こることもある．本書では GA，ニューヨーク市の英語，一般オーストラリア英語，ロンドン英語，RP およびタインサイド英語での，多くの自動的な例を考察した．また RP では中母音 /e/ と /o/ の実現は単母音であったのだ

が, 歴史上の自動的な二重母音化によって /eɪ/, /oʊ/ となった. 中母音の二重母音化は GA の歴史においても起こったが, SSE では起こらなかった.

13.4.1.2 単母音化

本書では RP における [ɛə] に対する [ɛː], [ʊə] に対する [ɔː] のように, 二重母音が単母音として実現される多くの例を扱っている.

13.4.1.3 分　裂

すでに見てきたように, 音素には異音があり得るが, 相補分布のパターンが崩れると, そうした異音が音素としての地位を獲得することがあり, その結果, 平行分布のパターンが新しく生じる. 例としては, RP をはじめとする英語のアクセントでの /ə/ で終わる中向き二重母音音素(/ɪə/, /ɛə/, /ʊə/)の出現や, /ʌ/ 対 /ʊ/ の区別(FOOT/STRUT の分裂)などがある.

13.4.1.4 合　流

調音のしかたは変化することがあるので, ある音素の実現が別の音素の実現と合流して, その結果, 音素的区別が失われることがある. 例としては, 多数の英語のアクセントにおける /k/ 対 /x/, /ʍ/ 対 /w/ の対立があり, 以前は最小対であったものが合流によって lock/loch, which/witch のように同音異義語となっている.

13.4.1.5 母音推移

ある母音音素の実現が別の母音音素の実現を侵害すると, 「回避行動」がとられることがあり, それによって音素的対立が維持されて合流が避けられる. 本書ではロンドン英語とオーストラリア英語の両方におけるこのような例を考察した.

13.4.1.6 母音弱化

母音は, 無強勢音節ではあまり目立って聞こえないので, 弱化形(例: /iː/ → [i], /uː/ → [u])かシュワーのどちらかになることがよくある. この現象は, 英語のほとんどすべての変種において見られる.

13.4.2 子音に見られる現象
13.4.2.1 子音弱化
　よく見られる現象は母音間における弱化で，この場合子音の調音は，有声化したり，狭めの度合いあるいは持続時間が減少するという意味において，より母音に近いものとなる．北米の英語における弾音化や，一般オーストラリア英語における /t/ の有声化，タインサイド英語における /t/ の「r」のような実現は，いずれもこの現象の実例である．
　尾部の位置では，子音にはしばしば，狭めの度合いの減少という形での弱化が起こり，そのために完全に脱落してしまうことさえある．例としては，非 R 音性的アクセントにおける尾部の [ɹ] の衰退と最終的な消失，本書で考察したどのアクセントにもある程度は認められる，無声閉鎖音から声門閉鎖音への弱化があげられる．ロンドン英語に見られる尾部の /l/ の母音化もまた，この一例である．

13.4.2.2 閉鎖音の破擦音化
　/p/，/t/，/k/ がそれぞれ [pΦ]/[pf]，[tθ]/[ts]，[kx] として実現されるようなこの現象は，強い気音に関連するものだと考えられる．この現象はニューヨーク市，リバプールおよびロンドンで存在が確認されている．
　上で述べたような過程について心に留めておくべき大切なことは，これらが英語の特定のアクセントに限られていることはめったになく，英語に限られたものでさえないということである．これらの現象は人間の声道，人間の知覚能力，人間言語の音韻構造の性質から生じているので，世界の諸言語に広く見られるのである．

注
1 開母音に鼻音が後続するこのような場合には，母音の鼻音化が非常に著しいことがしばしばである．
2 タインサイド英語の話者では，[ʊ] と，[ɪ] と表記してもよいような非円唇でときには中舌音化した [ʊ] の変種との間に，確かに対立の認められる場合がある．
3 尾部が緊張化を惹起する子音で終わる can や had のような助動詞は，それにもかかわらず緊張化を受けないことがよく指摘されている．

練習問題
練習問題のための参考資料はこの章の終わりに示してある．

1 ロンドン英語

Track 13.1 を聴きなさい. これは IViE コーパス (Intonational Variation in English: 詳細と詳しい参考書については Grabe, Nolan and Farrar (1998) を参照) の音声ファイルで, このコーパスにはロンドン, ケンブリッジ, ブラッドフォード, リーズ, リバプール, ニューキャッスル, カーディフ, 北アイルランド (ベルファスト) およびアイルランド共和国 (ダブリン) の英語話者の録音が含まれている. このコーパスには以下のウェブサイトからアクセスすることができる: www.phon.ox.ac.uk/files/apps/IViE. あるいは 'IViE' と入力して検索する方法もある.

吹込み者は次の文の最初の 2 段落を読んでいる. 🎧 Track 13.1

Once upon a time, there was a girl called Cinderella, but everyone called her Cinders. Cinders lived with her mother and two stepsisters called Lilly and Rosa. Lilly and Rosa were very unfriendly and they were lazy girls. They spent all their time buying new clothes and going to parties. Poor Cinders had to wear all their old hand-me-downs! And she had to do the cleaning!

One day, a royal messenger came to announce a ball. The ball would be held at the Royal Palace, in honor of the queen's only son, Prince William. Lilly and Rosa thought this was divine. Prince William was gorgeous, and he was looking for a bride! They dreamed of wedding bells!

When the evening of the ball arrived, Cinders had to help her sisters get ready. They were in a bad mood. They'd wanted to buy some new gowns, but their mother said that they had enough gowns. So they started shouting at Cinders. 'Find my jewels!' yelled one. 'Find my hat!' howled the other. They wanted hairbrushes, hairpins and hairspray.

(a) 吹込み者は一貫して非 R 音性的ですか.

(b) RP であれば語末にシュワーが現れるはずの Cinderella や Cinders のような語で吹込み者はどのような母音を発音していますか.

(c) 「TH 音前方化」(TH-fronting: 歯摩擦音の /θ/ と /ð/ の唇歯摩擦音 [f] と [v] としての調音) のなんらかの証拠が見られますか.

(d) この吹込み者には /l/ の母音化が見られる. 本書ではこの現象はロンドン英語で韻部に現れるが頭部には現れないと述べたが, この吹込み者にそれはあてはまりますか.

(e) この吹込み者はどのような前後関係で音素 /t/ を声門閉鎖音で実現していますか.

2 タインサイド英語(ニューキャッスル)

Track 13.2 を聴きなさい. これも IViE の音声ファイルで, 吹込み者は練習問題 1 のシンデレラの話の 3 つの段落すべてを読んでいる.

🎧 Track 13.2

(a) イングランド北部のアクセントには FOOT/STRUT の分裂(/ʊ/ と /ʌ/ の音素対立)がないと言われているが, それはこの吹込み者にあてはまりますか. 録音されている語の中から例を示しなさい.

(b) 語末のつづりが〈-er(s)〉である Cinders, mother のような語で, 語末の無強勢音節を吹込み者はどのような母音で発音していますか. その発音はジョーディの話者がしそうな発音ですか.

(c) タインサイド英語の多くの話者と同様に, 吹込み者の二重母音 /aɪ/ には 2 通りの実現形があるが, それらを音声表記して, 録音の中からそれらを含む単語の例を示せますか.

(d) clothes のような語の母音を, 吹込み者は単母音と二重母音のどちらで実現していますか.

(e) ジョーディの話者は音節内のどの位置でも「明るい(硬口蓋音化された) [lʲ] を発音すると言われているが, この吹込み者もそうですか.

(f) この吹込み者の発音にある, 声門発音の例をあげなさい. /d/ を声門閉鎖音で発音している語が 1 語あるが, どれだかわかりますか.

(g) 中向き二重母音 /ɪə/, /ʊə/ はタインサイド英語ではしばしば [ɪɐ] [ʊɐ] として実現されると述べたが, この録音の中に何らかの例がありますか.

3 標準スコットランド英語(グラスゴー)

Track 13.3 を聴きなさい. これは PAC プロジェクト(La Phonologie de l'anglais contemporain: 詳細については Carr, Durand and Pukli(2004)を参照)の録音資料である.

吹込み者は以下の PAC の単語リストを読んでいる. 🎧 Track 13.3

(1)	pit	(5)	put	(9)	sigh
(2)	pet	(6)	putt	(10)	sue
(3)	pat	(7)	sea	(11)	stir
(4)	pot	(8)	say	(12)	steer

(13)	stairs	(47)	plant	(81)	cot
(14)	err	(48)	master	(82)	caught
(15)	far	(49)	afterwards	(83)	meat
(16)	war	(50)	ants	(84)	meet
(17)	more	(51)	aunts	(85)	mate
(18)	purr	(52)	dance	(86)	naught
(19)	moor	(53)	farther	(87)	knot
(20)	feel	(54)	father	(88)	doll
(21)	fill	(55)	row	(89)	dole
(22)	fell	(56)	rose	(90)	fierce
(23)	fall	(57)	rows	(91)	bird
(24)	full	(58)	pore	(92)	scarce
(25)	fool	(59)	poor	(93)	pert
(26)	fail	(60)	pour	(94)	start
(27)	foal	(61)	paw	(95)	horse
(28)	file	(62)	paws	(96)	hoarse
(29)	foul	(63)	pause	(97)	word
(30)	foil	(64)	pose	(98)	gourd
(31)	furl	(65)	wait	(99)	short
(32)	bird	(66)	weight	(100)	sport
(33)	bard	(67)	side	(101)	next
(34)	beard	(68)	sighed	(102)	vexed
(35)	bared	(69)	agreed	(103)	leopard
(36)	board	(70)	greed	(104)	shepherd
(37)	barred	(71)	brood	(105)	here
(38)	bored	(72)	brewed	(106)	there
(39)	bode	(73)	fir	(107)	weary
(40)	bowed	(74)	fair	(108)	spirit
(41)	bead	(75)	fur	(109)	marry
(42)	bid	(76)	four	(110)	Mary
(43)	bed	(77)	fore	(111)	merry
(44)	bad	(78)	for	(112)	sorry
(45)	bard	(79)	nose	(113)	story
(46)	pant	(80)	knows	(114)	hurry

(115) jury	(120) earth	(125) room
(116) bury	(121) berth	(126) pearl
(117) berry	(122) cook	(127) peril
(118) heaven	(123) soot	
(119) leaven	(124) look	

(a) SSE は R 音性的だと言われているが，非 R 音性との間で変動を示すような話者も存在する．この吹込み者はつねに R 音性的ですか．

(b) SSE には RP に見られるような長い /uː/ と短い /ʊ/ の対立がなく，代わりに高中舌円唇母音 [ʉ] で実現される音素 /u/ が 1 つだけ存在すると言われている．吹込み者の発音はこれにあてはまりますか．

(c) bird, curd, heard のような語の発音で，bird と curd では /ʌ/, heard では /ɜ/ の 2 音素の対立を有する SSE 話者もあれば，bird では /ɪ/, curd では /ʌ/, heard では /ɜ/ の 3 音素の対立を有する SSE 話者もある．この吹込み者はこうした「r の前」の位置で，2 音素と 3 音素，どちらの対立を有していますか．

(d) SSE には coat におけるような短い /o/ と cot におけるような短い /ɔ/ の対立があるが，RP に見られるような LOT の語群 (RP では短い /ɒ/ を持つ) と THOUGHT, NORTH の語群 (RP では長い /ɔː/ を持つ) の対立はないと言われている．この吹込み者の発音には，cot/caught や knot/naught のような対における音長の差が見られますか．

(e) 二重母音 /ai/ の実現として [ɐe] と [ʌi] を有している点で，この吹込み者は典型的な SSE 話者である．これらの実現を含む単語を確認できますか．

(f) SSE 話者は，RP の二重母音 /eɪ/, /oʊ/ とは違って，単母音の /e/, /o/ を有していると言われているが，この吹込み者もそうですか．

(g) SSE 話者は音節内のどの位置でも「暗い l」([ɫ]) を発音すると言われているが，この吹込み者もそうですか．

(h) この吹込み者の発音には接近音の [ɹ] と単顫動音の [ɾ] の両方が見られる．これらの音を含んでいる語を確認しなさい．

4　西テキサス英語 (ラボック)

　Track 13.4 を聴きなさい．これも PAC の録音資料で，吹込み者は次のような文章を読み上げている．🎧 **Track 13.4**

I saw Hoyt on the news the other day. I can't be sure whether I got the facts right. But I think he wants Lubbock farmers to plant soy, rye, and maybe rice for the new crop. I tuned in to the farm report last night. They say cotton prices will continue to rise. It sure is good that rot didn't set in from all the rain. I tell you, the morning dew wasn't much help either. I still think we will get back all our investment this year. Getting in the cotton crop this year was a challenge. I had my oldest boy at work with us since he isn't in school anymore. He likes to work on the farm. But I feel he should work in a business like oil, cattle ranching, or maybe nothing to do with agriculture. He just turned nineteen. You know, he doesn't play with toys like tin soldiers or his bow and arrow. He's almost a man, and quite a fine one at that. There's this story about my boy that I still do like to tell. It's a tale that really shows how he turned everything all around. My son Roy was about ten years old at the time. His friend Tom came over to play. They decided to steal my neighbor's dune buggy and to go for a joy ride in it. They went back behind this cotton field onto a horse trail. Well, that dune buggy filled up, with first one kid and then another. Tom was at the wheel driving this contraption. They didn't drive too far when they hit a big brass nail, from the railroad or something. The tire went flat, they hit a holding pen and then they all fell head first into ashes and dried mud when the buggy crashed. Those kids didn't have good sense at all about what they were doing. My neighbor Ken had to sell the dune buggy at a loss after that. I know I sent Roy to bed without dinner, and that was the least of his punishments. I told my son he had a duty to pay back the damages. He toiled all summer in Ken's tack room so he could do right by him. My boy gave up swimming at the community pool that whole hot summer. He used the cash to pay back Ken. Did Roy pull something like that again? No he did not. It's been nine years since that happened. He learned to choose his friends and his actions more carefully. I never used a lash or hit him, but he learned to toe the line and not to steal or lie ever again. And the law left him alone because he paid Ken back. He's not a bad boy, my Roy, and he didn't fail to make good choices other times. Just once he thought he'd like to take out a hot rod one day and got lucky that his mistake didn't ruin his life. Roy has now become a good role model for Beau, my middle son, and for Luke, the youngest.

(a) この吹込み者は R 音性的ですか，非 R 音性的ですか．録音の音声から例をあげなさい．

(b) この吹込み者はPRICEの語群にあるような二重母音 /aɪ/ を「平滑化」（smoothing: 単母音化）して [aː] とすることがあるが，一貫してはいない．この音素の発音が変動的であることを示すような例をあげなさい．

(c) この吹込み者は CHOICE の語群にあるような二重母音 /ɔɪ/ を「平滑化」して [ɔː] とすることがあるが，一貫してはいない．例をあげなさい．

(d) /æ/, /ɛ/, /ɪ/ の母音に，「南部英語の割れ」（Southern Breaking: 南部の二重母音化）の例が認められますか．

(e) テキサス英語の多数の変種で，尾部の /n/ の前での /ɪ/ と /ɛ/ の対立が(一貫性はないが)中和されると言われている．この吹込み者にそれはあてはまりますか．

5　オーストラリア英語

Track 13.5 を聴きなさい．これは PAC の録音資料で，吹込み者が読んでいるのはSSE話者が練習問題3で読んでいるのと同じ単語リストである．
🎧 Track 13.5

(a) オーストラリア英語は非 R 音性的だと言われているが，この吹込み者もそうですか．

(b) オーストラリア英語は音節内のどの位置でも「暗い l」だと言われているが，この吹込み者もそうですか．

(c) オーストラリア英語は母音間の /t/ で弾音化が起きると言われているが，録音の音声でこの現象は見られますか．この現象は変動的ですか．

(d) 本書ではオーストラリア英語について考察した際に，母音音素体系は RP と同じだが母音推移があるのだと述べた．録音の音声にそのような現象が見られますか．

6　インド英語(ムンバイ/ボンベイ)

Track 13.6 を聴きなさい．これは PAC の録音資料である．吹込み者はSSE話者が練習問題3で読んでいるのと同じ単語リストを読んでいる．
🎧 Track 13.6

(a) 吹込み者は非 R 音性的だが一貫していない．R 音性的発音と非 R 音性的発音の両方の例をあげなさい．

(b)　録音の音声から TH 音閉鎖音化の例をあげなさい.

(c)　(1)–(6)の単語で語頭の /p/ に気音はありますか.

(d)　吹込み者の音素 /l/ の実現は「明るい」(硬口蓋音化された)/l/ ですか.

(e)　吹込み者は /r/ をどのように実現していますか.

7　練習問題 1–6 のアクセントと RP, GA との比較

　　Track 13.7 および 13.8 を聴きなさい. これは RP と GA の話者 1 名ずつによる PAC の録音資料である. 彼らは PAC プロジェクトの次の文章を読んでいる. 🎧 Track 13.7–13.8

Christmas interview of a television evangelist

If television evangelists are anything like the rest of us, all they really want to do in Christmas week is snap at their families, criticize their friends and make their neighbors' children cry by glaring at them over the garden fence. Yet society expects them to be as jovial and beaming as they are for the other fifty-one weeks of the year. If anything, more so.

Take the Reverend Peter 'Pete' Smith, the 'TV vicar' who sends out press releases in which he describes himself as 'the man who has captured the spirit of the age'. Before our 9 a.m. meeting at his 'media office' on Crawshaw Avenue, South London, he faced, he says, a real dilemma. Should he make an effort 'to behave like a Christian'—throw his door open, offer me a cup of tea—or should he just play it cool, study his fingernails in a manner that showed bored indifference and get rid of me as quickly as possible? In the end, he did neither.

'As a matter of fact, John', he says in a loud Estuary English twang, 'St Francis said, "At all times preach the gospel and speak whenever you have to."' But hey, he didn't mean "Be on your best behavior and be happy all the time." I could have been extra-polite to you, but the real me would have come out as I was talking. You cannot disguise what you are.'

'And what are you then, Pete?'

'Well, I'm a Christian, John. I've been one since I was 14. And I know for sure that Christianity will be judged more on who you are rather than what you have to say about it. Many church leaders don't appear to understand this. They think we can only be really Christian when we are ramming the doctrine of the Creation down people's throats. But if you try to force-feed people they get sick of it and think you're a pain. It's seen as the job of a Christian leader to wear a dog-collar and dress in purple and always be talking about the real meaning of the New Testament. In reality, that turns people right off!'

In many ways, 'Pete' Smith looks exactly how you'd expect a high-profile, born-again Christian to look: tall, handsome, clean-cut and evenly suntanned. He has those scarily white teeth that TV evangelists tend to have, and he doesn't wear a dog-collar. In fact, when doing his various religious programmes on Sunday mornings, he has been known to wear a black leather jacket instead, in casual mode. Today, the look is more business-like: metal-rimmed glasses, a grey suit, a blue open-neck shirt, and fashionable black shoes with large buckles. Smith is 44 but he looks a mere 24.

During the whole interview, there wasn't any talk of the poor or the needy but only of his forthcoming trip to China in February and the masses waiting for his message there. I ventured a few questions relating to the charity trust he founded some ten years ago and which, it is generally agreed, employs eight hundred staff and runs schools, hospitals and hostels around the world. And what about the gambling organization he has been willing to advise? Is that a temporary activity or might it be true that he has accepted to be paid to sit on its Board of Directors? Which side is religion on these days? Does money matter? It was as if I had launched a few missiles in his direction. He just sighed in answer: 'I'm only human, John. God knows I do my best and often fail, But it's no skin off my nose if our enemies sneer at some of the good work we do. Truth will out.'

(a) 練習問題 1–7 のすべてのアクセントでの /r/ と /l/ の実現を聴きなさい. どのような違いが認められますか.

(b) LOT の語群 (例: not, hot, cot) の母音を聴きなさい. どのような違いが認められますか. 米国の話者には, possible や dog のような語で円唇母音の [ɒ] ではなく非円唇母音の [ɑ] を発音する人が多く, 彼らの possible は英国人の耳には passable のように聞こえるのだが, このことは GA の吹込み者にあてはまりますか.

（c）「happY の緊張化」が認められるのはどのアクセントですか.

（d）RP では語末にシュワーが現れるような語（例：leader, China）を聴きなさい. さまざまな吹込み者たちはこうした語でどのような母音を発音していますか.

（e）　非 R 音性的なアクセントの中で, RP は NEAR, SQUARE, CURE の語群で中向き二重母音 /ɪə/, /ɛə/, /ʊə/ を有すると言われている. 非 R 音性的な吹込み者たちの発音で, これらの音素はどのように実現されていますか.

参考文献

IViE と PAC プロジェクトに関する参考文献：

Carr, P., Durand, J. and Pukli, M. (2004). 'The PAC project: principles and methods.' *La Tribune Internationale des Langues Vivantes* 36: 24–35.

Grabe, E., Nolan, F. and Farrar, K. (1998). 'IViE: a comparative transcription system for intonational variation in English.' *Proceedings of the 1998 International Conference for Spoken Language Processing*. Sydney, Australia.

PAC プロジェクトに関して, さらに詳しくは次を参照のこと：

Przewozny, A., Moore, S. and Turcsan, G. (eds.) (2012). *The Complete Guide to the PAC Project. Carnets de Grammaire*, CLLE-ERSS, Université Toulouse. II-Le Mirail.

訳者注

*1　これは「河口域英語」（Estuary English）とも呼ばれ, テムズ川の河口域から広まった RP とコクニーの中間的な性格の, 幅の広い変種のあるタイプの英語である. 斎藤弘子「〈エスチュアリー・イングリッシュ〉は市民権を得られるか」『言語』vol. 23. no. 9（大修館書店）に紹介されている.

*2　共鳴音（sonorant）とは呼気が比較的妨害を受けない音のことで, 母音・鼻音・接近音がこれにあたる.

*3　継続音（continuant）とは引き延ばして発音できるような子音のことで, 摩擦音・鼻音・接近音がこれにあたる.

*4　「緊張化」（tensing）とは短母音が長母音ないし二重母音, あるいは舌の位置が高い母音に変化する現象を指す.

*5　現在ではこの母音は高齢者層ないし下層階級の特徴と見られることが多い.

*6 非 R 音性的アクセントにおいて，強勢のある母音と強勢のない母音が連続する場合に，つづり字にない「r」の音が挿入される現象．例: law and order [ˈlɔːɹəndˈɔːdə], drawing [ˈdɹɔːɹɪŋ].

*7 出わたり音 (off-glide) とは異なる 2 つの単音が連続するとき，一方の音の中心から次の音に移行する部分，またはその移行部分に生じる音を指す．

*8 Hindi 語の閉鎖音は以下のサイトで聴くことができる:
http://phonetics.ucla.edu/vowels/chapter12/hindi.html

14
第一言語(L1)としての
英語の音声と音韻の習得

14.1 最初の6か月

　出生時に，子供の脳にはすでに聴覚的記憶が存在する．子供の聴覚系は子宮の中にいるうちから備わっているのである．妊娠第3期*¹では，子供は子宮の外から聞こえてくる話しことばのある種の要素(韻律的側面，すなわちリズムとイントネーション)を聴くことができる．生後3–4日の赤ん坊は，強勢拍と音節拍のようにリズムが異なっていれば，2つの言語を区別することができる．これは母親の声が彼女の身体の中で反響するからでもあり，また母親以外の話し手の発音の韻律特徴が母親の腹部の皮膚を通過し，子宮の羊水を通って胎児の耳に届くからでもある．

　子宮の中でさえ，胎児は母親の声と，外部から子宮に入ってくるほかの人の声を聞き分けられるという証拠がある．これに対する証拠は，異なった人物の声に反応している新生児の脳波(EEG: electroencephalogram)の記録から得られる．新生児の脳が母親の声には特別な反応をすることが脳波に現れるのである．

　韻律的側面の知覚がこうして真っ先に始まるためか，赤ん坊が生まれ落ちたあとも韻律特徴は顕著に知覚される．生後6–8週の赤ん坊がピッチ曲線の変化を聞き分けられることがわかっており，音長(強勢と相関する要素である)だけの点で異なっているような音節を生後17週の赤ん坊が聞き分けられることもまた明らかにされている．

　このように，話しことばの知覚のほうが先に始まるために，子供の知覚はつねに話しことばの生成よりも先に始まり，このことは一生そのまま続く．たとえばわれわれは誰でも自分の母語のさまざまなアクセントを知覚することはできるが，それらのアクセントを流ちょうに話すことができるとは限らないし，あるいは全く話せない場合もある．

　最初の6か月の間に，発声における重複した段階が見られる．まず最初は

（0–2 か月前後）反射的発声で，ぶーぶー言ったり，ため息をついたり，泣いたりする．これらは言語音の生成ではないが，発声器官のコントロールを必要とするので，その後の言語発達に関係している．この段階ではまた，口を閉じて共鳴音を出すこともあり，この音は音節主音的鼻音のような響きである．

　次の段階（2–4 か月前後）ではくっくっという声や笑い声が出現し，微笑みかけられたり話しかけられたりしたことに対する自発的な発声も起こる．この段階ではまた，摩擦音のような音も発するが，これは軟口蓋あたりで調音されていることが多い．こうした発声は最初は単独で現れるが，やがて声門閉鎖音をはさんで連続して発せられるようになる．泣き声の出現頻度は生後およそ 3 か月を過ぎると次第に減少して，持続した笑い声が生後 4 か月頃に始まる．

　次の段階は声出し遊び（vocal play）の時期（4–7 か月頃）で，赤ん坊は自分の発声器官で実験をしているように思われる．この時期には喉頭のしくみを次第にコントロールできるようになって，ピッチを変化させてきーきー声を出したり，声の大きさを変化させて叫び声を出したりするようになる．また，口腔内のコントロールにも上達を示し，摩擦音，両唇および口蓋垂の顫動音，さらに吸着音（click）と呼ばれる音などの子音特有の要素が聞かれるようになる．

　吸着音とは肺からの呼気の排出（流出的肺臓気流機構（pulmonic egressive airstream mechanism））を含まない気流機構（流入的軟口蓋気流機構（velaric ingressive airstream mechanism））によって発音される．子供は後舌面と軟口蓋で完全な閉鎖を作り，続いて口腔内に，しばしば舌尖ないし舌端と歯茎で閉鎖が作られる．次にこの閉鎖が開放されると空気が口腔に流入する（歯茎吸着音）．この時期の子供が発するもう 1 つの吸着音は側面歯茎吸着音（[|||] と表記）で，舌の側面と歯茎で閉鎖が作られる（歯茎側面接近音と似ているが，この場合は接近でなく閉鎖が起こる）．ここでもまた，閉鎖が開放されて空気が口腔に流入するが，肺まで流入するわけではない．興味深いことにこの吸着音は英語話者（そしてフランス語話者や，おそらくほかの諸言語の話者も）によって，乗馬中にもっと速く走らせようとするときの馬へのかけ声として用いられるが，どうしてそうなのかは不明である．

　面白いことに両唇顫動音と口蓋垂顫動音，それに吸着音は世界の言語の中では比較的まれであり，どれも英語には存在していない．吸着音はコイサン族やバンツー族の話すアフリカ南部のいくつかの言語にしか現れないが，ど

うしてそうなのだろうか．もし英語を習得中の子供が，単語を発するように
なるよりも以前に吸着音を発音できるのであれば，どうして英語には吸着音
がないのだろうか．

　もしあなたが馬へのかけ声の吸着音を出せるのなら，自分でもできる簡単
な発音実験をやってみると，この疑問に対する答えの一部が得られるだろう．
この吸着音を単独で，何度も繰り返して出しなさい．それから，吸着音を持
つバンツー語の名称である ‘Xhosa’ ([∥osa]) という語を，語頭にこれと全く
同じ子音を使って発音しようとしてみなさい．できないだろうことはほぼ確
実である（私のように一般音声学の広範囲な訓練を受けているのでないかぎ
りは）．どうしてできないのだろうか．おそらく，同一単語内で 1 つの言語
音から別の言語音に移行しながら，気流のほうも 1 つの気流機構から別の気
流機構に切り替えねばならないためだろう．

14.2　次の 6 か月

　この時期に，子供は喃語期に入る．喃語にはあごの動きがもとになってい
る．あごというのは「伝達役」であって，唇や舌は直接脳によってコントロー
ルされるのではなく，あごの動きにつれて動くのである．最初の段階（7–10
か月頃）の喃語は規準喃語(canonical babbling)と呼ばれ，[bɐ bɐ], [dæ dæ], [gɑ
gɑ] のような同じ閉鎖音と低母音からなる CV 連続が規則的に，リズミカル
に繰り返される．

　閉鎖音の調音位置は脳によって直接コントロールされるわけではなく，あ
ごが動き始めるときに舌の本体がどのような位置にあるかで決まる．もし舌
が口腔の後ろのほうに位置していれば軟口蓋での調音，口腔の前部に近い位
置にあれば歯茎での調音，そして舌が中間の位置にあると両唇での調音が起
こるのである．低母音の音質もまたこれらの要素によって決定され，軟口蓋
での調音のあとには後舌低母音，歯茎での調音のあとには前舌低母音，そし
て両唇での調音のあとには中舌低母音が現れる．喃語の開始は生物学的に決
定されているように思われ，すべての人間の子供の成長過程でこの時期に自
動的に起こる．子供の喃語は，人間の言語の明瞭な発音の基盤になっている
と考えてよいであろう．

　次の段階（10–12 か月頃）の喃語は多様化喃語(variegated babbling)と呼ばれ，
喃語の音節は [bɐ dæ], [dæ gɑ] のように最初と次とで異なることもある．
規準喃語と声出し遊びの時期が重なるのと同様に，喃語の 2 つの段階も重な

218

ることがよくある．おそらく多様化喃語は発声器官のコントロールの上達を反映しているのだろう．

　喃語の CV 音節は成人には目立って聞こえるだろうが，生後 1 年間に子供が発するのは母音に近い（母音的な）音が圧倒的である．生後 24 週頃と 41 週頃の間に，「三角形の」3 点母音体系が出現する．

[i]　　　　　　[u]

[a]

　なぜこうした母音なのか．それは，これらが最大限に違っているせいかもしれない．高前舌非円唇母音は高後舌円唇母音と知覚的に非常に異なっているし，両方とも低非円唇中舌母音と非常に異なっている．また発音する際にも，これらの母音の舌の位置は口腔の中心から最も遠いところにあるので，微妙な位置の違いのある中母音にくらべると，脳からのきめの細かい運動制御が不要なのである．

14.2.1　忘却による学習

　人間の言語音の型は知覚的範疇であり，それにもとづいてわれわれは言語信号を知覚するのだということができる．本書ではまた，音素とは知覚的範疇であるという立場を取ってきた．特定の言語における音素的ではない違いが生後 1 年の間に子供たちによって無視され始めるという経験的証拠が存在する．これは「忘却による学習」の現象である．この現象の簡単な例を示そう．

　人間の子供は帯気閉鎖音（英語のたいていの変種で pit の語頭に見られるような帯気閉鎖音）と非帯気閉鎖音（英語の spy におけるような閉鎖音）をおそらく出生時から区別できることが知られている．しかし，英語が話される環境にいる子供が，生後 1 年目の後半で，これら 2 つの範疇の区別ができなくなり始める．英語では，帯気無声閉鎖音と非帯気無声閉鎖音の違いが音素的ではないのである．気音が音素的であるヒンディー語やタイ語が話される環境にいる子供は生後 1 年目の後半でこれら 2 種類の閉鎖音の区別を維持している．このことは（1 言語使用の）子供が単語を発しようとするより以前に，言語信号の中の音素的ではない要素を無視し始めていることを強く示唆している．音素的範疇は，知覚的範疇と解釈されるが，成長過程のこのよ

うな早い時期にすでに確立されつつあるのである.

14.3　生後 2 年目

14.3.1　初期の単語

　子供による初期の単語の産出についての研究にはブートストラップ問題(自己開始プロセスの問題)と呼ばれる難問が存在する. 子供はどうやってほかの助けを借りずに自分でやり遂げられるのだろうか. 言い換えれば, 子供はまだ心的辞書(頭の中の単語の蓄積)を獲得していないうちに, どうやって話しことばの流れを分析して単語に分け始めるのだろうか. 成人は心的辞書を持っていて, 話しことばの流れの中の単語を, 頭の中に貯蔵された単語の音韻形式と一致させることによって確認することができる. 子供が徐々に心的辞書を構築していくためには, 話しことばの流れの断片を単語だと確認できなくてはならないが, まだ心的辞書も持っていないのにどうやって発話の中の単語を確認することができるのだろうか.

　別の言い方をすれば, 子供はどうやってスタートを切るのだろうか. 彼らは実現不可能な任務に直面しているように思われる. 次のような事実が, 彼らの課題をいっそう困難にしている. (a)通常の話しことばでは単語と単語の間に休止はない. (b)子供が耳にしている話し手たちの発音には個人的な違いやアクセントの違いがある. (c)同じ人間の発音でさえ変動的である(人はある言語音を発するときに毎回同じように調音するとは限らない). (d)言語音は前後の音の影響で発音が変動する.

　成人が 1 語文を発してくれれば助けになるかもしれないが, 子供に向けられた発話はたいていの場合このような形をとることはない. 発話の最初と最後の単語は, その前か後に休止があるのでより容易ではあるが, 休止の後, あるいは休止の前のどこまでを 1 つの単語とするのかという問題は依然として残るのである.

　生後 8 か月の子供(および成人)は話しことばの連続した流れの中から単語を探り当てるのに統計的情報を使うと主張されてきた. すなわち, 人は隣接する音節の間の移行の状況を手がかりにする. なぜなら単語と単語の間では移行の流れに落ち込みが生じるからだというのである. いくつかの研究によって, 子供は単語を口にし始めるよりずっと以前の生後 7 か月半頃には流ちょうな発話から単語を区切り取ることができるのが明らかになっている. これらの研究は, 発話の流れを区切ることによって子供は初期の単語を発するよ

り以前に基本的な心的辞書を獲得できるということを理解する手がかりとなる.

　子供の初期の単語は，成人の調音とは無論一致しない．子供の初期の単語が成人の発音から逸脱する 1 つの形態は音位転換である．これは単語内の子音の順番を逆にしてしまうことで，たとえば kitchen [kɪtʃən] の閉鎖音 [k] と破擦音 [tʃ] が逆になって [tʃɪkən] となったり，cup が [pʌk] となったりするのである.

　成人の発音からの逸脱のもう 1 つの例は子音調和 (consonant harmony: CH) で，単語内の 2 つ以上の子音の調音位置 (ときには調音様式) が「調和」によって同じ調音位置となる．たとえば duck が [gʌk] となる発音では語頭の閉鎖音の調音位置が語末の子音に調和している．調音位置の CH では<u>主要調音域</u>(major place of articulation), すなわち両唇音と唇歯音を包括する唇音 (labial: LAB), 歯音・歯茎音・後部歯茎音・硬口蓋音を包括する舌頂音 (coronal: COR), 軟口蓋音と口蓋垂音を包括する舌背音 (dorsal: DOR) という, 包括的な調音域の間で調和が起こる．CH について論じる際にはまた，調和の方向も明記される．たとえば duck が [gʌk] となる例は逆行 CH で，前の子音が後ろの子音と調和する．この反対が進行 CH で，duck が [dʌd] となる場合のように，後ろの子音が前の子音に調和する.

　この段階の幼児はまた，soup を [tuːp] というように摩擦音の代わりに閉鎖音を発音するが，これは閉鎖音が摩擦音ほど脳からのきめの細かい運動制御を必要としないということで説明がつく．さらにまた，幼児は喃語期から閉鎖音を発しているので，調音の目録にすでに閉鎖音を持ち合わせているのである.

　この段階の幼児はまた，無強勢音節を脱落させるので，banana が ['nana] のように発音されるが，これは無強勢音節が知覚的に目立たないためで，子供には (シュワーを伴った) 無強勢音節が聞こえていない可能性もある.

　この段階の幼児の発音のもう 1 つの特徴は，頭部と尾部の子音連続で子音の数を減らすことで，snake は [neik] のようになるが，これに CH も起こると，語末の舌背音の閉鎖音が先行する舌頂音の鼻閉鎖音に調和して [neit] のようになる.

　音節の繰り返しもこの段階ではよく起こり，たとえば Edgar が ['gaga] となったりする．この現象はまた，規準喃語期にも出現して，調音パターンに影響を与えている．子供に向ける発話の中には，この段階の幼児の発話における繰り返しを親たちが聴くことから mama, dada, papa, nana のように始まっ

たものもありそうである.

14.3.2　潜在的対立

　英語話者である親たちの中には，単語を発し始める時期の自分の子供が英語の後部歯茎音の [ɹ] を発音できないと思っている人たちがたくさんいる．raining が [weɪnɪn] となる場合のように，[ɹ] の代わりに唇軟口蓋音の [w] を発音しているように思われるのである．この「r」の音は英語では唇の丸めを伴うことを思い出しなさい．成人がこの「r」の音を発音しているところを子供が見れば，唇の丸めも見えるはずである．さらにまた，[ɹ] の産出中には舌全体が後ろに引かれるので，[w] と [ɹ] は産出においても知覚においてもきわめてよく似ている．したがって，子供が最初はこの 2 つの音の違いを知覚できないのは全く当然なのである．しかし，調音器官がどの位置にあるかを正確に記録する薄い樹脂の板を，この段階の幼児たちが後部歯茎接近音を発音しようとしているときに口の中に挿入して行なった実験から，英語を話す幼児の [w] と [ɹ] の産出における，微細ではあるが一貫した相違が明らかになったのだが，あまりにも微妙な相違なので親たちは知覚することができないのである．Scobbie ほか(2000)はこのような相違のことを潜在的対立(covert contrast)と呼んでいる．子供はこれら 2 つの音を区別して調音しようとしており，このことから彼らが成人の発音におけるこれらの音の違いを知覚できていることがわかる．

　ここから，目標とする成人の発音からは逸脱した発音であるにしても，この時期の子供は成人と同じような音韻表示を持っているのだろうかという疑問が生じる．dog を [dɒd] と発音する子供は心的辞書の中に成人と同じようなこの単語の音韻表示を持っているのだろうか．CH は純粋に調音上の現象で，基底の音韻表示を反映しているわけではないのだろうか．Smith(1973)はCH期の子供は成人と同じような音韻表示を持っていて，CH は「運用上の」誤りなのだと論じている．これは Chomsky(1965)による言語能力(compe-tence: 心的に構築された言語知識)と言語運用(performance: 心的な言語知識を実際の文脈の中で発話に使用すること)の区別にもとづいている.

　Carr and Brulard(2003)で，われわれは CH のパターンは体系的であると述べた．行き当たりばったりの気まぐれな間違いではないのである．この時期の子供は知覚のための基底心的表示と，産出のための文法との両方を持っていて，その文法には CH のパターンの基底にある明確な一般法則があるのだとわれわれは考えている.

幼児の音韻表示の中には成人とは異なるものがあるという証拠は trip や chip のような語における英語の頭部子音 /tr/, /tʃ/ から得られる．語頭の頭部子音 /tr/ の連続では /t/ に気音があり，後部歯茎音 /r/ は無声化している．英語の /r/ はまた，唇の丸めを伴う．これを無声後部歯茎破擦音 /tʃ/ と比較しなさい．/tʃ/ も無声で，一部は後部歯茎音で摩擦を伴っている．幼児が [tʰɹ] の連続を聴いて [tʃ] と区別ができないというのは大いにあり得ることである．どちらの音も唇の丸めを伴っていることが，これらの音を成人が発音するのを子供が目にしたときには区別の妨げになる．したがって，tree や tram のような語を無声後部歯茎破擦音 [tʃ] で発音するような時期の子供は，これらの音に対して成人のような音韻表示ではなく，両者に全く同一の音韻表示を持っているのだと言ってもよいだろう．

14.3.3　産出と知覚の連結

Vihman and Velleman (2000) は，発話の産出と知覚は子供の音韻の発達において密接に結びついていると主張している．1語文の時期に幼児は自分が産出しようとする単語を選んでいる．幼児は発声運動のひな型 (vocal motor scheme)（template とも呼ばれる）を発展させていくのだと Vihman らは論じている．このひな型は，はじめは非常に単純な性格のもので，自分の喃語をベースにしていることが多く，喃語期に [ba] と発音することができる子供は，Vihman によれば，今度は音声的にこれと似た形の語に興味を惹かれて，bad, bath などの語のその子流の片言として [ba] を発音するかもしれないという．

この時期には，子供の産出する語の中に同音異義のものがたくさん出てくるだろう．子供の喃語をベースにしたほかの語形としては，[ga] も発声運動のひな型として働くので，garden と car の片言として [ga] が現れたりする．子供の手持ちの語彙はこのあと，さまざまな方法で拡大され得る．たとえば重複によって，[ga] は car で [gaga] は garden というような区別が生じるかもしれない．

発声運動のひな型のもう1つの例は，CV[l]V（子音＋母音＋[l]＋母音）の音連続を発音できるようになった子供が，目標の成人発音を自分で産出する際に，発音を変えてこの枠組みに無理やりはめ込むケースである．われわれの2言語使用の息子 Tom についての研究 (Carr and Brulard 2003) からの一例は cardy に対する Tom の [kaˈli] という発音で，彼は手持ちの語彙にふんだんにある CV[l]V のひな型を使い，強勢は語末音節に置くひな型を使って

いるが，この強勢型は1語文の時期の大半で，彼の持っているフランス語と英語の単語すべてに適用できるひな型であった．

子供の発話におけるこの種のパターンには（CH に関して述べたように）非常に秩序立ったものがあり，そのために Vihman は産出システムというものを想定した．注目すべきは，Tom が自分の強勢配置の間違いを直し始めたとき，過剰矯正はしなかったことである．[bi'to](beetle) は ['bito] と正しい強勢型になった．命令文の [kʌ'mɒn](Come on!) を，われわれは Tom の1語文の時期には全体として1語とみなすことにしていたのだが，これが過剰矯正によって ['kʌmɒn] となるようなことはなかった．

このことから，Tom の英語の語強勢の型に関するかぎり，彼はある程度成人と同じような表示を持っていたことがわかるが，これは Smith の主張と基本的に一致している．しかし子供による過渡的産出の多くが秩序だったものであるという事実だけから見ても，過渡的産出システムの存在が想定される．

Vihman はこの産出と知覚の連結の神経系における基礎となっているのは，人間にもマカクザルにも存在が確認されているミラーニューロンかも知れないと言っている．こうしたニューロンは，他者によるある行動が知覚されたとき，およびその行動が自分によって行なわれたときに発火する．このニューロンは知覚と行動，すなわちここでは発話行動を結びつけている．

14.4 心的辞書・音韻規則と音韻表示の出現

Vihman はまた，子供の音韻の発達の神経系の基盤についても考察している．彼女は子供の心的辞書の進化における2つの段階を想定した．人間の脳には，脳に届いてくる感覚入力から統計的な規則性と可能性を抽出する生得的な能力が備わっている．このメカニズムは脳内に記録された入力から規則性を抽出するが，この入力は明確な形で記録されているわけではない．

その後，発声運動のひな型が確立して，単語の音韻形式が記録されるようになると心的辞書が出現し，子供がおよそ50語の心的辞書を持つようになると語彙の産出面での爆発的増加が起こり，上記と同じ神経系のメカニズムが作動して今度は蓄積された表示全体を比較し，脳に届いてくる聴覚入力よりもむしろ蓄積された表示全体から規則性を抽出するのだと彼女は論じている．

子供の心的に表示された文法内の音韻モジュールを構成する音韻的一般法

則はこのメカニズムによってもたらされるのだと彼女は説明している．これから，英語の具体的な音韻的一般法則である語強勢の一般法則を考察しよう．

14.4.1 英語の語強勢の一般法則の獲得

英語を習得中の子供の心的辞書の中には daddy, mummy, grandma, grandpa, doggie, happy, naughty, hungry, breakfast, dinner, manage, blanket, kitchen のような，強弱型の語強勢を持つ出現頻度の高い2音節語が非常に多く存在するので，子供は2音節語の基本の強弱型を抽出することができると考える根拠がある．子供はその後，今度はこの強弱型という一般法則の範囲を yesterday, wheelbarrow, vinegar, octopus, motorbike のような3音節以上の語に広げることができる．

もちろんこうした一般法則には例外があるが，Vihman のモデルは語強勢が規則的であってもなくても，それぞれの語は子供の心的辞書の中に貯えられていて，子供が不規則な語を習得できるのはそのためだということを認めている．しかし規則的な語のほうが辞書全体でも日常会話でもはるかに出現頻度が高いので，蓄積された語から一般法則を得ることができるのである．

14.5 2言語使用の子供

子供による英語の音声と音韻の習得について論じる際に，これまでは英語1言語だけを習得中の子供を想定してきたが，英語ともう1言語，あるいはそれ以上のほかの言語を習得中の子供はどうなのだろうか．そうした子供たちは異なった発達の道筋をたどるのだろうか．2言語使用の第一言語習得（bilingual first language acquisition: BFLA）という問題に取り組んでいこう．まずはじめに，こうした言語習得の行なわれるさまざまな環境を見ていく．

14.5.1 2言語獲得環境の類型

BFLA の問題の1つは，BFLA はどう定義するのか，ということである．もし子供が3歳ではじめて2番目の言語の話される環境に身を置くとしたら，それは BFLA といえるのだろうか．BFLA と子供の第二言語習得とを区別するのに，どこを境目にするかでさまざまな意見があった．われわれは，子供たちが生まれたときから2言語の話される環境にいる場合だけに限って述べていくこととする．

Romaine (1995) は，子供が生まれたときから2言語の話される中で成長

するいくつかの環境を区別した．そのうちの1つは1人1言語(one person one language: OPOL)の環境で，「両親の母語が別々で，ある程度お互いの母語の言語能力があり」(Romaine 1995: 183)，「片方の親の母語が地域の言語である」(Romaine 1995: 184)．このような環境の両親がとる方法であるOPOL方略は，それぞれが自分の母語で子供と話すというものである．

もう1つの環境では，両親の母語が別々で，片方の親の母語が地域の言語だが，この場合は地域の言語を家庭では話さず，子供が地域の言語に触れるのは家庭の外だけにすることを選択している．

3番目の環境では，両親の母語が同じで，地域の言語とは異なっている．この場合，両親は家庭で自分たちの母語で子供と話す．

4番目の環境では，両親の母語が別々で，どちらの母語も地域の言語とは異なっており，それぞれが自分の母語で子供と話す．

BFLA にはほかにも，両親は2言語使用だが地域はそうでない場合や，両親も地域も2言語使用の場合などの環境もあり得る．

さまざまな環境があり得るのだが，本書での議論は一方の親が英語母語話者で，ある程度もう一方の親の母語の言語能力がある OPOL の環境に限定することとする．ここで起こってくる問題の1つは，体系の分離の問題である．初期の研究には，子供は子音と母音の体系が1つだけしかないような初期の段階を通過すると述べているものもあったが，Vihman はのちの研究(Vihman 1996)でこれに疑問を呈し，子供は全く何も体系を持たずに出発し，発達の過程で産出にも知覚にも体系性が出てくるのだと述べている．Carr and Brulard(2003)において，私の息子の Tom の発話で1語文の時期の CH の型は英語に限定されていたことがわかったが，このことは Tom がフランス語と英語の別々の辞書と，別々の産出システムを持っていたことを強く示唆している．Tom はまた，フィラー音節(filler syllable)*² と呼ばれるものを産出した．Tom の場合，フィラー音節は Bob the Builder*³ をテレビで見たいときに言った [ˈwɒtʃəˈbɒb] におけるようにシュワーからなっていた．Tom は強勢のある英語の単音節語のあとでだけフィラー音節を算出したが，このこともまたフランス語と英語の別々の辞書と，別々の産出システムの存在を強く示唆している．

英語のこうしたフィラー音節についての妥当な考え方の1つは，こうした音節が代名詞や前置詞のような文法的な形態素(機能語)に対する子供の知覚にもとづいているというものである．こうした形態素には強勢がないのがふつうで，Put it in the car におけるようにシュワーあるいは KIT の母音 [ɪ]*⁴ を

含んでいる．この文では最初の韻脚は Put it in the で，強勢のある音節の
Put を先頭に強勢のない機能語が3語後続し，3語とも強勢のない母音を含
んでいる．強勢がないためにこれらの語は知覚的に目立たず，英語を習得中
の子供には Put と，ぼんやりした3つの音節，そのあとに car が聴こえる．
この考え方によれば，子供は強勢音節のあとにシュワーを発音するのであっ
て，そのシュワーは子供の統語面での発達の過程でやがて文法的形態素とな
るものの位置を示す働きをしているのである．

練習問題

1　以下は Smith（2010）からのデータであるが，この研究は Smith 氏の息
　子 Amahl と孫の Zac による英語の音韻の L1 習得について，親子二代を
　対象にしたものである．Zac の発話例に観察されるパターンを LAB,
　COR，DOR，進行 CH，逆行 CH などの用語を使って書き表しなさい．例：
　Tom が tub を [pʌb] と発音しているのは [COR LAB → LAB LAB 逆行
　CH] のように書き表すことができる．
　　[bim] 'bin'
　　[bam] 'bang'
　　[ˈdidin] 'digging'
　　[fwɔp] 'frog(s)'
　　[mʌb] 'mud'
　　[nɛt] 'neck'
　　[bɛmi] 'penguin'

2　Zac はまた以下のようなパターンを示していて，これらは一見すると
　CH のようだが，語頭閉鎖子音の置き換えを伴っている．あなたはこれら
　の置き換えを調音位置の点からどのように記述しますか．
　　[tæn] 'can'
　　[tait] 'kite'
　　[titən] 'kitten'
　　[taːd] 'card'
　　[tæɹɪz] 'carriage'
　　[taːsu] 'castle'
　　[tæt] 'cat'
　　[tæt] 'catch'

[tɔːt] 'caught'
[tɔːzd] 'caused'
[tiːnd] 'cleaned'
[daːdən] 'garden'
[dɹaːs] 'glass'
[dud] 'good'

3　次もまた Zac のデータである. 上の練習問題 2 で見られた現象も含めて,
どのようなプロセスが働いているのか説明しなさい. なお, 2 つ以上の現
象が見られる語もある.

[eibitɔt] 'apricot'
[aːt] 'ask'
[bit] 'bricks'
[bʊm] 'broom'
['bʌdə] 'brother'
[taːn] 'can't'
['dænə] 'candle(s)'
[tiːnd] 'cleaned'
[təud] 'clothes'
[tɔːdi] 'coffee'
[tɔntɹit] 'concrete'
['puːdə] 'computer'
[dəun] 'don't'
[dɛt] 'dressed'
[dɔp] 'drop'
[faːt] 'fast'
[fəːt] 'first'
[fæʔ] 'flat'
['fæwə] 'flower'
[fuːʔ] 'fruit'
['hʌmit] 'helmet'
[mʌt] 'must'
[paːnt] 'plant'
[pʌd] 'plugged'

[pint] 'print'
['pɔbləm] 'problem'
[sʌd] 'slug(s)'
['saiʔli] 'slightly'
['sɔːlə] 'smaller'
[sɛl] 'smell'
[səuʔ] 'smoke'
['pætlə] 'spatula'
['pɛdu] 'special'
[dæn] 'stand'
[teiin] 'staying'
[tiːm] 'steam'
[tiːp] 'steep'
[tein] 'train'
[tiː] 'tree'
[tai] 'try'

参考文献

Carr, P. and Brulard, I. (2003). 'French-English bilingual acquisition of phonology: One production system or two?' *International Journal of Bilingualism* 7 (2): 177–202.

Chomsky, N. (1965). *Aspects of the Theory of Syntax*. Cambridge, MA: MIT Press.

Romaine, S. (1995). *Bilingualism*. Oxford: Blackwell. 2nd edition.

Scobbie, J., Gibbon, F., Hardcastle, W. and Fletcher P. (2000). 'Covert contrast as a stage in the acquisition of phonetics and phonology.' In: M. Broe and J. Pierre-humbert (eds.) *Papers in Laboratory Phonology V: Acquisition and the Lexicon*, pp. 194–207. Cambridge: Cambridge University Press.

Smith, N. V. (1973). *The Acquisition of Phonology: A Case Study*. Cambridge: Cambridge University Press.

Vihman, M. M. (1996). *Phonological Development: The Origins of Language in the Child*. Oxford: Oxford University Press.

Vihman, M. M. and Velleman, S. (2000). 'Phonetics and the origin of phonology.' In: N. Burton-Roberts, P. Carr and G. Docherty (eds.) *Phonological Knowledge: Conceptual and Empirical Issues*, pp. 305–339. Oxford: Oxford University Press.

訳 者 注

*1　trimester は妊娠期間を 3 か月ずつに区切った単位．3 期は妊娠 7–9 か月の期間を指す．

*2　発話の一部分を埋める音節．

*3　英国の子供向けアニメーションで，1998 年から 2004 年まで放映された．

*4　英国の音声学では KIT におけるような強母音の [ɪ] と，it, in におけるような弱母音の [ɪ] は同一音素 /ɪ/ として扱われることが多い．

15
第二言語(L2)としての
英語の音声と音韻の習得

15.1　序論：一般的問題

　この章の目的のために英語の L1 習得と L2 習得を次のように区別しよう
と思う.「L2 習得」という用語は，本書では L2 が小学校，中等学校であれ，
あるいは大学レベルでも，教室での指導を含むような習得を意味する. 母語
を教わったりすることはないのに対して，このように定義された L2 習得は
指導を必要とするのである.

　L2 習得をこのように定義するにあたって，私は 2 言語使用者の第一言語
習得（BFLA）についての第 14 章での議論に関連するいくつかの問題を考慮
の対象外にしている. 第 14 章では，どのような年齢で BFLA が始まるかを
明確にするのは困難であるのを見てきた. また，もっとも単純なケースは子
供が生まれたときから家庭内で 2 つの言語に触れている場合だということも
わかった. しかし，家庭内で 2 番目の言語に触れている，たとえば 5 歳の
子供はどうなのだろうか. そしてまた，1 言語使用の家庭に生まれて，別の
言語が話されている地域に移住する，同じくらいの年齢の子供はどうなのだ
ろうか. このようなケースは子供の L2 習得と定義してもよいのではないか？
それとも，遅く始まった BFLA なのか？ ここではこのような問題を無視して，
上に述べたような L2 習得の定義をそのまま用いることにする. また，シン
ガポールやインドなどの多言語国家ではシンガポール英語やインド英語が共
通の母語を持たない国民にとってのリンガフランカとして機能しているのだ
が，このような地域における第二言語としての英語の変種もここでは考慮の
対象にしていない.

　L2 習得は L1 習得よりも学習者にとって大変であることは一般に認めら
れているが，これは生物学的に決まっている言語習得の「臨界期」のせいだ
と言う人たちもいる. この仮説によれば，この時期を過ぎると母語話者と全
く同じように外国語を使いこなせるようにはなれないというのである. この

ような見方をしているのは，Noam Chomsky(1986 ほか，著作多数)の，人間の言語についての生物学的な概念を採用している言語学者が多い．これによれば人間は生得的な言語モジュール，すなわち言語だけのための心の構成要素を持って生まれてくる．もしそのような生得的なモジュールがなかったら L1 習得は不可能なはずだと Chomsky は主張する．Chomsky にとって L1 習得は学習ではなく，生物学的な成長の 1 過程なのである．Sampson(1997)のように，Chomsky に反対する人たちは意見を異にする．彼らは L1 習得がたいていの場合，意識的な学習ではないにしても，間違いなく学習の 1 過程であると主張する．Sampson の考えでは，子供は L1 習得のために，類推的一般化のような領域普遍的な(言語に特化しない)認知能力を使う．L1 習得における類推的一般化の例としては，Three sheeps comed に見られるような，子供による正規の規則の過剰一般化がある．ここでは sheep の不規則な複数形が規則化され，come の不規則な過去形が規則化されている．つまり，子供は複数形の生成と過去時制の表示についての正規の規則を習得して，今度はそれを規則形からの類推のプロセスによって不規則な語にも適用するのだと考えるのである．人間の持つ，類推を行なう能力に関して重要なのは，それが言語に限定されていないということである．類推は，知覚入力の中に見出される知覚された類似点にもとづいている．そのため，われわれは物体の視覚的認識のような，さまざまな認知領域において類推を行なうことができる．

臨界期仮説は，言語についての Chomsky の生物学的な見方を支持する人たちには魅力的である．というのは人間以外の種には生物学的に決定された臨界期が存在することが知られているからで，たとえば子猫が出生時から(暗い場所で飼育されて)視覚入力を遮断されると，生後数か月という臨界期のうちに視覚入力を得られなければ，視覚系が正常に機能するようにはならない．言語についての臨界期は，このような説によれば，出生時から思春期までにわたるとされ，思春期以後は L1 の言語の熟達に匹敵するほど十分な L2 の習得は起こり得ない．もしこの時期を過ぎてから L2 の言語入力があっても，遅すぎるというのである．思春期というのは生物学的に前もって決定されている成長段階であるので，この説は Chomsky の支持者たちには魅力的である．

小学校のレベルであっても L2 習得は必ず指導を必要とするという，本書で採用した立場からすると，小学生はまだ臨界期内にいるわけなので，臨界期仮説は筋が通らないことになる．

臨界期に代わる考え方の 1 つは，子供が成長するにつれて脳の可塑性が減

少するというものである．つまり，脳は年を経るにしたがって柔軟性がなく
なってくる．これは出生時には存在しなかった膨大な数の神経結合が確立さ
れて脳を構築していくためとも考えられる．さらにまた，L1 習得とは異なっ
て L2 習得はすでに 1 つあるいはそれ以上の言語の知識が脳に存在している
ときに起こるということと，そのような言語知識が新しい言語の習得の邪魔
になるということも言っておきたい．これは音声と音韻の場合，非常に明白
である．脳は母語の言語音を産出するための運動制御に慣れてしまっている
ところに，新しい言語音のための運動制御を確立すべく無理を強いられる．
音韻の領域では，母語の音素体系は知覚的範疇の集合であって，これによっ
て言語信号が解読されるのだが，この音素体系がわれわれの言語音の知覚に
深く根付いているために，別の言語の音素体系から新しい知覚的範疇を作り
上げる妨げになるのである．以上のことから，L2 習得のプロセスについて
のこうした見方にもとづいて，英語の音声と音韻の L2 習得を論じていくこ
ととする．

15.2　英語の音声と音韻の L2 習得における問題の類型

　英語の音声と音韻の L2 習得について述べるにあたって，RP と GA の音
声と音韻の習得について触れておくことにする．RP と GA は世界中でもっ
とも広く教えられているアクセントである．GA は R 音性的であるので，習
得するには GA のほうがシンプルだと言ってもよいだろう．つづり字に〈r〉
があれば，それは必ず /r/ を表しているのである．これに加えて，GA は R
音性的であるために RP にあるような中向き二重母音がないので，母音の音
素数が少ない．中向き二重母音は歴史上，RP が非 R 音性に移行した結果出
現したものである．さらにシンプルなアクセントを手本にするとしたら，そ
れは標準スコットランド英語(SSE)だろう．SSE は R 音性的で，GA よりも
母音音素が少ない．筆者の恩師であるエジンバラ大学の音声学の教授は L2
学習者の手本として SSE を提唱していたのだが，面白いことに教授自身は
RP 話者であった．しかし GA と RP はまず間違いなく世界中で使われる手
本であり続けるだろう．Longman の辞典(Wells 2008)のような発音辞典に
載っている 2 つのアクセントが GA と RP なのだからなおさらである．世界
中の大学の，第二言語としての英語の先生たちはこうした辞典を非常に頼り
にしている．
　第二言語(L2)としての英語の先生たちは，習得中の英語の言語音目録の

発音，すなわち各分節音の発音に重点を置くのが一般的であり，それは確か
に取り組むべき課題ではあるのだが，L2 としての英語を話す際の誤りの原
因は，書記素と音素の対応や，音素配列・リズムと語強勢・イントネーショ
ン構造といった超分節構造を含む，英語の音韻におけるほかの領域からも来
ているのである．本書ではこれらのひとつひとつをフランス語，ドイツ語，
スペイン語，ギリシャ語，日本語およびその他の言語の話者の例を示しつつ
考察する．しかしながら，私のこれまでの L2 指導のほとんどがフランス人
の英語学習者を対象としたものであったので，彼らの例にかなり重点が置か
れることになるだろう．

15.3 音声目録と音素体系

　英語の L2 学習者の問題は，言語の音声目録のレベルからも，音素体系の
レベルからも生じてくる．分節音についてのもっとも基本的な困難は音声的
困難で，L2 話者の母語にはないような英語の音に関するものである．L2 学
習者はそのような音の調音を習得しなければならない．たとえばギリシャ語
の場合，英語の後部歯茎摩擦音の [ʃ] と [ʒ]，および後部歯茎破擦音の [tʃ]
と [dʒ] が問題で，ギリシャ語には歯茎摩擦音の [s] と [z]，および歯茎破擦
音の [ts] と [dz] はあるのだが，後部歯茎摩擦音の [ʃ] と [ʒ] も，後部歯茎
破擦音の [tʃ] と [dʒ] もない．ギリシャ語話者が後部歯茎摩擦音と後部歯茎
破擦音の発音を習得する際の問題は，純粋に調音上の問題である．ギリシャ
語話者がこれらの調音を習得できない場合は，歯茎音を後部歯茎音の代わり
にするのが一般的で，ship の語頭では [s], measure の語中では [z], catch の
語末では [ts], Jim の語頭では [dz] が発音される．このようなケースについ
てよく言われるのは，L2 学習者は自分の母語の「最も近い」音を選ぶのだ
という説で，確かにこれには一理あるかもしれない．しかし，いったいどう
やって，どれが「最も近い」と判定するのだろうかという疑問が生じる．

　外国語の個々の言語音に関する純粋に調音上の問題に加えて，音韻上の問
題も存在する．本書では，音素とは知覚的範疇で，この範疇にもとづいてわれ
われは言語信号を知覚するのだという立場をとってきた．もし外国語に母
語にはないような音素対立があると，それらの音素の音声的実現を知覚する
のはむずかしいかもしれない．ギリシャ語の母語話者は後部歯茎摩擦音と後
部歯茎破擦音の調音を習得しなければならないだけでなく，英語を聴いてい
るときにはこれらの音を区別できるようになる必要がある．

　子音の例としてはほかにも英語の後部歯茎接近音の [ɹ] があり，この音は L2 学習者にもっとも広く教えられている 2 つの英語の変種である RP にも GA にも存在する．これは /r/ の実現としては世界の言語の中で比較的まれな音である．世界の言語で「r」の音の範囲は驚くほど広く，単顫動音，顫動音，摩擦音，接近音が含まれていて，調音位置は唇から口蓋垂までにわたっているが，もっとも一般的な実現は歯茎単顫動音の [ɾ] かもしれない．そのためスペイン語，イタリア語，ギリシャ語およびアフリカの諸言語など多数の言語の話者は英語の音素 /r/ を歯茎単顫動音で発音するので，たとえば hurry は接近音ではなく単顫動音を伴うことになる．スペイン語は「r」の音素が 2 つある点でほかの言語とは異なっている．/r/ は perro（犬）におけるように有声歯茎顫動音で，/ɾ/ は pero（しかし）におけるように有声歯茎単顫動音である．英語の [ɹ] を習得できていないスペイン語話者は，母語の顫動音ではなく単顫動音の [ɾ] のほうを発音する．

　外国語の「r」の音は発音が非常にむずかしいというのは興味深い事実である．ドイツ語とフランス語には口蓋垂の「r」の音（[ʁ]）があり，ドイツ語話者もフランス語話者も英語のほとんどの子音を習得するのだが，「r」の音だけは別である．英語話者がフランス語を話す場合も同様で，フランス語の発音が上手だが標準フランス語の「r」の音は例外であるような英語話者の発音を私はこれまでに数多く耳にしてきた．

　日本語話者は英語の後部歯茎音 [ɹ] の代わりに母語の歯茎単顫動音 [ɾ] を発音することがよくあるが，これを英語話者が聞いても混乱は起きないのがふつうである．英語話者はウエールズ英語，バーミンガム英語，リバプール英語，スコットランド英語のような単顫動音の [ɾ] がある英語の変種になじみがあるので，これはそのせいかもしれない．しかし日本語には側面接近音 [l] がないので，日本語話者はよく [l] の代わりに [ɾ]（あるいはもし習得できていれば [ɹ]）を発音する．[ɹ] も [l] も有声歯茎接近音なので調音面でも知覚面でもよく似ていて，このことが多数の言語の話者に問題を引き起こす．私は日本語話者に，夕飯に何を作るのかたずねたことがある．彼女が ram と言ったと思ったので私は雄羊の肉を食べたことはないと答えたのだが，彼女は lamb と言ったつもりだったのである．各種の中国語の話者にはこの反対の問題があって，彼らは英語の [ɹ] の代わりに側音の [l] を発音する．そのため，英語圏の中華料理店で Egg-fried rice を注文して，店員が注文を復唱すると，英語話者には Egg-flied lice と聞こえてしまうのである．

　ギリシャ語と同様に，スペイン語にも有声後部歯茎摩擦音の [ʒ] がないが，

ギリシャ語とは違って無声後部歯茎摩擦音の [ʃ] のほうは存在する.*¹ その
ため，スペイン語母語話者はふつう，occasion のような語を有声の [ʒ] では
なく無声の [ʃ] を使って発音する.

　ギリシャ語には歯摩擦音の [θ] と [ð] があるので，ギリシャ語話者にはこ
れらの発音はむずかしくないが，フランス語話者とドイツ語話者は母語にこ
れらの音がないので，発音に苦労する. ふつう，フランス語話者もドイツ話
者も，[θ] と [ð] に対応する歯茎音である [s] と [z] を使うので，think の語
頭は [s], that の語頭は [z] となる. フランス語話者の中には歯摩擦音ではな
くて歯閉鎖音を発音する人もいて，ここから「母語でもっとも近い音はどれ
か」という疑問が生じるのである. 歯茎摩擦音は，すぐそばの調音位置で産
出される摩擦音で，狭窄も同じであるから歯摩擦音に近いのだが，歯閉鎖音
は調音位置が共通である点で歯摩擦音に近いものの，狭窄は同じではない.

　ロマンス系諸語のポルトガル語，イタリア語，フランス語には /h/ の音
素がない. ロマンス系諸語(歴史上，ラテン語から来ている諸言語)の祖先に
はこの声門摩擦音が存在していたが，これらすべての言語で消失してしまっ
た. この声門摩擦音は口腔内での狭窄がなく，声門閉鎖音(完全な閉鎖)より
も弱い狭窄(狭い接近)しか起こらないので，すべての子音の中で「最も弱い」
と言ってもよい. そのために /h/ は消失しやすく，実際これらの言語では
消失してしまった. すでに見たとおり，英語のアクセントの中にもロンドン
英語のように /h/ がしばしば消失するアクセントもある.

　興味深いことに，フランス語話者とイタリア語話者は，/h/ を含む英語の
単語の発音の間違え方がスペイン語話者とは異なる. イタリア語話者とフラ
ンス語話者では「h音脱落」が起こって，house のような語は語頭の子音無
しで発音されるのだが，スペイン語話者はふつう，[h] に比較的近い子音で
ある無声軟口蓋摩擦音の [x] を選択するので house の最初の音は [x] となる.
フランス語には，スペイン語にあるような [x] はないが，標準フランス語の
口蓋垂音 /ʀ/ の異音として無声口蓋垂摩擦音があり，prince, train, crier(叫ぶ)
などのフランス語の単語におけるように，/ʀ/ に無声音が先行する子音連続
に現れる. なぜフランス語話者がこの異音を英語の声門摩擦音の代わりとし
て選択しないかというと，まさにこの音が異音であって，音素のレベルに達
していないからだろう. 自分の母語の異音は認識しにくいものなのである.
もしフランス語話者が，フランス語にはいくつの「r」の音があるかと聞か
れれば，実際には4つあるにもかかわらず，「1つ！」と答えるのがふつう
である.

「h 音脱落」をする L2 学習者にはよく過剰矯正と呼ばれる現象が見られ，[h] があってはならないところに [h] を挿入して always が halways となったりする．こうした学習者たちは，英語には特に語頭に [h] を含む単語があるということを意識しており，「h 音脱落」を直そうとして [h] を添加する．実は母音で始まっているような語に h を添加することで，彼らは自分の発話を過剰矯正してしまうのである．同じ現象が，第 13 章で見たように，ロンドン英語のような「h 音脱落」のある英語のアクセントの話者に見られる．[h] の発音で過剰矯正をするような L2 学習者は，「h 音脱落」をしている学習者である．

「h 音脱落」と第一強勢の誤配置 (以下を参照) についての面白い例は，フランス大統領だった故 Jacques Chirac の夫人の話で，BBC のインタビューで，長続きしている結婚生活の秘訣は何かと問われて，[aˈpiːnəs] (happiness) と答えたのだが，英語話者には a penis と聞こえたのだった！ 彼女の夫はこれに ‘Non, chérie, [ˈapinəs]’ (いや君，[ˈapinəs] だよ) と言ったとされるのだが，「h 音脱落」はしていたものの，少なくとも第一強勢は正しい音節に置かれていたわけである．

英語には有声唇軟口蓋接近音 /w/ と有声唇歯摩擦音 /v/ の音素対立があるが，ドイツ語にはない．ドイツ語に /v/ はあるが /w/ はないため，way が [vei] となる例のように，ドイツ語話者はふつう英語の /w/ を [v] で発音する．

異言語の分節音目録だけでなく，母語の分節音の実現規則も子音の誤った発音のもととなる．たとえば，オランダ語，ドイツ語，ポーランド語，ロシア語には英語と同じように有声と無声の阻害音 (閉鎖音・破擦音・摩擦音) があって，これらはどの言語でも対立的である．つまり，どの言語にも /p/ 対 /b/, /t/ 対 /d/, /k/ 対 /g/, /f/ 対 /v/, /s/ 対 /z/ の対立がある．しかしオランダ語，ドイツ語，ポーランド語，ロシア語には有声の阻害音は語末で無声化するという実現規則があるため，たとえばドイツ語の /ʁad/ (車輪) は [ʁat] と実現される．これらの言語の母語話者たちはこの規則を英語の単語の発音にも転移させることが多く，たとえば crowd は語末の子音が [t] となって実現される．

英語の実現上の特徴にはほかにも GA における音素 /t/ の弾音化があり，すでに見てきたとおり witty, pretty のような語が [ˈwɪɾi], [ˈpɹɪɾi] となる．RP を習得中の外国人学習者が，RP を話す際に弾音化をすることが多くなってきていて，Britain のような語が弾音を伴って [ˈbɹɪɾən] と発音される．RP

を教えているフランス人の先生たちはこの発音を間違いとみなすことが多いが，私はこれを認めるべきだと言いたい．というのは，若い RP 話者たちもよく弾音化をするからである．RP の外国人学習者が流行遅れの RP を教えられることのないようにするのは大切なことである（私のフランス人の同僚の中には，1950 年代の BBC のニュースキャスターのような発音で，そのために堅苦しくて流行遅れの印象を与える人たちがいた）．人々が好むと好まざるとにかかわらず，GA は英国の若者に影響を与えてきた．私が思うに，これは主として米国の映画を見たり米国のポピュラー音楽を聴いたりするせいだろう．RP を習得中の若者たちは，吹替の映画ではなく，どの言語で聞くのかを選べるような米国映画を見ている．彼らは弾音化を耳にするのでこれを取り入れるのだが，これは完全に正常なことである．われわれは，RP の若い学習者たちが 60 歳に聞こえるような発音を断じて教えてはならないのである．

　声門発音は，英国の英語アクセントに広く見られる．ロンドン英語，それにスコットランド英語の多くで butter のような語に生じる母音間の声門発音は，数多くの RP 話者のひんしゅくを買っている．L2 学習者にはこの位置での声門閉鎖音を避けるように指導するに越したことはないが，尾部における閉門閉鎖音となると話は別である．女王陛下でさえ，I know that this has been a difficult year. ということばの中で声門閉鎖音を発音していて，この例にも見られるように無強勢の機能語 that は，特に子音が後続するときには /t/ が声門閉鎖音になるのがふつうである．私の個人的な考えでは，英語の L2 学習者にこの位置の声門発音をやめさせるべきではない．この位置で歯茎閉鎖音の [t] を発音すると，唐突な感じがするが，ここで声門閉鎖音を発音してもそのようなことはないのである．

　L2 学習者に対して，I didn't know he hadn't been there のような発話での声門閉鎖音をしないように指導すべきではない．この発話では didn't と hadn't にあるように音節主音的鼻音のあとに声門閉鎖音が現れることが多いが，これは英国および北米の日常会話でごく自然なことである．button におけるような音節主音的鼻音の前の /t/ を声門閉鎖音で発音するのは GA では日常的なことなので，GA の話される環境にいる L2 学習者にはこのような発音を奨めるべきである．私はまた，RP の L2 学習者に対して vodka r and lime などのように「割り込みの r」を発音しないように指導するべきではないと主張したい．これは英国の多数の RP 話者にとって，全くふつうの発音なのである．

　分節音の誤りは母音でも生じる．英語の L2 習得における古典的な困難は，2 つの高前舌非円唇母音，[iː] と [ɪ] を発音し分けること，および音素として聞き分けることである．2 つの高前舌非円唇母音が別々の音素であるという点で，英語は世界の言語の中でも特異な存在である．/i/ の音素はほぼすべての言語にあるが，同じ母音領域内にもう 1 つ音素があるような言語はほとんどない．したがって英語の L2 学習者が KIT の母音を [i] と発音してしまうのはごくふつうのことである．ここでもまた，このような話者たちは一番近い分節音を選択するので，フランス語，スペイン語，ギリシャ語，ポルトガル語，ポーランド語，そのほか多数の言語の話者は 'It is good' を 'Eet ees good' のように言うので知られている．ただ，ここで注目すべきなのは，一般にこのような発音が L2 学習者の英語を聞く英語話者の理解を妨げるようなことはないということである．

　過剰矯正もまた，英語のこの 2 つの音の音素的区別で生じることがわかっている．it や bit では [i] ではなくて [ɪ] を発音すべきだと承知している L2 学習者は，[iː] を [ɪ] と発音してしまうことがある．フランスでの私の息子の英語の先生の面白い例があって，彼女は beach が大好きなので休暇でフロリダに行くのが大好きだと言おうとしたのだが，過剰矯正をして bitch が大好きだと言ってしまったのである．

　RP にも GA にも低前舌非円唇母音 /æ/，低後舌非円唇母音 /ɑː/，および STRUT の母音 /ʌ/ の 3 つの区別がある．英語話者には /ʌ/ が [a] 型の音の一種であるとは思われないかもしれないが，この音は比較的低く，非円唇であるので確かに [a] 型である．/iː/ 対 /ɪ/ の区別と同様，[a] 型の音素が 2 つ以上あるというのは世界の言語の中で比較的まれなことであり，3 つもあるというのはさらにまれである．その結果として，フランス語，スペイン語，イタリア語，アラビア語など数多くの言語の話者が bus を [bas] と発音する．しかし英語を学習しているフランス語話者は，フランス語の音素 /a/ を STRUT の母音に最も近い音として選ぶのでなく，フランス語の soeur（姉または妹）にあるような低中前舌円唇母音の [œ] を選ぶので，英語の pub は，彼らが STRUT の母音をちゃんと発音できない場合は [pœb] となってしまう．フランス語の [œ] は STRUT の母音と高さはほぼ同じだが，STRUT の母音とは違って中舌ではなく前舌で，しかも円唇なのだから，これは不思議なことである．

　RP に GOAT の母音 /oʊ/，THOUGHT/FORCE/NORTH の母音 /ɔː/，LOT の母音 /ɒ/ の 3 つの音素の区別があることも，母音の誤りの原因となって

いる．3つとも後舌の中母音で円唇であるので，RP の母音音素のこの領域は知覚的にも調音の面でも大変混みあっている．

　たいていの言語ではこの領域で2つの区別，すなわち /o/ 対 /ɔ/ より多い区別はないので，RP の /ɔ:/ と /ɒ/ の区別はむずかしいかもしれない．ロマンス系の言語であるフランス語，スペイン語，イタリア語は代表的な例である．歴史上の /o:/ が二重母音化して /oʊ/ となり，さらにこれが [əʊ] と実現されるようになったために，RPの発音はいっそうむずかしくなっている．フランス語，スペイン語，イタリア語の [o] は goat のような語の二重母音としては，正確な発音とはいえないのである．このような話者たちには，標準スコットランド英語の /o/ 対 /ɔ/ のほうが容易だろう．この対立は彼らの母語にある音素対立と対応しているし，SSE には /ɒ/ が存在しないからである．

15.4　書記素と音素の対応

　すべての言語にアルファベットの書記体系があるわけではない．中国語のように，単語全体を表すような文字で書かれる言語がある．音節文字で書かれる言語もあり，そのような言語では単語が音節の連続として表される．日本語はこれら3つの書記体系のどれを使っても書くことができる．ここでは，アルファベットの書記体系のある言語に焦点を絞ることとする．

　子供たちは，母語の書記素(つづり字)と音素(発音)の対応関係についての規則を学校で習う必要がある．母語の音声と音韻の習得は(無意識のうちに習得するので)教わったりしないが，読み書きは教わるのである．読み書きを教わるためには，頭の中に取り込まれている音素(そしてある程度は異音も)と書記素とを一致させることができるのにじゅうぶんなだけの音声と音韻を習得していなければならない．

　2番目の言語の単語が文字で書かれたものを発音する際に，母語の書記素と音素の対応関係が邪魔になるのはよくあることである．たとえばフランス語の書記素 ⟨ch⟩ は champagne, chambre, chaud, charme のような語におけるように，/ʃ/ を表す(/k/ と読む語もいくつかあるが)．

　フランス語の場合と同じように，英語の二重母音字 ⟨ch⟩ も champagne のようなフランス語からの借用語では /ʃ/，character のような語では /k/ というように，/ʃ/ と /k/ の両方を表す．フランス語でも英語でも，書記素 ⟨ch⟩ は /k/ よりも /ʃ/ を表すことのほうが多い．しかしフランス語と違って英語

ではまた(フランス語からの借用語の場合を除いて),chair, change のような数多くの語で破擦音 /tʃ/ を表す.フランス語では ⟨ch⟩ を /ʃ/ と読むことが一番多いので,フランス語話者が英語の chair のような語を /ʃ/ の音素を使って発音するのはよくあることである.こうした発音の誤りは,英語の chair にあたるフランス語の chaise が /ʃ/ で発音されることで余計に助長されている.イギリスに本拠を置くフランス人のシェフ Raymond Blanc は,イギリスの料理番組でこのような発音をしている.フランス語には /tʃatʃ/(chat) や /tʃintʃin/(乾杯の意味の英語の chin-chin から*2))のように,英語からの借用語で /tʃ/ も発音されるので,事態はいっそう複雑になっている.

　書記素と音素の対応から来ている問題にはほかにも「黙字」,すなわち,単語のつづりにはあるが対応する音素がない文字に関するものがある.黙字は psychiatrist や pneumonia のように ⟨p⟩ ともう 1 つの子音書記素で始まる古代ギリシャ語起源の語に見られ,psychiatrist は /s/ で,pneumonia は /n/ で始まるというように,⟨p⟩ は音素 /p/ に対応していない.フランス語ではこのような語は psychiatre /psikiatʁ/ のように /p/ を維持しているので,このことはギリシャ語話者だけでなくフランス語話者にも問題となる.そのため,フランス語話者が psychiatrist に [p] をつけて [psaɪkaɪətɹɪst] と発音するのはよくあることである.この問題には書記素と音素の対応と同時に音素配列(以下を参照)も関わっている.現代ギリシャ語も現代フランス語も語頭の子音連続として /ps/ と /pn/ を許容するが,英語ではそうではないのである.

　half のような語における ⟨l⟩ の場合はさらに複雑である.L2 学習者はよくこのような語で /l/ を発音するが,これは ⟨l⟩ という書記素が目に入るからというだけでなく,ほかの self のような語では /l/ が発音されるからである.英語話者の中でも,calm のような語では大半が /l/ を発音しないが,/l/ を発音する話者も存在する.したがって,L2 話者たちがこうした語で /l/ を発音するのは,実のところ一部の英語母語話者の発音を反映しているのである.GA では palm の /l/ が発音されるが大多数の RP 話者は /l/ を発音しないというように,この種の語の発音に RP と GA で相違があることで,この問題がいっそう複雑になっている.

　英語の母音書記素もまた問題のもととなる.たとえば書記素 ⟨o⟩ は not では /ɒ/ を表しているが,both では /oʊ/,さらに cow では /aʊ/, horse では /ɔ:/, month では /ʌ/ を表していて,これは英語を読み書きする多くの言語の話者にとって厄介である.フランス人の months の発音 [mɒnθɪz] には書

記素と音素の対応の問題(書記素〈o〉に関して)と，音素配列の問題(子音連続)の両方が現れている．英語の L2 学習者であるフランス語話者やイタリア語話者などが，出現頻度の高い語である other を /ʌ/ でなく /ɒ/ の母音を使って発音するのはよくあることだが，英語では〈o〉が other では /ʌ/ なのに bother では /ɒ/ と発音されるのだから，これはなんら不思議ではない.

〈ough〉という書記素の連続も L2 学習者には問題となる．〈ough〉は語末の強勢音節で /aʊ/(例: bough)，/oʊ/(例: though)，/ʌf/(例: rough)，さらにまた trough のように /ɒf/(GA では /ɑf/)を表すことがある．これについては教えるべき一般法則が存在しないので，〈ough〉がどの音素を表しているのか，L2 話者に一語一語覚えさせるよりないというのが私の考えである．〈ought〉で終わる語でも同様で，thought におけるように /ɔ:/(GA では /ɔ/)を表すことも，drought におけるように /aʊ/ を表すこともある．

フランス語(およびほかの諸言語)では，英語やほかの諸言語からの借用語がフランス語の通常の書記素と音素の対応規則に従っては処理されないことがしばしばある．たとえば英語の muffin は，フランス語の書記素〈u〉が lune(月)におけるように高前舌円唇母音の [y] を表し，書記素の連続〈in〉が vin(ワイン)におけるように鼻母音の [ɛ̃] を表すので，フランス語の書記素と音素の対応に従えば [myfɛ̃] となるはずである．ところがフランス語話者は muffin が英語からの借用語であることを意識しているので，彼らが英語の STRUT の母音の代わりにいつも使う [œ] と，KIT の母音の代わりにいつも使う [i] をあてて，[mœfin] のように発音する.

15.5 音素配列

第 7 章で見てきたように，音節内のさまざまな位置でどのような音素連続が許容されるかというのは言語によって異なっている．英語では音節の頭部に出現し得る 3 子音連続は最初が /s/ であるものに限られているので，sport, start, skirt は音素配列的に適格だが，/fpi:t/, /fti:t/, /fki:t/ は不適格である.

英語の L2 学習者は母語の音素配列に合わせて英語を発音することが多い．たとえばスペイン語には音素配列上の制約があり，語頭で sC の頭部は許容されないので，/sp/, /st/, /sk/ は語頭では不適格である．英語にはそのような音素配列上の制約はないので，Spain, start, skirt は適格である．スペイン語話者はこうした語でしばしば語頭に添加音の /ɛ/ をつけるので，たとえば

242

Spain, Spanish は [ɛsˈpein], [ɛsˈpaniʃ] となる.

　日本語話者はもっと大変な音素配列上の問題を抱えている. 日本語では頭部にも尾部にも子音連続は全く許容されないので, このような子音連続が問題となる. sprint, string, screw などの語におけるような頭部の3子音連続はもっともむずかしいものの1つで, 日本人学習者はしばしば添加音の母音をこれらの子音の間に1つずつはさんで screw を [suɯkuɯrɯː] と発音し, 単音節語を3音節語にしてしまう. 同様に, 英語の express という語には /k/ と /s/ の2つの尾部子音があり, そこに2つの頭部子音 /p/ と /ɹ/ が後続するが, これはアラビア語話者など多数の言語の話者たちには発音がむずかしく, アラビア語話者は [ɛkɪsprɛs] のように /k/ のあとに添加音の母音をはさむことがよくある.

　英語の語末の尾部子音連続は, さまざまな言語の話者にとって発音がむずかしい場合がある. たとえば, 上でも見てきた months には3子音の連続がある. フランス語話者には鼻閉鎖音から歯摩擦音, さらに歯茎摩擦音への移行がむずかしいので, 添加音の母音を歯摩擦音と歯茎摩擦音の間にはさんで [mɒnθɪz], あるいは [mʌnθɪz] と発音する(上の書記素と音素の対応についての箇所を参照).

15.6　リズムと語強勢

　第8章で見てきたように, すべての言語はリズム構造を伴って話されているが, その構造は言語によってまちまちである. 英語のように強勢拍と呼ばれるリズムを持つ言語もある. 第8章で述べたように, 次々に現れる強勢音節に規則的なリズムの拍子が置かれる. 英語における中心的な構成単位は強弱脚で, すでに見てきたとおり, happen や Africa のように1つの強勢のある音節と後続の強勢のない音節(強勢のない音節が全くない場合も複数の場合もある)によって構成される. happen では第一強勢を持つ音節に1つの無強勢音節が後続しており, Africa では第一強勢を持つ音節に2つの無強勢音節が後続していて, どちらの語も1つの強弱脚を構成している.

　音節拍の言語もあり, 強勢は連続した各音節に置かれる. フランス語はその一例である. 第8章で見た Chicken McMuggets の脚構造の例を思い出しなさい. この句は /ˌtʃɪkənmək/ と /ˈnʌgəts/ という2つの韻脚からなっているが, 典型的なフランス語なまりの発音は [tʃikɛnmaknygɛts] である. フランス語には韻脚がなく, 語の中の各音節にリズムの拍子がある. このために

フランス語話者をはじめイタリア語など数多くの言語の話者は無強勢音節の母音を弱化させてシュワーにすることができないことがよくあり，この例でもそれがわかる（このフランス語なまりの発音で，無強勢音節であるべき位置にどうしてこれらの母音があるのかについては上記の書記素と音素の対応の問題を参照）．フランス語にはシュワーがあり，シュワーの削除が起こる点でも英語と同じだが，フランス語のシュワーは無強勢音節とは無関係である（フランス語には無強勢音節が存在しないので）．フランス語におけるシュワーの削除は，英語の場合とは全く異なっている．英語の場合はふつう無強勢音節で削除が起こり，bottle（['bɒtɬ]）や button（['bʌtn̩]）におけるように /l/ や /n/ のような共鳴音の子音の音節主音化を引き起こす．

英語の強勢移動接尾辞は L2 学習者にとっての困難の大きな原因である．たとえば接尾辞の -ic は第一強勢を先行音節に移動させるので，academic（[ˌækəˈdɛmɪk]）の第一強勢は，派生元の語である academy（[əˈkædəmi]）とは異なる音節に置かれる．さらに英語の語強勢規則（第 8 章で概説）から，第一強勢が移動したことによって academic には第二強勢が必要となる．academy の第一強勢がどこにあるかを知っている L2 学習者は，派生された形容詞 academic でも同じ音節に第一強勢を置き続けてしまうことがよくあるのだが，[əˈkædəmɪk] という発音では第一強勢が間違った音節に置かれ，さらに第二強勢がないので，語強勢の誤りが 2 つあることになる．

-ate の語尾もまた厄介である．2 音節語では create, narrate, relate のように第一強勢が -ate にある場合がほとんどである（ただし GA では frustrate, translate のように，第一強勢が -ate にはないような 2 音節語もある）．しかし 3 音節以上の語では investigate, commemorate, refrigerate のように語末から 3 番目の音節に第一強勢がある．2 音節語で -ate に第一強勢を置くことを覚えた L2 学習者は，3 音節上の語でも investiˈgate, refrigeˈrate のように第一強勢を -ate に置いてしまうことがよくある．この誤りがもとになって，今度はこうした動詞から派生した名詞でも同じ誤りが起こり，investiˈgator, refrigeˈrator と -ate の音節に第一強勢を置いた発音が生じる．

それ自体は第一強勢を持たない強勢移動接尾辞に関わるこうした語強勢の誤りは，L2 学習者の発音が誤解される原因になることがあるが，その一方で第一強勢を持つ強勢移動接尾辞にフランス語起源のものが多いのはフランス語話者の英語学習者には運のよいことで，彼らにとっては kitchenette, launderette, maisonette などの語の第一強勢が問題になることはなさそうである．

しかし，フランス語話者もほかの多数のフランス語から英語への借用語，すなわち第一強勢を持つようなフランス語起源の接尾辞を含んでいないような語に関しては，それほど運がよいわけでもない．たとえばフランス語からの借用語である 'deluge には，英語の 2 音節語についてのデフォルトの規則どおりに語末から 2 番目の音節に第一強勢がある．このような語は，フランス人の発音では語末に強勢を置いて，de'luge のようになることがよくある．しかしフランス語からの借用語がすべて英語のデフォルトの強弱型の強勢型を持っているわけではなく，たとえば hotel や champagne では，語末の音節に第一強勢がある．

15.6.1 句強勢 対 複合語強勢

L2 学習者が句強勢と複合語強勢の区別を習得していないことはよくあって，これは英語母語話者に誤解されるもとになる恐れがある．2 語からなる複合語の基本法則では，blackboard におけるように最初の項目のほうが卓立するのだが，2 語からなる句の基本法則では，black board におけるように 2 番目の項目のほうが卓立するのだということを思い出しなさい．このような卓立のパターンの混同については，great tit（シジュウカラ）という鳥の名前についての面白い話がある．この鳥の名前は複合語強勢（great のほうが tit よりも卓立している）なのだが，あるとき私はフランス人の女性に，巣箱を作ったら great tits がその中で巣作りをしていると話したところ，彼女は tits のほうを great よりも卓立させて 'Oh, you have great tits!' と答えたのである．妻が彼女に，それは巣作りしている鳥の話なのだと言わないでくれて助かった．もし言ったらばつの悪いことになっていただろう！

15.7 イントネーション

人間の言語にはどれにもイントネーション構造があるが，その構造は言語によって異なっている．本書では第 10 章で英語のイントネーション構造について検討したが，その中心をなしているのは最後の辞書的項目（Last Lexical Item: LLI）規則である．このような規則はどの言語にもあるわけではないので，英語の L2 学習者は英語を話す際にしばしば間違った音節に核音調を置いてしまう．フランス語話者による核音調の誤配置はその一例で，彼らはそれが辞書的な語であってもなくても，最後の項目に核音調を置いてしまう．

　たとえば第10章からの Bill gave it to her という例では，it(代名詞)も to(前置詞)も her(代名詞)も辞書的範疇の語ではないので，最後の辞書的な項目は give である．フランス人の典型的な間違った発音は，それが辞書的な項目であるかどうかに関係なく最後の項目に核音調を置く発音で，この場合は核音調が her に置かれるわけである．そうすると，英語母語話者はこれを対比のイントネーションと解釈してしまうが，これは代名詞が核音調を受けるのは対比のイントネーションの場合しかないからである．このことで話が全く通じなくなってしまうことはないかもしれないが，この間違いは英語母語話者の側に困惑を引き起こすのは確かである．

　これに関連しているのは，ある特定の語への核音調の配置である．次の例を考えてみよう．

A: What happens if a student fails the final exam?
B: In MOST cases, they are required to take the RESIT.

　ここには2つの IP があり，In MOST cases では MOST に核音調があり，they are required to take the RESIT では RESIT に核音調がある．resit という語は2番目の IP の LLI なので核音調を受ける．しかし最初の IP では cases が LLI ではあるものの，われわれはどのような場合(cases)について話しているのかを承知しているので cases は旧情報であり，したがって核音調は LLI の cases ではなく most に置かれる．これもまた，対比のイントネーションと新情報・旧情報の別が一緒に作用して核音調の配置を決定している例である．

　フランス語などの話者の L2 の英語に見られる，核音調の配置に関する典型的なイントネーションの間違いは，最後の項目が新情報か旧情報かにかかわらず，そこに核音調を置いてしまうことで，そのため In most CASES という発音になる．このような核音調の配置はフランス語では全くふつうで，In most cases に相当する表現はフランス語なら Dans la plupart des CAS となるだろう．したがってこれはフランス語のイントネーション構造が英語のイントネーション構造に転移した例なのである．ここにあげたどちらの例でも，フランス語など諸言語の話者は最後の項目が非辞書的な項目であるかどうか，あるいは旧情報を伝えているかどうかに関係なく，そこに核音調を置いている．

　イントネーション構造は統語構造と接点があることが多く，この結びつきのために L2 学習者が窮地に陥ってしまうことがよくあるのだが，句動詞の

246

イントネーションはその一例である．すでに見てきたように，句動詞というのは2つの部分からなる動詞で，後半部分は前置詞のように見えるが不変化詞（particle）と呼ばれる．The plane took off の take off, The plane touched down の touch down, She chatted up the waiter の chat up, She told off the children の tell off などがその例である．

　最初の2つは自動詞の例で，直接目的語を必要としない．自動詞の場合，核音調は不変化詞に置かれ，The plane took OFF, The plane touched DOWN のようになる．これは最後の辞書的項目に核音調を置く LLI 規則に違反するように見えるかもしれないが，そうではない．この2語からなる動詞が全体で1つの辞書的項目を構成しているからである．

　次の2つは他動詞の例で，直接目的語（上の例では the waiter と the children）を必要とする．他動詞の句動詞では，イントネーションは自動詞の句動詞の場合よりもずっと複雑である．第10章で見てきたように，以下のような規則になっている．もし直接目的語が，上の例のように完全な名詞句であるなら，不変化詞は目的語に先行することも後続することもできる．She chatted the waiter up も She told the children off も，不変化詞が直接目的語に先行している上の例と全く同様に文法的に正しいのである．どちらの場合でも，核音調は名詞句の主要名詞に置かれ，She chatted up the WAITER, She chatted the WAITER up のようになる．しかし，第10章で説明したように，もし直接目的語が代名詞なら不変化詞は必ず直接目的語に後続し，しかも必ず核音調を受けるので，She chatted him UP のようになる．英語のL2学習者がこのような場合に間違いをするのはよくあることで，その一例としてコーラス部分は Take me ON だが，同じ歌の中で Take on ME と間違った英語で歌われている曲がある．*3 誰が歌っているのか知らなくても，この間違い1つだけで彼らが英語母語話者ではないに違いないということがわかる．

　語強勢の間違いは，核音調の誤配置の原因にもなる．英語の核音調配置のデフォルトの規則は，最後の辞書的項目に配置されるというだけではなく，その項目の第一強勢を持つ音節に配置されるというものなので，L2学習者が語強勢の位置を間違えた場合，その語が LLI であれば，核音調が間違った音節に置かれて，たとえば It's in the refrigeRAtor のようになる．この例では，核音調が置かれているのは正しい語（LLI）の，しかし間違った音節なのである．

15.8　終わりに

　世界中の大学で，第二言語としての英語は非実用的なレベルで教えられていることがあって，学生たちは英語の統語論・形態論・音声学・音韻論を全く分析的なレベルで学ぶことを要求され，試験およびその他の評価方法で英語の構造に対する理解を試される．学生が英語を書いたり話したりする力をつけるための実用的な性格のクラスもある．口語英語に関しては，こうしたクラスは視聴覚実習室で行なわれ，発音と聴解力のテストを行ないながらの授業であることが多い．私はどちらの種類のクラスも担当してきており，分析的なクラスで用いた教材を実習室でも使うことがよくあった．

　次のような疑問が生じる．すなわち，英語の語強勢の原則というような，英語の規則を規則として教われば，L2 学習者の話す英語は改善されるのだろうか．答えの 1 つは断固とした ‘NO!’ である．このように答える先生たちは，L2 学習者は語強勢を 1 語ずつ覚えるべきで，英語の語強勢についての一般原則を教えたところで発音はよくならないのだと言うことだろう．

　私は「先生が規則を教えてくれたのはわかっているけれど，自分の英語の発音はそれでもちっとも変わらない」とフランス人，スペイン人，ギリシャ人，イタリア人の学生たちが言うのを確かに耳にしてきた．しかし規則を知ることが役に立つと考える学生たちもいたのであり，私自身も自分がフランス語を学んでいたときにはそのような学生だった．私のフランス語の先生で，母語話者であるということ以外にはフランス語を教えるための何の資格もない先生がいた．私は統語や音声についての具体的な質問をしたが，母語についての知識は主に無意識の知識であるので，彼女には答えられなかった．英語の母語話者が教える夜間のクラスに入ってはじめて私は統語についての自分の質問の答えを得られ，この時点でようやく理解することができた．フランス語の発音に関しては，私がフランス語話者の先生に標準フランス語の口蓋垂音の [ʁ] をどうやって発音したらよいかたずねたとき，彼女は ‘Eet ees not a science: you just ’ave to get a feel for eet.’*4 と答えたのだった．エジンバラ大学の 1 年生の音声学のクラスに入るとすぐに，私は有声口蓋垂摩擦音の発音の仕方を正確に教わった．それ以来私はフランス語の「r」を正しく発音し続けている．この話からの教訓は「学生に規則を教えなさい．実習室での，実用英語のクラスでも教えなさい．一部，あるいは大半の学生に実際的な効果が何も見られなくても教えなさい．」ということである．学生たちには「なぜ？」「どうやって？」と質問する権利があり，先生はそのような質

間にどのように答えるかを知っているという義務がある．教えるというのはそういうことなのだと私は言いたい．

　外国語としての英語を教える先生の中には，非母語話者が外国語なまりで英語を発音しても英語母語話者に通じさえすれば構わないという人たちもいる．このような先生たちの言うことにも実用的な面では一理あるかもしれないが，第二言語としての英語を教える先生として，生徒たちが可能なかぎり英語の母語話者に近い発音になるよう手助けを試みるのはわれわれの義務であり，これからも学校や大学で英語を教えて行くのならなおのことである．フランスの小学校には，自分の 'Meelk, feesh, chocoLATE'*5 のような発音を生徒に繰り返させる英語の先生がいるが，これは悪い指導であると私は思う．

練習問題

1　Track 15.1 を聴きなさい．これは英語が L2 であるフランス語話者による録音である．この吹込み者の英語のフランス人らしい特徴を確認して，それぞれの誤りの原因となっているのは何かを述べなさい． 🎧 Track 15.1

2　Track 15.2 を聴きなさい．これは別のフランス語話者による録音で，彼女の英語の発音は非常に上手である．彼女は RP を話すが，米国に滞在したこともある．彼女の英語には GA の特徴が1つあるが，それは何ですか．例をあげなさい． 🎧 Track 15.2

参考文献

Chomsky, N.（1986）. *Knowledge of Language: Its Nature, Origin and Use*. New York: Praeger.

Sampson, G.（1997）. *Educating Eve: The Language Instinct Debate*. London: Cassell.

Wells, J. C.（2008）. *Longman Pronunciation Dictionary*. Harlow: Pearson-Longman. 3rd edition.

訳者注

*1　スペイン語には音素としての /ʃ/ はないが，アンダルシアなどの地域アクセントで /tʃ/ の実現として，またガリシアでは /x/ の実現として [ʃ] が現れる．

*2　もとは中国語の挨拶，「請請」（お願いします）から来たもの．

*3 'Take On Me' はノルウェーのバンド a-ha の 1984 年の大ヒット曲で, 曲名は
   ノルウェー語の 'Ta på meg' を逐語訳したものとされる.

*4 'It is not science: you just have to get a feel for it.' のフランス語なまりの発音
   を示したもの. 英語の /ɪ/ が [i] と発音され, /h/ の脱落が起きている.

*5 milk, fish, chocolate のフランス語なまりの発音を示したもの. milk, fish では
   英語の /ɪ/ が [i] と発音され, chocolate では語強勢の誤配置が起きている.

参考文献案内

調音音声学についてのより詳細な解説:

Abercrombie, D. (1967). *Elements of General Phonetics*. Edinburgh: Edinburgh University Press.

Catford, J. C. (1988). *A Practical Introduction to Phonetics*. Oxford: Clarendon Press.［第 2 版 (2001) の邦訳として，J. C. キャットフォード著，竹林滋ほか訳『実践音声学入門』大修館書店，2006 がある］

英語に重点を置いた音声学の入門書:

O'Connor, J. D. (1973). *Phonetics*, London: Penguin.

英語を主眼とした音声学入門書で，音響音声学についての優れた概説も含む:

Ladefoged, P. (2011). *A Course in Phonetics* (6th edition, with Keith Johnson). Boston: Cengage Learning.［第 3 版 (1993) の邦訳として，ピーター・ラディフォギッド著，竹林滋・牧野武彦訳『音声学概説』大修館書店，1999 がある］

RP の標準的な記述:

Gimson, A. C.(1994). *Gimson's Pronunciation of English* (5th edition, revised by A. Cruttenden). London: Edward Arnold.［第 3 版 *An Introduction to the Pronunciation of English* (1980) の邦訳として，A. C. ギムスン著，竹林滋訳『英語音声学入門』金星堂，1983 がある］

英語音声学および音韻論の入門書．本書で扱ったほぼすべての範囲と，さらにそれ以上の内容の詳細な記述を含む:

Giegerich, H. (1992). *English Phonology: An Introduction*. Cambridge: Cambridge University Press.

音韻理論の入門書:

Carr, P. and Montreuil, J.-P. (2013). *Phonology* (2nd edition). London: Palgrave Macmillan.

Durand, J. (1990). *Generative and Non-Linear Phonology*. London: Longman.

Gussenhoven, C. and Jacobs, H. (2005). *Understanding Phonology* (2nd edition). London: Hodder Arnold.

Katamba, F. (1989). *An Introduction to Phonology*. London: Longman.

Lass, R. (1984). *Phonology*. Cambridge: Cambridge University Press.

Roca, I. and Johnson, W. (1999). *A Course in Phonology*. Oxford: Blackwell.

Spencer, A. (1996). *Phonology*. Oxford: Blackwell.

学生はこれらの入門書のうちの 1 冊を読み終えてから，以下のような音韻論についてのより高度な著作に進むこともできよう．

Goldsmith, J. (1989). *Autosegmental and Metrical Phonology*. Oxford: Blackwell.

Kenstowicz, M.（1994）. *Phonology in Generative Grammar*. Oxford: Blackwell.
Kager, R.（1999）. *Optimality Theory*. Cambridge: Cambridge University Press.

統率音韻論（Government Phonology）と呼ばれる理論による英語音声学および音韻論の研
　究書. イギリス英語・アメリカ英語の諸変種が豊富に扱われている:
Harris, J.（1994）. *English Sound Structure*. Oxford: Blackwell.

本書における語強勢の記述は Lionel Guierre 氏と彼の門下生の研究成果によるところが大
　きい. 特に:
Dechamps, A., Duchet, J.-L., Fournier, M. and O'Neill, M.（2004）. *English Phonology and
　Graphophonemics*. Paris: Ophrys.

英語の語強勢についての詳細な記述:
Fudge, E.（1984）. *English Word Stress*. London: Allen and Unwin.

イントネーション研究への一般的な入門書:
Cruttenden, A.（1986）. *Intonation*. Cambridge: Cambridge University Press.
Crystal, D.（1969）. *Prosodic Systems and Intonation in English*. Cambridge: Cambridge
　University Press.

英語のイントネーションについての, 最近の優れた網羅的記述:
Wells, J. C.（2006）. *English Intonation: An Introduction*. Cambridge: Cambridge University
　Press.［邦訳として, J. C. ウェルズ著, 長瀬慶来監訳『英語のイントネーション』研究社,
　2009 がある］付録の CD が非常に役立つ.

イギリスのアクセントと方言に関して:
Hughs, A. and Trudgill, P.（1987）. *English Accents and Dialects*（2nd edition）. London: Ed-
　ward Arnold.［初版(1979)の邦訳として, A. ヒューズ, P. トラッドギル著, 鳥居次好・
　渡辺時夫訳『イギリス英語のアクセントと方言: テープによるイギリス英語の社会的・
　地域的多様性研究序説』研究社出版, 1984 がある］

非常に広範囲にわたる, 世界中の英語のアクセントの音声と音韻についての徹底的な記述:
Wells, J. C.（1982）. *Accents of English*, 3 volumes. Cambridge: Cambridge University Press.

注: 本書で用いた, アクセント間の体系的相違・実現上の相違・語彙による相違の
（Trubetzkoy に由来する）3 つの区分は, Wells のやり方を取り入れたものである. この 3
区分にもとづいて, アクセントの変異についてのさらに進んだ議論を展開している入門書
としては, Giegerich（1992: 上述）, それに言うまでもなく Wells（1982）があるので, そ
れぞれの関連箇所を参照のこと. 本書では（筆者が SSE を用いて音声学と音韻論を教えて
いるという単純な理由から）SSE を, RP および GA と比較対照したが, これは Giegerich
（1992）に従った. この種の議論については同書を参照.

言語一般, および英語の諸変種に関する音声学と音韻論の優れた入門書:
Collins, A. and Mees, I. M.（2008）. *Practical Phonetics and Phonology*（2nd edition）. Lon-
　don: Routlege. Wells のイントネーションの本と同様, 付録の CD が非常に役立つ.

252

個々の変種についてはさらに：

Durand, J.（2004）. 'English in early 21st century Scotland: a phonological perspective.' *La Tribune Internationale des Langues Vivantes* 36: 87–105.

Przewozny, A.（2004）. 'Variation in Australian English.' *La Tribune Internationale des Langues Vivantes* 36: 74–86.

Watt, D. and Milroy, L.（1999）. 'Patterns of variation and change in three Newcastle vowels: is this dialect leveling?' In: G. Docherty and P. Foulkes（eds.）*Urban Voices: Accent Studies in the British Isles*. London: Arnold, pp. 25–46.

注：英語のさまざまなアクセントの母音音素を表すのに用いられる記号の選択が，必ずと言ってよいほど著者によってまちまちだということは，ここに薦めたような参考図書に進もうと考えているどの読者に対しても，指摘しておくほうがよいだろう．本来，このような選択はある程度恣意的なものとならざるを得ないため，これは避けられないことである．しかし読者は，記号と記号の対応関係を理解することを過度に負担に思うようであってはならない．特に非母語話者に言っておきたいのは RP と GA の'dress'の母音の表記についてで，多くの文献や発音辞書などで /e/ を用いているのに対して本書では音声的により正確なエプシロンの記号 /ɛ/ を音素表記にも音声表記にも用いている．本書ではまた，同じ記号を square のような語の中向き二重母音に用いて /ɛə/ のように表記している．これは RP における現在の単母音としての実現が [skwɛː]（square）のように長い低中舌母音の [ɛː] であることを示すのに好都合である．

索　引

訳者紹介

竹林 滋(たけばやし しげる) 1926 年東京都生まれ. 1948 年東京外国語学校英米科卒業. 1953 年東京大学英文科(旧制)卒業. 1958 年同大学文学部大学院(旧制)を満期修了. 東京外国語大学名誉教授. [著書] A Primer of Phonetics (第 2 版, 岩崎研究会, 1984), 『英語のフォニックス』(第 2 版, ジャパンタイムズ社, 1988), 『アメリカ英語概説』(大修館書店, 1988, 共著), 『初級英語音声学』(大修館書店, 1991, 共著), 『英語音声学』(研究社, 1996), 『改訂新版英語音声学入門』(大修館書店, 1998, 共著). [訳書] ヤコブスン・ファント・ハレ『音声分析序説』(研究社出版, 1965, 共訳), グリースン『記述言語学』(大修館書店, 1970, 共訳), ケニヨン『アメリカ英語の発音』(大修館書店, 1973), ギムスン『英語音声学入門』(金星堂, 1983), ラディフォギッド『音声学概説』(大修館書店, 1999, 共訳), キャットフォード『実践音声学入門』(大修館書店, 2006, 共訳). [辞書] 『研究社新英和大辞典』(第 6 版, 2002, 編者代表), 『研究社新英和中辞典』(第 7 版, 2003, 編者), 『ルミナス英和辞典』(第 2 版, 研究社, 2005, 編者), 『ライトハウス英和辞典』(第 6 版, 研究社, 2012, 編者). 2011 年逝去.

清水あつ子(しみず あつこ) 1948 年東京都生まれ. 1970 年東京外国語大学英米語科卒業. 1974 年同大学大学院外国語研究科修士課程ゲルマン系言語専攻修了. 明治大学名誉教授. [著書] 『英語辞書の比較と分析 第 4 集』(大修館書店, 1989, 共著), 『大人の英語発音講座』(NHK 出版, 2003, 共著), 『改訂新版初級英語音声学』(大修館書店, 2013, 共著), [論文]「国際語としての英語と発音教育」(『音声研究』Vol.15 No.1, 日本音声学会, 2011). [辞書] 『ライトハウス英和辞典』(第 3 版, 研究社, 1996, 執筆者), 『ライトハウス和英辞典』(第 3 版, 研究社, 1996, 執筆者), 『英語語源辞典』(研究社, 1997, 執筆者)『研究社新英和大辞典』(第 6 版, 2002, 執筆者), 『コンパスローズ英和辞典』(研究社, 2018, 執筆者).

新版 英語音声学・音韻論 入門

2021 年 3 月 31 日 初版発行

著 者 フィリップ・カー
訳 者 竹林 滋・清水あつ子
発行者 吉田 尚志
発行所 株式会社 研 究 社
〒102-8152 東京都千代田区富士見 2-11-3
電話 03(3288)7711(編集) 03(3288)7777(営業)
http://www.kenkyusha.co.jp 振替 00150-9-26710
印刷所 研究社印刷株式会社

KENKYUSHA
〈検印省略〉

装 幀 ナカグログラフ(黒瀬章夫)
ISBN978-4-327-40174-0 C3082   Printed in Japan